**"十三五"江苏省高等学校重点教材**

（编号：2019-2-127）

# 现代分析技术在产品质量检测中的应用

主　编　张长丽　刘光祥
副主编　何凤云　王金砖　徐　鉴
编　委　（按姓氏笔画排序）
　　　　王　颖　杨　慧　陈昌云
　　　　张　帆　胡飞杰　胡耀娟
　　　　段海宝　顾慧丹　黄　芳

**特配电子资源**

微信扫码
- 拓展阅读
- 视频学习
- 互动交流

南京大学出版社

图书在版编目(CIP)数据

现代分析技术在产品质量检测中的应用/张长丽，刘光祥主编. —南京：南京大学出版社，2020.7
ISBN 978-7-305-23305-0

Ⅰ.①现… Ⅱ.①张… ②刘… Ⅲ.①产品质量－质量检验－教材 Ⅳ.①F273.2

中国版本图书馆CIP数据核字(2020)第104479号

| | |
|---|---|
| 出版发行 | 南京大学出版社 |
| 社　　址 | 南京市汉口路22号　邮　编　210093 |
| 出 版 人 | 金鑫荣 |
| 书　　名 | **现代分析技术在产品质量检测中的应用** |
| 主　　编 | 张长丽　刘光祥 |
| 责任编辑 | 刘　飞　　　编辑热线　025-83592146 |
| 照　　排 | 南京开卷文化传媒有限公司 |
| 印　　刷 | 广东虎彩云印刷有限公司 |
| 开　　本 | 787×1092　1/16　印张 12.75　字数 305千 |
| 版　　次 | 2020年7月第1版　2020年7月第1次印刷 |
| ISBN | 978-7-305-23305-0 |
| 定　　价 | 36.00元 |

网　　址：http://www.njupco.com
官方微博：http://weibo.com/njupco
微信服务号：njuyuexue
销售咨询热线：(025)83594756

\* 版权所有，侵权必究
\* 凡购买南大版图书，如有印装质量问题，请与所购
　图书销售部门联系调换

# 前　言

近年来,随着科学技术快速发展,新型仪器设备不断涌现,现代分析技术发生了巨大变革,它不仅推动了人类对自然界物质的进一步探索,也促进了材料科学、合成化学等与微观物质结构关联性研究更加深入。随着我们国家社会主要矛盾已经转化为人民日益增长的美好生活需要和不平衡、不充分的发展之间的矛盾,在产品高质量发展在检验检测技术需求方面表现尤为突出。2018 年国家统计局发布关于高技术产业(服务业)分类(2018),其中明确指出检验检测服务业作为九大高技术产业(服务业)之一。

本书围绕高等教育、现代工业、生产生活等的高质量发展需求,针对高等院校在产品质量监督检测技术方面缺乏针对性的教材,以及学科建设、学生培养等综合因素编制本教材。鉴于高等院校开设分析技术类课程一方面涉及现学仪器分析基本原理、仪器特点、适用范围等方面的内容,反映出现代仪器的新技术和发展趋势,另一方面重点介绍分析技术在检验检测中的应用,不同的仪器分析技术在产品质量检验检测过程中存在不同优越性和局限性,因此在编写中除了力求教材的科学性、完整性以外,还特别注意了教材的实用性和知识性等方面,使本书能符合实际教学和产品质量检验检测应用的需要。

本教材包括两篇共七章内容,第一篇是无机物质现代分析技术;第二篇是有机物含量分析中的现代分析技术。由南京晓庄学院与南京市产品质量监督检验院联合编写。参编人员有南京晓庄学院张长丽、刘光祥、何凤云、徐鉴、胡耀娟、黄芳、王颖、杨慧、陈昌云和段海宝;南京市产品质量监督检验院王金砖、张帆、胡飞杰和顾慧丹。

由于现代分析技术内容广泛,发展迅速,教材中肯定有欠妥之处,恳请广大读者批评指正。

编　者

2020 年 10 月

# 目 录

## 第一篇 无机物质现代分析技术

### 第1章 原子发射光谱技术简介 ............ 3
#### 1.1 电感耦合等离子体原子发射光谱技术 ............ 8
实验1.1 贵金属银合金中钒和镁含量的测定 ............ 9
实验1.2 99.9%贵金属合金首饰贵金属含量的测定差减法 ............ 11
实验1.3 皮革和毛皮重金属含量的测定 ............ 13
实验1.4 饰品有害元素的测定光谱法 ............ 16
#### 1.2 火花原子发射光谱技术 ............ 19
实验1.5 金化学分析——银、铜、铁、铅、锑、铋、钯、镁、锡、镍、锰和铬含量的测定 ............ 22
实验1.6 碳素钢和中低合金钢多元素含量的测定 ............ 24
#### 1.3 辉光放电原子发射光谱技术 ............ 27
实验1.7 低合金钢中多元素含量的测定 ............ 34
实验1.8 钢板及钢带中锌基和铝基镀层中铅、镉和铬含量的测定 ............ 36
实验1.9 不锈钢中多元素含量的测定 ............ 41

### 第2章 原子吸收光谱技术 ............ 44
#### 2.1 火焰原子吸收光谱技术 ............ 47
实验2.1 金化学分析方法——银量的测定 ............ 47
实验2.2 金中铜、铅和铋量的测定 ............ 51
实验2.3 首饰中镍含量的测定 ............ 54
#### 2.2 石墨炉原子吸收光谱技术 ............ 59
实验2.4 玩具材料中可迁移元素锑、钡、镉、铬、铅含量的测定 ............ 59
实验2.5 饲料中铅的测定 ............ 62

# 第3章 质谱技术 ... 65
## 3.1 电感耦合等离子体质谱技术 ... 65
实验3.1 高纯金化学分析方法——加入校正-内标法测定杂质元素的含量 ... 65
实验3.2 化妆品中铬、砷、镉、锑、铅的测定 ... 70
实验3.3 电子工业用气体中金属含量的测定 ... 73
实验3.4 谷物及其制品中钠、镁、钾、钙、铬、锰、铁、铜、锌、砷、硒、镉和铅的测定 ... 77

## 3.2 辉光放电质谱技术 ... 81
实验3.5 高纯银化学分析方法——痕量杂质元素的测定 ... 82
实验3.6 多晶硅 痕量元素化学分析 ... 84
实验3.7 太阳能级硅中痕量元素的测试 ... 88
实验3.8 钌粉化学分析方法——铅、铁、镍、铝、铜、银、金、铂、铱、钯、铑、硅含量的测定 ... 91

# 第4章 荧光光谱技术 ... 93
## 4.1 原子荧光光谱技术 ... 93
实验4.1 玩具材料中可迁移元素砷、锑、硒、汞的测定 ... 96
实验4.2 水处理剂中砷和汞含量的测定 ... 99
实验4.3 电子电气产品中六价铬的测定 ... 102
实验4.4 锌及锌合金中砷含量的测定 ... 105

## 4.2 X-射线荧光光谱技术 ... 107
实验4.5 钢铁多元素含量的测定 ... 111
实验4.6 不锈钢及合金钢分析方法 ... 114
实验4.7 首饰中贵金属含量的测定 ... 116

# 第5章 离子色谱分析技术 ... 118
实验5.1 蜂蜜中淀粉糖浆的测定 ... 125
实验5.2 化妆品中亚硝酸盐的测定 ... 130
实验5.3 口腔护理产品中氯酸盐的测定 ... 132
实验5.4 化肥中微量阴离子的测定 ... 135

# 第二篇　有机物含量分析中的现代分析技术

## 第 6 章　气相色谱(含气-质联用)技术 ································· 145
　　实验 6.1　气相色谱法测定饲料中氯霉素 ································ 151
　　实验 6.2　气相色谱法测定饲料中多氯联苯与六氯苯 ···················· 154
　　实验 6.3　顶空气相色谱法测定牙膏中三氯甲烷 ························ 158
　　实验 6.4　气相色谱-质谱法测定化妆品中 10 种禁用二元醇醚及其酯类化合物
　　　　　　 ································································· 161

## 第 7 章　液相色谱(含液质联用)技术 ································· 166
　　实验 7.1　液相色谱法测定牛和猪肌肉中安乃近代谢物残留量 ·········· 172
　　实验 7.2　液相色谱-质谱/质谱法与高效液相色谱法测定动物源性食品中四环
　　　　　　 素类兽药残留量 ··················································· 176
　　实验 7.3　化妆品中维生素 $B_3$(烟酸、烟酰胺)的测定 ···················· 181
　　实验 7.4　高效液相色谱法测定染发类化妆品中 20 种禁限用染料成分 ······ 186

**附录** ································································· 191

# 第一篇
# 无机物质现代分析技术

# 第1章 原子发射光谱技术简介

原子发射光谱法（Atomic Emission Spectrometry，AES），是利用物质在热激发或电激发下，每种元素的原子或离子发射特征光谱来判断物质的组成，而进行元素的定性与定量分析的。原子发射光谱法可对约 70 种元素（金属元素及磷、硅、砷、碳、硼等非金属元素）进行分析。在一般情况下，用于 1‰ 以下含量的组分测定，检出限可达 ppm，精密度为 ±10% 左右，线性范围约 2 个数量级。这种方法可有效地用于测量高、中、低含量的元素。

原子发射光谱法，是利用原子或离子在一定条件下受激而发射的特征光谱来研究物质化学组成的分析方法。根据激发机理不同，原子发射光谱有 3 种类型：

① 原子的核外光学电子在受热能和电能激发而发射的光谱，通常所称的原子发射光谱法是指以电弧、电火花和电火焰（如 ICP 等）为激发光源来得到原子光谱的分析方法。以化学火焰为激发光源来得到原子发射光谱的，专称为火焰光度法。

② 原子的核外光学电子受到光能激发而发射的光谱，称为原子荧光。

③ 原子受到 X 射线光子或其他微观粒子激发使内层电子电离而出现空穴，较外层的电子跃迁到空穴，同时产生次级 X 射线即 X 射线荧光。在通常的情况下，原子处于基态。基态原子受到激发跃迁到能量较高的激发态。激发态原子是不稳定的，平均寿命为 $1\times 10^{-10}\sim 1\times 10^{-8}$ 秒。随后激发原子就要跃迁回到低能态或基态，同时释放出多余的能量，如果以辐射的形式释放能量，该能量就是释放光子的能量。因为原子核外电子能量是量子化的，所以伴随电子跃迁而释放的光子能量就等于电子发生跃迁的两能级的能量差。

根据谱线的特征频率和特征波长可以进行定性分析。常用的光谱定性分析方法有铁光谱比较法和标准试样光谱比较法。

## 一、光谱定性分析

光谱定性分析和半定量分析，可以给出试样中所含的元素及其含量的近似值。定性分析可由元素的"灵敏线""最后线"来加以确定。

每种元素发射的特征谱线有多有少，多的可达几千条。当进行定性分析时，不需要将所有的谱线全部检出，只需检出几条合适的谱线就可以了。如果只见到某元素的一条谱线，还不能断定该元素是否确实存在于试样中，因为这一条谱线有可能是其他元素谱线的干扰线。确定某元素是否存在，必须有两条以上不受干扰的"最后线"与"灵敏线"存在。

"最后线"是指当样品中某元素的含量逐渐减少时，最后仍能观察到的几条谱线。它也是该元素的"灵敏线"。每种元素的灵敏线或特征谱线组可从有关书籍中查出。如铜的特征谱线组是 Cu 324.754 nm 和 Cu 327.396 nm，只要查看试样的发射光谱中有没有这些特征谱线组存在，就能判断分析试样中有没有含有铜元素。试样光谱中有许多谱线，可借助于铁光谱比较法和标准试样光谱比较法来判断有无这一特征谱线组。

铁光谱比较法是目前最通用的方法,它采用铁的光谱作为波长的标尺,来判断其他元素的谱线。铁光谱作标尺有如下特点:谱线多,在210~660 nm范围内有几千条谱线;谱线间相距都很近,在上述波长范围内均匀分布。对每一条铁谱线波长,人们都已进行了精确的测量。标准光谱图是在相同条件下,把68种元素的谱线按波长顺序插在铁光谱的相应位置上而制成。铁光谱比较法实际上是与标准光谱图进行比较,因此又称为标准光谱图比较法。

如图1-1所示,上面是元素的谱线,中间是铁光谱,下面是波长标尺。

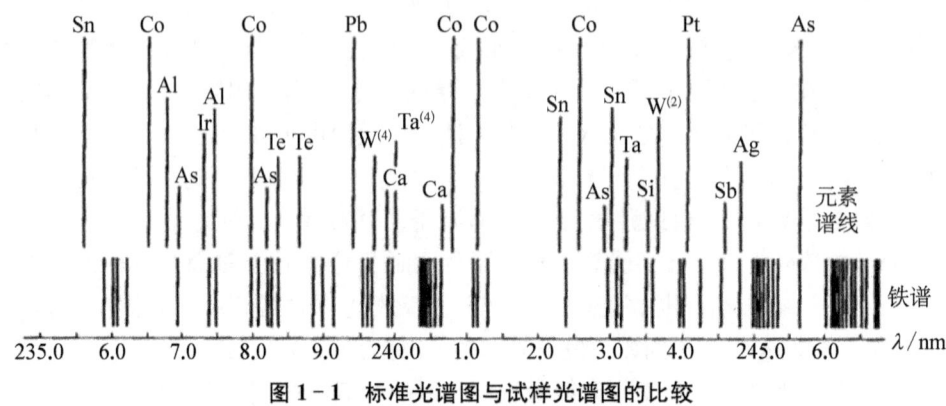

图1-1 标准光谱图与试样光谱图的比较

作定性分析时,在试样光谱下面并列拍摄铁光谱(见图1-1),将这种谱片置于光谱投影仪的谱片台上,在白色屏幕上得到放大的光谱影像。先将谱片上的铁谱与标准光谱图上的铁谱对准,然后检查试样中的元素谱线(见图1-2)。若试样中的元素谱线与标准图谱中标明的某一元素谱线出现的波长位置相同,即为该元素的谱线。

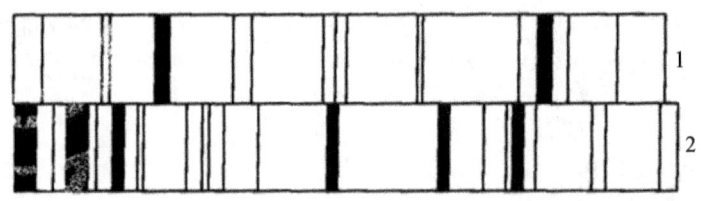

图1-2 并列光谱
1—试样光谱;2—铁光谱

例如,将包括Cu 324.754 nm和Cu 327.396 nm谱线组的"元素光谱图"置于光谱投影仪的屏幕上,使"元素光谱图"的铁谱与谱片放大影像的铁谱完全重合。看试样光谱中在Cu 324.754 nm和Cu 327.396 nm位置处有无谱线出现。若有的话,则表明试样中含铜;反之,则说明试样中不含铜或铜的含量低于检出限。如果在试样光谱中有谱线的重叠现象,说明有干扰存在,这就需要根据仪器、光谱感光板的性能和试样的组分进行综合分析,才能得出正确的结论。

光谱定性分析时,一般多采用直流电弧光源,并通过摄谱法记录谱线进行分析。为了尽可能避免谱线间重叠及减小背景,有时采用"分段曝光法",即先用小电流激发光源,以摄取易挥发元素的光谱；然后调节光阑，改变摄谱的相板位置，继之加大电流以摄取难挥发元素的光谱。这样一个试样可在不同电流条件下摄多条谱线，就可保证易挥发与难挥发元素都能很好地被检出。定性分析多采用较小的狭缝宽度(5~7 μm)和高分辨率的分光器，以避免谱线间重叠。

光谱半定量分析是以谱线数目或谱线强度为依据，常用的光谱半定量分析方法有谱线强度比较法、谱线呈现法、均称线对法和加权因子法等。

(1) 谱线强度比较法　将试样中某元素的谱线强度，与已知的参考强度进行比较，以确定该元素的含量。鉴于所采用的参考强度不同，比较法可分为标样光谱比较法、标准黑度比较法和内标光谱比较法。

(2) 谱线呈现法　在摄谱法中常采用谱线呈现法，它是基于被测元素的谱线数目随着样品中待测元素含量的增加而增多。因此，可在固定的工作条件下，用递增标样系列摄谱，把相应的谱线编成一个谱线呈现表。在测定时，按同样条件摄谱，利用谱线呈现表，就可以估计出试样中元素的含量。

(3) 均称线对法　选用一条或数条分析线与一些内参比线组成若干个均称线组，将分析样品按确定的条件摄谱后，观察所得光谱中分析线与内参比线的强度(或黑度)，找出强度(或黑度)相等的均称线对，即可确定样品中分析元素的含量。

(5) 加权因子法　由于某元素的谱线强度是与蒸气云中该元素的原子浓度成正比，而后者又由试样中该元素的相对含量所决定。因此，在相同的工作条件下，某元素的谱线强度是试样中该元素相对含量的函数，可以用经验公式表示为：

$$C_i = \frac{F_i R_i}{\sum\limits_{i=1}^{n} R_i} \qquad (1-1)$$

式中　$C_i$——试样中元素 $i$ 的相对含量；

$R_i$——元素 $i$ 的特征谱线的相对强度；

$\sum\limits_{i=1}^{n} R_i$——所有待测元素谱线相对强度的总和；

$F_i$——分析元素 $i$ 的加权因子。

在确定的条件下，某元素的某一根谱线的加权因子为一常数。通过事先对标样的试验，以确定各个待测元素的加权因子。在分析试样时，只需测出试样光谱中各元素分析线的相对强度，利用已确定的加权因子，即可计算出各元素的相对含量。

现代光谱仪器特别是全谱型仪器的出现，对于光谱分析的定性、半定量工作已经可以很方便地进行，由仪器的扫描功能或全谱直读软件，进行直接记录相关谱线和显示相应的元素大致含量。

## 二、光谱定量分析

光谱定量分析就是根据样品中被测元素的谱线强度来准确确定该元素的含量。

1. 光谱定量分析的基本关系式

元素的谱线强度与元素含量的关系是光谱定量分析的依据，可用如下经验式表示：

$$I = KC^B \tag{1-2}$$

式中,$I$ 为谱线强度;$C$ 为元素含量;$K$ 为发射系数;$B$ 为自吸系数。

若对式(1-2)取对数,则得

$$\lg I = B\lg C + \lg K \tag{1-3}$$

上式即为摄谱法光谱定量分析的基本关系式。以 $\lg I$ 对 $\lg C$ 作图,在一定的浓度范围内为直线。

直读光谱法则通过光电元件测光并由电子线路进行对数转换,直接显示出浓度与谱线强度的线性关系,通过计算机运算软件直接读出待测元素的含量。

2. 内标法光谱定量分析

为了提高定量分析的准确度,通常测量谱线的相对强度。即在被分析元素中选一根谱线为分析线,在基体元素或定量加入的其他元素的谱线中选一根谱线为内标线,分别测量分析线与内标线的强度,然后求出它们的比值。该比值不受实验条件变化的影响,只随试样中元素含量变化而变化。这种测量谱线相对强度的方法,称为内标法。提供这种比较线的元素称为内标元素。

在光谱定量分析中,内标元素的含量不变或变化很小,它可以是试样中的基本成分,也可以是以一定的含量加入试样中的外加元素。这种按分析线强度比进行光谱定量分析,所选用的分析线与内标线的组合叫作分析线对。内标元素、内标线和分析线对的选择须具备一定条件。

若分别以 a、r 表示分析线、内标线,则:

分析线强度　　$I_a = A_a C_a^{b_a}$

内标线强度　　$I_r = A_r C_r^{b_r}$

当内标元素 $C_r$ 固定时,即 $I_r = A_0$,由此分析线对的强度比 $R$ 为

$$R = \frac{I_a}{I_r} = \frac{A_a}{A_0} C_a^{b_a}$$

令　　　　　　$K = A_a/A_0, C = C_a, b = b_a$

则　　　　　　　　$R = KC^b$

在一定的浓度范围内,$K$、$b$ 与浓度无关,此式即为内标法定量分析的基本公式。

3. 光谱定量方法

(1) 校准曲线法　光谱定量分析中最基本和最常用的一种方法。即采用含有已知分析物浓度的标准样品制作校准曲线,然后由该曲线读出分析结果。由于标准样品与试样的光谱测量在同一条件下进行,避免了光源、检测器等一系列条件的变化给分析结果带来的系统误差,从而保证了分析的准确度。

标准加入法在试样中加入一定量的待测元素,以求出试样中的未知含量。该法无须制备标准样品,可最大限度地避免标准样品与试样组成不一致造成的光谱干扰,对微量元素的测定尤为适用。

由光谱定量公式 $I = KC^B$ 可知,当自吸收系数 $B \approx 1$ 时,$I = KC$,设样品中原始浓度

为 $C_x$,加入量 $\Delta C$ 为 $C_{k1}$、$C_{k2}$、$C_{k3}$…

加入"标准"后:

$$I = \frac{I_x}{I_R} = KC = K(C_x + \Delta C) = KC_x + K\Delta C \qquad (1-4)$$

以 $I$ 对 $C$ 作图,可得一直线,将其外推与 $C$ 轴相交($I=0$ 处),则其截距的绝对值,即为 $C_x$。

此法仅适用于纯物质中低含量组分的测定。对高含量组分的测定,因自吸存在,$B$ 不等于1,外推法的结果不够准确。

(2) 浓度直读法　在光电光谱分析中,根据所测电压值的大小来确定元素的含量。在含量较低时,分析物浓度与电压的关系,可用下式表示:

$$C = \alpha + \beta V + \gamma V^2$$

式中,$C$ 为元素浓度;$V$ 为积分电容器电压的读数;$\alpha$、$\beta$、$\gamma$ 为待定常数,可通过实验用三个以上标准样品来确定。在实际分析时,只要测出各样品中分析物的 $V$ 值及干扰值,便可自动校准干扰,直接读出分析物的浓度,并由打印机自动打印出分析结果。此法的主要特点是分析速度快,精密度好,自动化程度高。

### 三、原子发射光谱的仪器类型

原子发射光谱分析技术经过不断的发展和商品化仪器的应用和普及,目前具有实用价值的现代发射光谱仪器主要有下列三大类型。

**1. 电感耦合等离子体发射光谱仪**

这是一类采用电感耦合等离子体为光源的发射光谱仪器,具有发射光谱多元素同时分析的特点,又兼具溶液分析的灵活性,成为元素分析的理想方法之一,在科学研究及国民经济各个领域中得到广泛的应用。这类仪器的光学系统及检测系统,采用高刻线全息光栅或中阶梯双色散系统和高性能固体检测器,体现了当前光谱分析仪器的各种高新技术,具有高分辨率及高灵敏度、高度自动化及数字化的分析仪器。广泛应用于冶金、地质、机械、材料研制、无机物、有机物、农业产品、食品检验、药品检验、生化分析、环境监控等方面,在产品质量和食品安全监控等领域上发挥作用。

**2. 火花光源发射光谱仪**

这是一类采用火花光源的发射光谱仪器,广泛应用于冶金、机械、金属材料研制等领域,是金属材料成分分析和材质监控的快速、有效手段。这类仪器通常称为直读光谱仪,大多数采用高刻线光栅分光的多道仪器,可多元素同时分析、光电检测、计算机控制和数据处理,直接报出测定结果的自动化仪器。成为金属材料固体样品直接、快速分析的发射光谱仪器,广泛应用于冶金炉前分析和金属材料现场检测上,是不可替代的分析仪器。

**3. 辉光放电光谱仪**

这是一类采用辉光放电为激发光源的发射光谱仪器,是一种在低氧气压下放电原理而发展起来的光谱分析技术,在表面分析领域得到迅速发展。辉光放电光谱因具有稳定性高、谱线锐、背景小、干扰少、能分层取样等优点,已成为一种用于各种材料成分分析(bulk analysis)和深度分析(depth profile analysis)的有效分析手段。由于其放电光源的不断进步,成为唯一可以分析所有固体(导体、半导体、绝缘体)的发射光谱仪器和一种表面及逐层分析的重要手段。

## 1.1 电感耦合等离子体原子发射光谱技术

电感耦合等离子体原子发射光谱法(Inductively Coupled Plasma-Atomic Emission Spectrometry,ICP-AES)是以等离子体为激发光源的原子发射光谱分析方法,可进行多元素的同时测定。等离子体(plasma)是一种在一定程度上被电离(电离度大于0.1%)的气体,其导电能力达到充分电离气体的程度,而其中电子和阳离子的浓度处于平衡状态,宏观上呈电中性,是物质的第四种状态。等离子的行为与普通气体相似,但它能被电磁力所支配。等离子体可以用许多方法产生,而光谱分析用的等离子体通常采用气体放电的方法获得。

在光谱分析上通常将外观上类似火焰一类的放电光源称为等离子体光源。应用最广泛的电感耦合等离子体(ICP)光源,它是具有火焰形状的放电光源,不仅外形与火焰相似,时间与空间分布的稳定性也近似火焰,但其光源的温度却比通常化学法产生的火焰高得多,在许多方面都具有极其突出的特点。

ICP是具有较大体积的光源,约几个立方厘米,功率在0.5～几千瓦,具有如下优点:

(1) 具有较高的蒸发、原子化和激发能力,许多元素的最佳原子光谱法(包括AAS法和AFS法)的检出限,是由ICP(具有灵敏离子线的元素)和MIP(非金属和气体元素)的发射光谱法提供的。

(2) 稳定性好。这些等离子光源与火焰的稳定性相当,优于电弧和火花放电光源。分析精度可与湿式化学法相比。

(3) 样品组成的影响(基体效应)小。并且因为一般是在惰性气氛下工作,且工作温度极高,所以有利于难激发元素的测定。且避免了碳电弧放电时产生的CN带、火花放电时产生的空气带状光谱的影响。

这些等离子体光源已经用于不同目的的光谱分析上,其中以ICP光源的研究和应用最广泛、最深入,约占全部等离子光源研究和应用文献的80%以上。电感耦合等离子体光源(ICP)的特点:

(1) 检出限低——一般元素检出限可达毫升亚微克级。

(2) 精密度好——在检出限100倍浓度,相对标准偏差(RSD)为0.1%～1%。

(3) 基体效应低——受到分析物主成分(基体)比其他分析方法干扰少,使之较易建立分析方法。

(4) 动态线性范围宽,自吸收效应低,工作曲线具有较宽的线性动态范围:$1\times10^5$～

$1\times10^6$。

(5) 多元素同时测定——测定周期表中多达 73 种元素。

# 实验 1.1  贵金属银合金中钒和镁含量的测定

## 一、实验目的

1. 学习贵金属样品前处理方法；
2. 了解电感耦合等离子体原子发射光谱法的基本原理；
3. 掌握钒和镁标准溶液的制备方法；
4. 掌握利用直接比较法进行定量的方法。

## 二、实验原理

试料用硝酸溶解，加盐酸形成氯化银沉淀过滤分离银，用电感耦合等离子体原子发射光谱法(以下简称 ICP-AES)测定，计算钒和镁的质量分数。

## 三、仪器与试剂

除非另有说明，本部分所用试剂和材料均应符合 YS/T 371 的规定。

1. 仪器

ICP-AES 仪。氩等离子体光源，发生器最大输出功率不小于 1.3 kW。200 nm 左右时的光学分辨率不大于 0.010 nm；400 nm 左右时的光学分辨率不大于 0.020 nm。仪器 1 h 内稳定性(RSD)小于 2.0%。空白液中钒和镁的检出限均不大于 0.05 mg/L。

2. 仪器条件

按仪器使用说明书优化仪器测定条件，参考下列参数设定：高频发生器功率 1.2 kW。氩气流量：冷却气 15 L/min；保护气 0.8 L/min；载气 0.2 L/min。垂直观测高度 15 mm。积分时间 5 s。进样泵流速 1.5 mL/min。

3. 试剂与试样

氩气($w(Ar)\geqslant 99.95\%$)；盐酸($\rho$,1.19 g/mL)，硝酸($\rho$,1.42 g/mL)，盐酸(1+9)。试样(钻屑或薄片)加工成碎屑，必要时用丙酮去除油污，用水洗净，干燥后混匀。

## 四、实验步骤

1. 溶液的配制

1.1 钒标准贮备溶液：称取 0.100 0 g 金属钒($w(V)\geqslant 99.99\%$)，置于 200 mL 烧杯中，加入 5 mL 浓盐酸，盖上表面皿，低温加热至溶解完全。冷却至室温，用盐酸(1+9)移入 100 mL 容量瓶中并稀释至刻度。混匀，此溶液 1 mL 含 1 mg 钒。

1.2 镁标准贮备溶液：称取 0.346 9 g 碳酸镁($w(MgCO_3)\geqslant 99.95\%$，预先经 1 000 ℃ 灼烧 1 h 后，置于干燥器中，冷却至室温，置于 200 mL 烧杯中。加入 5 mL 水，缓慢加入

3 mL 浓盐酸,盖上表面皿,待反应减缓后温热至完全溶解。冷却至室温,用盐酸(1+9)移入 100 mL 容量瓶中并稀释至刻度。混匀,此溶液 1 mL 含 1 mg 镁。

2. 试料溶液的制备

称取 0.1 g 试样,精确至 0.000 1 g。将试料置于 150 mL 烧杯中,加入 2 mL 浓硝酸,盖上表面皿。低温加热至试料完全溶解。加入 20 mL 水稀释,加入 2 mL 浓盐酸,搅拌,微沸 20 min 至氯化银完全沉淀凝结。用中速滤纸过滤氯化银沉淀,用盐酸(1+9)冲洗表面皿、杯壁、沉淀和滤纸四次,滤液用 100 mL 容量瓶接取,以盐酸(1+9)稀释至刻度。混匀。

3. 标准极差溶液的制备

分别移取(可用逐步稀释法)钒和镁标准贮备溶液于一组 100 mL 容量瓶中,用盐酸(1+9)稀释至刻度,混匀。得到表 1-1 所示的混合标准极差溶液。

表 1-1 标准极差溶液的浓度梯度表

| 标准编号 | 0# | 1# | 2# | 3# | 4# |
|---|---|---|---|---|---|
| 钒质量浓度/($\mu$g/mL) | 0.00 | 0.40 | 2.00 | 5.00 | 20.00 |
| 镁质量浓度/($\mu$g/mL) | 0.00 | 0.40 | 2.00 | 5.00 | 20.00 |

4. 测定

4.1 参考表 1-2 进行条件优化后设定仪器参数。

表 1-2 仪器测定条件

| 仪器项目 | 参 数 |
|---|---|
| 高频发生器功率 | 1.2 kW |
| 氩气流量 | 冷却气 15 L/min;保护气 0.8 L/min;载气 0.2 L/min |
| 垂直观测高度 | 15 mm |
| 积分时间 | 5 s |
| 进样泵流速 | 1.5 mL/min |
| 分析线波长 | V:290.880 nm<br>Mg:279.077 nm |

4.2 工作曲线的制作

输入混合标准极差溶液,用 ICP-AES 按编好的程序进行测定,以待测元素浓度为横坐标,谱线强度为纵坐标,绘制工作曲线。工作曲线相关系数不小于 0.999 9。

4.3 试料溶液的测定

输入试料溶液,用 ICP-AES 按编好的程序进行测定,独立地进行两次测定,取其平均值。

4.4 空白实验

随同试料做空白实验。

## 五、分析结果的计算

按公式(1-5)计算钒或镁的质量分数 $w(x)$,数值以%表示:

$$w(x) = \frac{\rho_x \cdot V}{m_0 \times 10^5} \times 100 \tag{1-5}$$

式中:

$\rho_x$——自工作曲线上查得的钒或镁的质量浓度,单位为 $\mu g/mL$;

$V$——试液总体积,单位为 mL;

$m_0$——试料的质量,单位为 g。

分析结果在1%以上保留三位有效数字,在1%以下保留两位有效数字。

## 六、参考文献

[1] GB/T 15072.19—2008 贵金属合金化学分析方法 银合金中钒和镁量的测定 电感耦合等离子体原子发射光谱法.

# 实验1.2　99.9%贵金属合金首饰贵金属含量的测定差减法

## 一、实验目的

1. 学习贵金属样品处理方法;
2. 了解差减法的原理。

## 二、实验原理

称取贵金属合金样品,溶于王水,制备 10 g/L 溶液。用 ICP 光谱仪测定杂质含量,用差减法确定贵金属含量。通过测定99.9%的贵金属合金首饰中的杂质元素含量来确定铂合金首饰中的铂含量、钯合金首饰中的钯含量、金合金首饰中的金含量的方法。

## 三、仪器与试剂

1. 仪器

常规实验室仪器。

电感耦合等离子体发射光谱仪(ICP 光谱仪):具有固定或扫描通道、相关元素的光学分辨率为 0.02 nm,检测限不低于 0.05 mg/L,具背景校正功能。检测器为光电倍增管或半导体芯片(CID,CCD)的仪器可用来分析。

微量天平:感量为 0.01 mg。

单标线移液管:GB/T 12808—1991A 类。或可调式移液器。

单标线容量瓶:GB/T 12806—1991A 类。

## 2. 试剂及样品

除非另有说明,在分析中仅使用确认为分析纯的试剂和蒸馏水或去离子水或相当纯度的水。

盐酸($\rho$,1.19 g/mL),硝酸($\rho$,1.42 g/mL),王水(使用前配制,$V_{硝酸}:V_{盐酸}=1:3$)。

贵金属线材或板材:纯度不低于99.99%,应当测定每个杂质元素的含量。

## 四、实验步骤

### 1. 溶液的配制

1.1 硝酸储存溶液(不含氯化物):银、铋、铅分别为100 mg/L,介质为2 mol/L硝酸。

1.2 盐酸储存溶液(不含硝酸盐):锡和钛分别为100 mg/L,介质为2 mol/L盐酸。

1.3 酸储存溶液(可以同时含有盐酸和硝酸):均含有相关元素分别为100 mg/L,介质为1 mol/L盐酸和1 mol/L硝酸。

1.4 测试溶液

如下面所述,每一个样品准备两份测试溶液。

称取(500±2.5)mg试样,精确至0.01 mg,转移至50 mL烧杯中,加30 mL王水。缓慢加热直至完全溶解,继续加热赶尽氮氧化物。冷却,转移至50 mL容量瓶中定容,混匀。

如有不溶物,用适当方法进行分析,其含量应算入总的杂质含量。

1.5 校正溶液

称取两份纯贵金属,质量为(500±2.5)mg,按1.4步骤溶解。

校正溶液1的制备:将第一份纯贵金属溶液定容至50 mL。

校正溶液2的制备:分别加入5 mL混合储备溶液于第二份纯贵金属溶液,稀释定容至50 mL。

### 2. 测试

按仪器说明书调整好仪器。选择合适的背景校正和适当的基体线。使用前,至少稳定30 min。炬管、雾化室、进样系统要保证清洁。

按仪器校正程序喷入校正溶液1和校正溶液2,然后运行分析程序分析样品溶液,结果应用足够的小数点位数来表示,以便于指示相关元素在检测限的浓度。

每个溶液的测试条件为:预积分时间30 s,积分时间5 s,积分次数5,计算净强度(即背景校正)。

## 五、结果的表示

### 1. 校正曲线

将校正溶液1中所有浓度设为零,用校正溶液1和校正溶液2所测得的每个元素的净强度来计算校正曲线。

### 2. 计算方法:

获得的校正曲线,将净强度转换为每一个相关元素的质量分数($w_i$),见式(1-6)。

$$w_i = \frac{c_i \times V_s}{m_s} \tag{1-6}$$

式中：

$c_i$——元素 $i$ 在样品溶液中的浓度或元素 $i$ 的检测限，单位为 mg/L；

$V_s$——样品溶液的体积，单位为 L；

$m_s$——贵金属样品的质量，单位为 mg。

3. 检测限的定义：

校正溶液 1 所测得的每个元素的浓度标准偏差的 3 倍。

特定贵金属的纯度（$W_{sp}$）以百分数表示，按式 1-7 计算。

$$W_{sp}(\%) = 100 - (\sum w_i - \sum w_{tr}) \times 100 \tag{1-7}$$

式中：

$\sum w_i$——所有相关元素的质量分数之和；

$\sum w_{tr}$——纯物质中每个杂质元素参考质量分数的和。

计算结果保留到小数点后一位。

4. 重现性

平行测定结果的绝对差值应小于 0.02%。如大于该值，应重新实验。

## 六、参考文献

[1] GB/T21198.4—2007 贵金属合计首饰中贵金属含量的测定 ICP 光谱法 第 4 部分：99.9%贵金属合金首饰 贵金属含量的测定差减法.

# 实验 1.3　皮革和毛皮重金属含量的测定

## 一、实验原理

重金属总量：试样经微波消解后，将消解液定容，用电感耦合等离子发射光谱（ICP-AES）法同时测定铅、镉、镍、铬、钴、铜、锑、砷、汞等重金属的浓度，计算出试样中重金属总量。

重金属可萃取量：试样经人造汗液萃取后，萃取液用电感耦合等离子发射光谱（ICP-AES）法同时测定铅、镉、镍、铬、钴、铜、锑、砷、汞等重金属的浓度，计算出试样中重金属可萃取量。

本方法适用于各类皮革、毛皮及其制品。

## 二、仪器与试剂

1. 仪器

电感耦合等离子发射光谱仪（ICP-AES），氩气纯度大于等于 99.9%，以提供稳定清澈的等离子体焰炬,在仪器合适的工作条件下进行测定。

仪器工作参考条件为:辅助气流量 0.5 L/min;泵速 100 r/min;积分时间:长波(>260 nm)5 s,短波(<260 nm)10 s。

微波消解仪,具有压力控制系统,配备聚四氟乙烯消化罐。

可控温加热板。

分析天平,精确至 0.1 mg。

机械振荡器,圆周运动,可控温(37±2)℃,振荡频率(100±10)r/min。

2号砂芯漏斗。

2. 试剂和材料

除非另有说明,在分析中仅使用确认为分析纯的试剂和符合 GB/T 6682 的二级水或相当纯度的水。

硝酸,优级纯;过氧化氢,优级纯。

酸性汗液(1 L:L-组氨酸盐酸盐一水合物,0.5 g;氯化钠,5.0 g;磷酸二氢钠二水合物,2.2 g;用 0.1 mol/L 的氢氧化钠溶液调节 pH 值为 5.5 ± 0.2),现配现用。

铅、镉、镍、铬、钴、铜、锑、砷、汞等重金属标准贮备溶液(标准物质,介质为 HCl 或 $HNO_3$),1 000 μg/mL。

## 三、实验步骤

1. 试样制备

1.1 取样

标准部位取样:皮革:按 QB/T 2706 的规定进行;毛皮:按 QB/T 1267 的规定进行。

非标准部位取样:如果不能从标准部位取样(如直接从鞋、服装上取样),应在可利用面积内的任意部位取样,样品应具有代表性并在试验报告中详细记录取样情况。

注:切取样块过程中避免损伤毛被,保持毛被完好。

1.2 试样的制备

皮革按 QB/T 2716 的规定进行;毛皮按 QB/T 1272 的规定进行。除去样品上面的胶水、附着物,将试样混匀,装入清洁的试样瓶内待测。

2. 重金属总量的测定

2.1 消解

称取约 0.5 g 试样(精确至 0.1 mg)置于聚四氟乙烯消化罐内,加入 1 mL 过氧化氢和 4 mL 浓硝酸,在可控温加热板上于 140 ℃ 加热 10 min。冷却后盖上内盖,套上外罐,拧紧罐盖,放入微波消解仪中,按以下程序消解:压力 0.5 MPa 消解 1 min、压力 2.0 MPa 消解 2 min、压力 3.0 MPa 消解 4 min。消解完成后,消化罐于微波消解仪中冷却 10～20 min,然后取出消化罐,打开外盖和内盖。待冷却至室温后,将消解液转移到 25 mL 容量瓶中,用蒸馏水洗涤消化罐,洗涤液合并至容量瓶中,用水定容至刻度,供电感耦合等离子发射光谱测定用。

空白试验:不加试样,用与处理试样相同的方法和等量的试剂做空白试验。

2.2 测定

将铅、镉、镍、铬、钴、铜、锑、砷、汞等重金属标准贮备溶液稀释至一系列合适浓度的标准工作溶液,用电感耦合等离子发射光谱仪在参考波长下同时测定铅、镉、镍、铬、钴、铜、锑、砷、汞等重金属的光谱强度,以光谱强度为纵坐标,重金属浓度为横坐标,制作标准工作曲线。

将试样溶液和空白溶液分别用电感耦合等离子发射光谱仪在参考波长下测定铅、镉、镍、铬、钴、铜、锑、砷、汞等重金属的光谱强度,对照标准工作曲线计算各重金属的浓度。

3. 重金属可萃取量的测定

3.1 萃取

称取约 2.0 g 试样(精确至 0.1 mg),置于 100 mL 具塞三角烧瓶中,准确加入 50 mL 酸性汗液,盖上塞子后轻轻振荡,使样品充分湿润。然后在机械振荡器上于(37±2)℃振荡(60±5)min。萃取液用 2 号砂芯漏斗过滤。

空白试验:不加试样,用与处理试样相同的方法和等量的试剂做空白试验。

3.2 测定

将萃取所得的溶液按 2.2 的方法测定。

## 四、分析结果的表述

1. 重金属含量的计算

按式(1-8)计算试样中的重金属含量:

$$\omega_i = \frac{(c_i - c_{i0}) \times V}{m} \tag{1-8}$$

式中:

$\omega_i$ ——试样中的重金属 $i$ 的含量,单位为 mg/kg;

$c_i$ ——由工作曲线计算出的试样溶液中重金属 $i$ 的浓度,单位为 μg/mL;

$c_{i0}$ ——由工作曲线计算出的空白溶液中重金属 $i$ 的浓度,单位为 μg/mL;

$V$ ——试样溶液的体积,单位为 mL;

$m$ ——试样称取的质量,单位为 g。

2. 以绝干质量计算的试样中重金属含量的换算

按式(1-9)计算出以绝干质量计算的试样中的重金属含量:

$$\omega_{i-dry} = \omega_i \times D \tag{1-9}$$

式中:

$\omega_{i-dry}$ —— 以绝干质量计算的试样中的重金属 $i$ 的含量,单位为 mg/kg;

$\omega_i$ ——试样中的重金属 $i$ 的含量(以试样实际质量计算),单位为 mg/kg;

$D$ ——转换成绝干质量的换算系数$\left[D = \frac{100}{100-W}, W\right.$ 为按 QB/T 2717 或 QB/T 1273(带毛)测得的样品中的挥发物含量,%$\left.\right]$。

3. 结果表示

重金属含量应注明是以试样实际质量为基准，还是以试样绝干质量计算为基准，用 mg/kg 表示，修约至 0.1 mg/kg。当发生争议或仲裁试验时，以绝干质量为准。挥发物用％表示，修约至 0.1％。

两次平行试验结果的差值与平均值之比应不大于 10％，以两次平行试验结果的算术平均值作为结果。

## 五、注意事项

1. 样品中的重金属含量(mg/kg)，注明总量还是可萃取量。

2. 应注明试验结果是以样品实际质量为基准，还是以样品绝干质量计算为基准，如果以样品绝干质量计算为基准，应注明样品中的挥发物含量(％)。

## 六、参考文献

[1] GB/T 22930—2008 皮革和皮毛 化学试验 重金属含量的测定.

# 实验 1.4  饰品有害元素的测定光谱法

## 一、实验原理

对于金属材质的饰品，直接采用常规酸消解方法处理；对其他材质的饰品，采用密闭高温压力罐-酸消解法处理。样品中的砷、铅、汞、镉成为可溶性盐类溶解在酸消解液中，将消解液定容后，可用火焰原子吸收光谱法、电感耦合等离子体光谱法测定。

将需测试锑、砷、钡、镉、铬、铅、汞和硒的溶出量的样品浸入一定浓度的盐酸溶液中 2 h，模拟样品在吞咽后与胃酸持续接触一段时间的条件，溶入盐酸溶液的锑、砷、钡、镉、铬、铅、汞和硒离子浓度可用火焰原子吸收光谱法、电感耦合等离子体光谱法测定。

## 二、仪器与试剂

除非另有说明，在分析中仅使用确认为分析纯的试剂和蒸馏水或去离子水或相当纯度的水。

1. 仪器

常用实验室仪器。

分析光谱仪，仪器经优化后，能满足如下要求：精密度 1％，所测元素的检出限优于 0.2 mg/L。推荐使用火焰原子吸收光谱仪(AAS)或电感耦合等离子体发射光谱仪(ICP)；烘箱，0～200 ℃，控温精度±2 ℃；压力罐，聚四氟乙烯压力罐，或不锈钢压力罐(聚四氟乙烯内胆)；分析天平，感量 0.1 mg，精度等级二级；破碎设备，电锯、研磨机、金属切割机等；带盖的容器，不含有害元素，总容量为盐酸溶液提取剂的 1.6～5.0 倍。

2. 试剂

盐酸($\rho$,1.19 g/mL),硝酸($\rho$,1.42 g/mL),王水(1)(使用前配制 $V_{硝酸}:V_{盐酸}=1:3$),王水(2)($V_{王水}:V_{水}=1:19$),盐酸(1+169),硝酸(1+1),过氧化氢(质量分数为30%),氢氟酸。锑、砷、钡、镉、铬、铅、汞和硒标准储备溶液,100~1 000 mg/L。

## 三、实验步骤

1. 取样

1.1 金属材质

将样品处理成直径不超过 1 mm,长度不超过 5 mm 的碎屑或细条。

1.2 其他材质

用电锯、研磨机等破碎设备将样品研磨成粒径不超过 1 mm 的粉末样。

2. 样品消解

2.1 常规酸消解法

本方法适用于1.1所指样品。

称取样品 0.3~0.5 g 两份,精确到 0.1 mg,置于烧杯或锥形瓶中,对于金、铂、钯样品加入王水(1)10 mL,其他金属材质加入硝酸(1+1)8 mL,放在电热板或电炉上加热,盖上表面皿。待样品完全溶解后,冷却。加入浓盐酸 10 mL,放在电热板或电炉上微热 1 h,冷却,并转移到 100 ml 容量瓶中,用水洗涤并定容至刻度。同时做试剂空白试验。

银含量>5%的样品,加入盐酸后应静置 1 h,将氯化银过滤,再转移,定容。

注:对于非贵金属材质样品铅含量的测试不需加入盐酸。

2.2 压力罐消解法

本方法适用于1.2所指样品。

称取样品 0.3~0.5 g 两份,精确到 0.1 mg,置于压力罐中,加入浓硝酸 8 mL,过氧化氢 2 mL,对于玻璃、陶瓷等含硅较多的材质,应补加氢氟酸 3 mL。盖上盖子并拧紧,置于烘箱中,在 180 ℃±5 ℃加热 4 h。待压力罐冷却至室温后,将消解液转移至 100 mL 容量瓶中,用水洗涤压力罐及盖 3~4 次,将洗涤液并入容量瓶中,用水稀释至刻度。如果溶液不清亮或有沉淀产生,过滤,保留滤液待测。同时做试剂空白试验。

2.3 其他消解方法

经方法验证可行,可选用其他消解方法,如微波消解法、酸湿式消解法、灰化法等手段处理1.2所指样品及采用常规酸消解方法未能完全消解的样品。

3. 测定

3.1 测试分析线

推荐测试分析线参见附录表1。

注:除附录中所列波长外,也可使用其他波长,但要注意光谱干扰。

3.2 预先测试

确定试样溶液中各杂质元素的近似含量。

校正溶液中测试元素的浓度不应小于试样溶液中元素的实际浓度。

### 3.3 准确测定

根据预先测试结果,分别加入测试元素的标准储备溶液于 100 mL 容量瓶中,用王水(2)稀释至刻度,摇匀,配制成高标、低标校正溶液。

测试元素高标与低标的浓度间隔:镉不大于 5 mg/L,其他元素不大于 20 mg/L。

在等离子光谱仪上对试样溶液与校正溶液进行测定。用王水(2)作"零点"校正溶液。

## 四、分析结果的表示

样品中砷、铅、汞、镉的含量以质量分数 $w$ 计,数值以 mg/kg 表示,按式(1-10)计算:

$$w = \frac{(c_1 - c_0) \cdot V}{m} \tag{1-10}$$

式中:

$c_1$——试样消解液中砷、汞、铅、镉的浓度,单位 mg/L;

$c_0$——试剂空白消解液中砷、汞、铅、镉的浓度,单位为 mg/L;

$V$——试样消解液定容体积,单位为 mL;

$m$——试样称样质量,单位为 g。

计算结果表示到个位。

## 五、有害元素溶出量的测定

### 1. 提取液的制备

将待测样品用分析天平称量后,精确至 0.1 mg,放入适当的带盖的容器内,加入足量温度为 37±2 ℃的盐酸溶液(1+169),以使溶液能正好完全浸渍样品。将容器盖上后,放置在能控温的烘箱内,于 37±2 ℃下静置 2 h。

接着将待测样品取出并用少量去离子水冲洗,冲洗液并入溶液中。将溶液定量地移入一个经过酸洗的大小适当的容量瓶中。容量瓶大小的选定应考虑测定时所用仪器的检测限。

如果配制好的溶液在进行分析测试前的保存时间超过一个工作日,应用浓盐酸加以稳定,使保存的溶液盐酸浓度约为 1 mol/L。同时做试剂空白试验。

### 2. 测定

按照前面的测定方法,以盐酸(1+169)作为零点校正溶液和定容溶液,用分析光谱仪测定提取液中的锑、砷、钡、镉、铬、铅、汞和硒的浓度。

### 3. 结果的表示

#### 3.1 有害元素溶出量的计算

样品中有害元素的溶出量以质量分数 $w$ 计,数值以 mg/kg 表示,按式(1-11)计算:

$$w = \frac{(c_1 - c_0) \cdot V}{m} \tag{1-11}$$

式中：

$c_1$——试样提取液中锑、钡、硒、砷、铅、汞、镉或铬的浓度，单位为 mg/L；

$c_0$——试剂空白提取液中锑、钡、硒、砷、铅、汞、镉或铬的浓度，单位为 mg/L；

$V$——试样提取液定容体积，单位为 mL；

$m$——试样称样质量，单位为 g。

计算结果表示到个位。

3.2 结果说明

由于本测试方法精确度的原因，在考虑实验室之间测试结果时需要一个经校正的分析结果。从 3.1 计算得到的分析结果应减去表 1-3 中的分析校正值，以得到校正后的分析结果。

表 1-3 各元素分析校正系数

| 元 素 | 锑 Sb | 砷 As | 钡 Ba | 镉 Cd | 铬 Cr | 铅 Pb | 汞 Hg | 硒 Se |
| --- | --- | --- | --- | --- | --- | --- | --- | --- |
| 分析校正系数/% | 50 | 60 | 30 | 30 | 30 | 30 | 50 | 60 |

示例：

铅的分析结果为 100 mg/kg，表 1-3 中的分析校正系数为 30%，则：

分析结果校正值 = 100 - 100 × 30% = 100 - 30 = 70(mg/kg)，这个结果被认为符合 GB 28480 的要求。

## 六、参考文献

[1] GB/T 28021—2011 饰品有害元素的测定 光谱法.

# 1.2 火花原子发射光谱技术

## 一、发射光谱的电弧、火花激发光源

发射光谱分析光源中，常用的电弧和电火花称得上是经典光源，其基本原理是利用在电极之间发生电弧放电或火化放电所产生的能量，使被分析物蒸发、原子化并激发，从而发射出不同元素的特征谱线，进行光谱分析。由于使用方便，操作起来简单，特别是对金属等易导电样品更是方便，至今仍是金属材料成分分析、冶金分析的主要手段。

在电弧、火花光源中，导电的金属固体可以直接作为一极，非导体的试料可以粉状物或溶液充填于石墨或金属电极上作为一极，通电进行激发。电弧光源是在两个电极之间加上直流或交流电，形成电弧放电，在电弧中电极上的分析物被灼热蒸发进入弧柱，依靠粒子间的碰撞而激发。

火花光源则是通过电容放电的方式，在两个导电的电极之间产生电火花，火花在电极间击穿时，在电极之间产生放电通道，呈现高电流密度和高温，电极被强烈灼烧，使电极物质迅速蒸发，形成高温喷射焰炬而激发。由于火花放电可以在两个导体之间发生，导体材料可以将样品作为一个电极，由难熔的导电体如钨和石墨作为对电极，可以很方便地对金属材料进行分析。

为了适应实验室对不同样品分析及其不同分析目的要求,充分利用电弧放电与火花光源的有利特性,在现代直读光谱仪中普遍采用具有多功能的火花光源,将数种放电特性组合在一起的复合光源,以发挥电弧和火花激发光源的优异特性,将交直流、高低压、振荡型与脉冲型等功能,在同一放电装置中,可以进行互换。在放电特性方面,复合光源多是通过数种放电特性进行组合,形成特定的放电,以实现预定的分析特性。如直流脉冲放电与高(低)压火花放电进行组合,振荡放电与高(低)压火花放电进行组合等。例如电子控制波形光源,是交流高频高压火花放电和直流脉冲高频(可调)高压火花放电的两用式光源。它的放电特性是以高压火花放电为主,兼有直流脉冲放电的特性。它的放电形式、放电频率和放电电流等均是可调的。此类光源能分析高、中、低等合金钢,对钢铁类样品的分析较适宜。因此火花光源光电直读型仪器在冶金、机械等行业中得到广泛的应用,至今仍成为冶金炉前分析不可或缺的工艺监控手段。

## 二、定量分析方法

### 1. 光电光谱定量关系式

光电光谱分析中,试样经光源激发以后所辐射的光,经入射狭缝到色散系统光栅,经过分光以后各单色光被聚焦在焦面上形成光谱,在焦面上放置若干个出射狭缝,将分析元素的特定波长引出,分别投射到光电倍增管等接收器上,将光能转变为电信号,由积分电容储存,当曝光终止时,由测量系统逐个测量积分电容上的电压,根据所测电压值的大小来确定元素的含量。

试样的激发过程中,其光谱线的强度是不稳定的,因此从接收器输出的光电流的瞬时强度也会有波动,因此常把输出的光电流向积分电容器充电的方法来测量谱线的平均强度。

若积分电容为 $C$,光电流为 $i$,$V$ 是经过积分时间 $T$ 后在积分电容器上所达到的电压,则

$$V = \frac{Q}{C} = \frac{1}{C}\int_0^t i\,\mathrm{d}t = \frac{\bar{i}T}{C}$$

式中,$\bar{i}$ 为平均光电流,可以看出积分电容器上的电压 $V$ 正比于平均光电流 $\bar{i}$ 和曝光时间 $T$,反比于积分电容器的电容量。在实际工作中,$C$ 和 $T$ 均为常数,其中平均光电流 $\bar{i}$ 正比于谱线强度,为此测量了积分电容器的电压,就可对应地求出试样中元素的含量。

在光电光谱定量分析时,由于分析条件的影响,公式中的 $K$ 值和 $b$ 值仅适用于同类型的样品,不同类型的样品,其 $K$ 值和 $b$ 值会发生变化,因此必须在实验的基础上,通过制作校准曲线,从而确定样品中元素的含量 $c$。

### 2. 光电光谱定量分析方法

(1) 标准试样法

此方法是在每次分析样品前激发一系列标准样品(严格来说,应采用与待测样品有相

同的冶炼历程和晶体结构的标样,实际上这种匹配很难做到)制作校准曲线。谱线强度与分析物浓度的关系,可按幂函数展开：

$$c = \sum_{m=0}^{n} a^m I^m = a_0 + a_1 I + a_2 I^2 + \cdots + a_n I^n$$

曲线拟合成功后,存储。随后分析待测样品,并将各元素的强度值 $I$ 代入上式,计算出待测元素的含量。现代直读光谱仪器,由计算机处理分析数据,对工作曲线进行拟合,自动给出浓度与强度的回归方程,可以进行一元或二元回归甚至多元回归。火花光谱分析中简单情况下为一元线性回归,大多情况下为二元回归方程。

标准试样法虽然能保持分析条件的完全一致,分析结果准确可靠,但每次分析都需激发一系列标准样品,重新绘制校准曲线,不仅费时费力,标样损耗也大,为此光电光谱分析时常采用持久曲线法。

(2) 持久曲线法

持久曲线法是预先用标准试样法制作持久校准曲线,每次分析时仅激发分析试样,从持久曲线上求含量。与常规标准试样法不同之处在于在制作持久校准曲线时,采用尽量多的标准样品,并将作为校正用的标准化样品或校正样品同时进行激发,一起绘制工作曲线。这样每次分析时仅对工作曲线进行标准化或校对,即可进行分析测定。

由于温度、湿度、氧气压力、振动等变化,会产生谱线位移、透镜污染、电极玷污、电源波动等,这些均会使校准曲线发生平移或移动。为此在实际分析过程中,每天(每班)必须用标准化样品对校准曲线的漂移进行修正,即所谓校准曲线标准化。

标准化有两点标准化和单点标准化:两点标准化是选取两个含量分别在校准曲线上限和下限附近的标准样品,分别激发求出其光强 $R_u$、$R_1$,则有:

$$R_u = \alpha R_u^0 + \beta$$
$$R_1 = \alpha R_1^0 + \beta$$

两式相减求得

$$\alpha = \frac{R_u - R_1}{R_u^0 - R_1^0}$$
$$\beta = R_u - \alpha R_u^0 = R_1 - \alpha R_1^0$$

式中,$R_u^0$、$R_1^0$ 分别为原持久曲线上限和下限附近含量所对应的光强值;$\alpha$、$\beta$ 为曲线的漂移系数;$\alpha$ 表示曲线斜率的变化;$\beta$ 表示曲线的平移量。

对单点标准化来说,仅选取一个含量在上限附近的标准样品。若在激发时所测得的光强为 $R$,其在原校准曲线上所对应的原始基准为 $R^0$,则校正因子为

$$f = \frac{R^0}{R}$$

这种标准化方法仅能校正原校准曲线的平移。

在实际工作中,由于分析试样和标样的冶金过程和某些物理状态的差异,常使分析结

果存在一定的偏差,这就需要用控制试样来校正。

(3) 控制试样法

控制试样是一个与分析试样的冶金过程和物理状态相一致的标准样品,其各元素含量应准确可靠,成分分布均匀,外观无气孔、沙眼、裂纹等物理缺陷,并且各元素含量应位于校准曲线含量范围之内,尽可能与分析样品的含量接近。

在日常分析时,用与待测试样同样的工作条件,将控制试样与待测试样一起分析,设控制试样的读数为 $R_{控}$,其对应的含量为 $c_{控}$,待测试样的读数为 $R_{待}$,则其对应的含量为

$$c_{待} = R_{待} + c_{控} - R_{控}$$

至此可得到待测样品的确切含量。

## 实验 1.5 金化学分析——银、铜、铁、铅、锑、铋、钯、镁、锡、镍、锰和铬含量的测定

### 一、实验目的

1. 了解原子发射光谱法同时测定多种元素的原理和方法;
2. 掌握火花原子发射光谱法定量分析的原理与方法。

### 二、实验原理

将试样加工压制成片状,用火花原子发射光谱仪直接测定金中杂质元素的分析线与背景线的强度比,根据绘制的工作曲线计算金中银、铜、铁、铅、锑、铋、钯、镁、锡、镍、锰和铬等 12 种杂质元素含量。

### 三、仪器与试剂

1. 仪器

火花原子发射光谱仪、油压机:安全压力≥50 t。

2. 试剂及材料

无水乙醇,脱脂棉,高纯氩气:质量分数不小于 99.995%,标准样品:有证纯金光谱标准样品,其杂质元素含量范围必须涵盖或部分涵盖本方法测定范围。

除非另有说明,在分析中仅使用确认为分析纯的试剂和蒸馏水或去离子水或相当纯度的水。

### 四、实验步骤

1. 试样和样品处理

试样和标准样品表面经无水乙醇清洗后,用油压机压制成片状(压力:50 t;施压时间:8 s)。压制成形后样品的光洁面直径应大于 20 mm,最小厚度应大于 0.2 mm。

2. 分析线对的选择

各测定元素分析线对采用仪器厂商推荐的波长。

3. 工作曲线的绘制

在仪器状态和激发气氛稳定时使用标准样品在火花原子发射光谱仪上连续激发,测定标样中各杂质元素的谱线强度比,以元素质量分数为横坐标,谱线强度比为纵坐标绘制杂质元素工作曲线。

注:也可使用仪器内部固化的工作曲线。

4. 样品的测定

将试样光洁面置于仪器激发台上进行测定。每个样品应变换不同位置进行多点激发(三个点以上),取其平均值。

## 五、数据记录与处理

1. 标准曲线的绘制

| 元素 | 标准曲线方程 | 元素 | 标准曲线方程 |
| --- | --- | --- | --- |
| Ag |  | Pd |  |
| Cu |  | Mg |  |
| Fe |  | Sn |  |
| Pb |  | Ni |  |
| Sb |  | Mn |  |
| Bi |  | Cr |  |

2. 样品含量的测定

根据测得的试样中杂质元素谱线强度比,分别于工作曲线上求出各元素的质量分数。所得结果表示至小数点后第 4 位。

| 元素 | 含量/% | 元素 | 含量/% |
| --- | --- | --- | --- |
| Ag |  | Pd |  |
| Cu |  | Mg |  |
| Fe |  | Sn |  |
| Pb |  | Ni |  |
| Sb |  | Mn |  |
| Bi |  | Cr |  |

## 六、问题与讨论

1. 原子发射光谱还有常用哪些光源?
2. 光谱发射光谱定性的依据是什么?

### 七、参考文献

[1] GB/T 11066.7—2009 金化学分析方法银、铜、铁、铅、锑、铋、钯、镁、锡、镍、锰和铬量的测定 火花原子发射光谱法[S].

## 实验1.6　碳素钢和中低合金钢多元素含量的测定

### 一、实验目的

1. 了解原子发射光谱法同时测定多种元素的原理和方法；
2. 掌握火花放电原子发射光谱法定量测定碳素钢和中低合金中多元素含量的方法。

### 二、实验原理

将制备好的块状样品在火花光源的作用下与对电极之间发生放电，在高温和惰性气氛中产生等离子体。被测元素的原子被激发时，电子在原子内不同能级间跃迁，当由高能级向低能级跃迁时产生特征谱线，测量选定的分析元素和内标元素特征谱线的光谱强度。根据样品中被测元素谱线强度（或强度比）与浓度的关系，通过校准曲线计算被测元素的含量。

本方法适用于电炉、感应炉、电渣炉、转炉等铸态或锻轧的碳素钢和中低合金钢样品分析。

### 三、仪器

1. 仪器的准备

1.1 仪器的存放

光谱仪应按仪器厂家推荐的要求，放置在防震、洁净的实验室中，通常室内温度保持在15～30 ℃，相对湿度应小于80%。在同一个标准化周期内，室内温度变化不超过5 ℃。

1.2 电源

为保证仪器的稳定性，电源电压变化应小于±10%，频率编号小于±2%，保证交流电源为正弦波。根据仪器使用要求，配备专用地线。

1.3 激发光源

为使激发光源电器部分工作稳定，开始工作前应使其有适当的通电时间。用电压调节器或稳压器设备将供电电压调整到仪器所要求的数值。

1.4 对电极

对电极需要定期清理，更换并用极距规调整分析间隙的距离，使其保持正常的工作状态。

1.5 光学系统

聚光镜应定期清理，定期描迹来校正入射狭缝位置。

1.6 测光系统

停机后,重新开机,一般应保持足够的通电时间,使待测系统工作稳定。

通过制作预燃曲线选择分析元素的适当预燃时间。积分时间是以分析精度为基础进行实验确定的。

2. 仪器配置

氩气的纯度不小于99.995%,对电极的纯度应大于99%。分光计的一级光谱线色散的倒数应小于0.6 nm/mm,焦距为0.35~1.0 m,波长范围为165.0~410.0 nm,分光计的真空度应在3 Pa以下工作,或充高纯惰性气体(该气体不吸收波长小于200 nm谱线,且纯度不低于99.999%)。

## 四、实验步骤

1. 取样

按照GB/T 20066的规定取样和制样。取样时应保证取出的分析样品均匀、无缩孔和裂纹。铸态样品取样时,应将钢水注入规定的模具中,用铝脱氧时,脱氧剂含量不应超过0.35%;钢材取样时,应选取具有代表性部位。

2. 样品的制备

从模具中取出的样品,一般在高度方向的下端$\frac{1}{3}$处截取样品。未经切割的样品,其表面应去掉1 mm的厚度。切割设备采用装有树脂切割片的切割机、金属切削机床等。

分析样品应足够覆盖火花架激发孔径,通常要求直径大于16 mm,厚度大于2 mm,并保证样品表面平整、洁净。研磨设备可采用砂轮机、砂纸磨盘或砂带研磨机,亦可采用铣床等加工。研磨材料有氧化铝、氧化锆和碳化硅等。研磨材质的粒度通常为0.124~0.25 mm。

标准样品和分析样品应在同一条件下研磨,不得过热。

注:选择不同的研磨材料可能对相关的痕量元素检测带来影响。

3. 标准样品、标准化样品和控制样品

3.1 标准样品

标准样品是为绘制校准曲线使用的,其化学性质和组织结构应与分析样品相近似,应涵盖分析元素的含量范围,并保持适当的梯度,分析元素的含量系用准确可靠的方法定值。

选择不适当的标准样品系列会使分析结果产生偏差,因此,对标准样品的选择应充分注意。在绘制校准曲线时,通常使用几个分析元素含量不同的标准样品作为一个系列,其组成和冶炼过程最好与分析样品近似。

3.2 标准化样品

由于仪器状态的变化,导致测定结果的偏离,为直接利用原始校准曲线,求出准确结果,用1~2个样品对仪器进行标准化,这种样品称为标准化样品。该样品应非常均匀并要求有适当的含量,可以从标准样品中选出,也可专门冶炼。当使用两点标准化时,其含量分别取每个元素校准曲线上限和下限附近的含量。

标准化样品是用来修正由于各种原因引起的仪器测量值对校准曲线的偏离,标准化样品应均匀并能得到稳定的谱线强度。

3.3 控制样品

控制样品是与分析样品有相似的冶金加工过程、相近的组织结构和化学成分,用于对分析样品测定结果进行校正的均匀样品,可以用于类型标准化修正。

控制样品可通过取自熔融状金属铸模成型或金属成品进行自制;在冶炼控制样品时应适当规定各元素含量,使各样品的基体成分大致相等;对控制样品赋值时,应注意标准值定值误差以及数据、方法的可溯源性。

4. 校准

4.1 校准曲线法

在所选定的工作条件下,激发一系列标准样品,原则上使用5个水平以上的标准样品,每个样品至少激发3次,绘制分析元素的发光强度(或强度比)与含量(或含量比)的关系曲线作为校准曲线,使用该校准曲线,测量样品中的元素含量。

4.2 原始校准曲线法

原始校准曲线法是先使用校准曲线法绘制校准曲线。当光谱仪器因温度、湿度、震动等因素导致谱线产生位移,或因发光强度变化导致校准曲线发生漂移时,通过标准化样品对校准曲线的漂移进行整体标准化修正,使修正后的元素强度恢复到最初建立校准曲线时强度的方法。

4.3 控制样品法

由于分析样品与绘制校准曲线的标准样品存在冶炼工艺过程和组织结构的差异,常使校准曲线发生变化。为避免这种差异造成的影响,通常使用与分析样品的冶金工艺过程和组织结构相近的控制样品,用于控制分析样品的分析结果。

首先利用标准样品制作原始校准曲线,在日常分析时,在同样的工作条件下,将控制样品与分析样品同时分析,利用控制样品的分析结果与其标准值之间的偏差对分析样品的分析结果进行修正。

5. 分析条件和分析步骤

5.1 分析条件

本标准推荐的分析条件见表1-4,分析线与内标线见附录表2。

表1-4 分析条件

| 项 目 | 内 容 |
| --- | --- |
| 分析间隙 | 3～6 mm |
| 氩气流量 | 冲洗:3～15 L/min<br>测量:2.5～10 L/min<br>静止:0～1 L/min |
| 预燃时间 | 3～20 s |
| 积分时间 | 2～20 s |
| 放电形式 | 预燃期间高能放电,积分期间低能放电 |

5.2 分析步骤

5.2.1 按 1.1~1.6 的要求准备好仪器。

5.2.2 分析工作前,先激发一块样品 2~5 次,确认仪器处于最佳工作状态。

5.2.3 校准曲线的标准化:在所选定的工作条件下,激发标准化样品,每个样品至少激发 3 次,对校准曲线进行校正。仪器出现较大改变或原始校准曲线因漂移超出校正范围时,需重新绘制校准曲线。

5.2.4 校准曲线的确认:分析被测样品前,先用至少一个标准样品对校准曲线进行确认。在满足测量精密度的基础上,测量结果与认定值之差应满足要求,否则,应重新进行标准化。

5.2.5 必要时,可选择控制样品,用于校正分析样品与绘制工作曲线样品存在的较大差异。

5.2.6 按选定的工作条件激发分析样品,每个样品至少激发 2 次(样品激发 1 次,获得 1 个独立测量结果;在样品激发点的对面位置再激发 1 次,获得第 2 个独立测量结果)。

## 五、数据记录与处理

根据分析线的相对强度(或绝对强度),从校准曲线上求出分析元素的含量。待测元素的分析结果,应在校准曲线所用的一系列标准样品的含量范围内。

## 六、问题与讨论

1. 原子发射光谱中确定元素存在的条件是什么?
2. 内标线的选择应依据什么原则?

## 七、参考文献

[1] GB/T 4336—2016 碳素钢和中低合金钢多元素含量的测定 火花放电原子发射光谱法[S].

[2] GB/T 14203—2016 火花放电原子发射光谱分析法通则[S].

# 1.3　辉光放电原子发射光谱技术

辉光放电发射光谱(glow discharge optical emission spectrometry,GDOES)是一种基于惰性气体在低气压下的放电原理而发展起来的分析方法。早在 1852 年,W. R. Grove 就已经报道了辉光放电管中的阴极溅射现象,其后的研究主要集中于空心阴极灯和原子吸收仪上,第一台用来进行光谱分析的辉光放电光源是空心阴极灯与原子吸收光谱法相结合;1967 年,Grimm 设计了应用于光谱分析的新光源(称为 Grimm 型辉光放电光源),并应用于金属样品的成分分析中。1970 年,第一篇 GDOES 应用于深度分析的文章在国际会议上公开发表,1978 年出现了第一台商品化的辉光放电光谱仪。20 世纪

80 年代辉光放电光谱分析技术在德国、法国和日本的金属生产和研究中心迅速普及开来。20 世纪 90 年代以后,随着计算机技术、光栅技术的发展以及深度定量模式的完善,在表面分析领域得到迅速发展。辉光放电光谱因具有稳定性高、谱线锐、背景小、干扰少、能分层取样等优点,已成为一种用于各种材料成分分析(bulk analysis)和深度分析(depth profile analysis)的有效分析手段。

## 一、辉光放电的形成

辉光放电属于一种低压气体放电,历史上作为一种有效的原子化和激发光源用于分析。简单的辉光放电装置如图 1-3 所示,样品本身作为阴极置于激发源上,阳极接地。辉光放电过程包括样品的原子化和样品原子的激发、离子化。

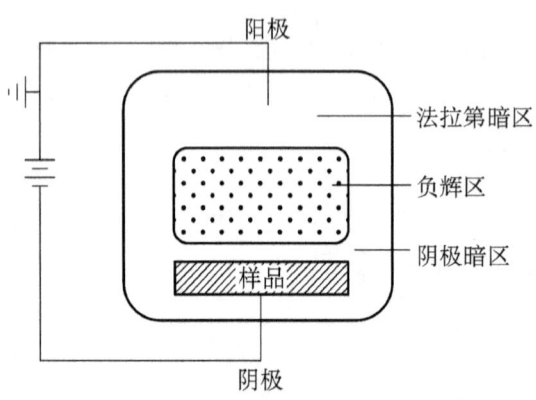

图 1-3 简单的辉光放电装置示意图

将光源内部抽真空至 10 Pa 左右,充入放电气体(一般为氩气)并维持压强 100~1 500 Pa;在电极(阴极和阳极)之间施加一定的电压(500~1 500 V),使得体系里的气体被击穿,离解成正离子及电子,形成等离子体。在电场的作用下,正离子加速向阴极移动,与阴极碰撞,释放出二次电子并进入等离子体。等离子体中的粒子发生碰撞,产生新的正离子及电子,这个过程往复进行。等离子体中的电离碰撞和在阴极上的二次电子发射使得辉光放电是一种可自持续的等离子体。

在辉光放电中,样品的原子化是通过阴极溅射来实现的,如图 1-4 所示。放电气体离子(如氩离子)在电场的加速下到达阴极表面,当一个离子碰撞到表面时,其动能可能传递给阴极表面的原子,处于表面的样品原子就可能获得足以克服晶格束缚的能量,在正常的情况下以平均能量为 5~15 eV 的中性原子形式逸出样品表面。正离子由于受到阴极暗区电场的作用而返回到样品的表面,而中性原子将进一步扩散进入负辉区。从而阴极(样品)物质的原子在离子的轰击下释放出来,进入等离子体中并经历一系列碰撞,这正是辉光放电能在分析上应用的基础。同时,溅射进入辉光等离子体的原子组成与被溅射样品的原子组成相同。通过阴极溅射出来的物质除了有样品原子外,还有阴极材料小簇、离子和二次电子等。

从阴极溅射出来的样品原子扩散进入反应活跃的负辉区时,与其中的高能电子和亚稳态原子等发生频繁碰撞(见图 1-4)。表 1-5 为辉光放电中的激发和电离过程。其中,电子碰撞与彭宁(Penning)碰撞为样品原子激发和离子化的两种主要方式,研究表明电子碰撞是原子激发机理的主要碰撞,而彭宁碰撞是溅射出来的样品原子离子化过程的主要贡献者。

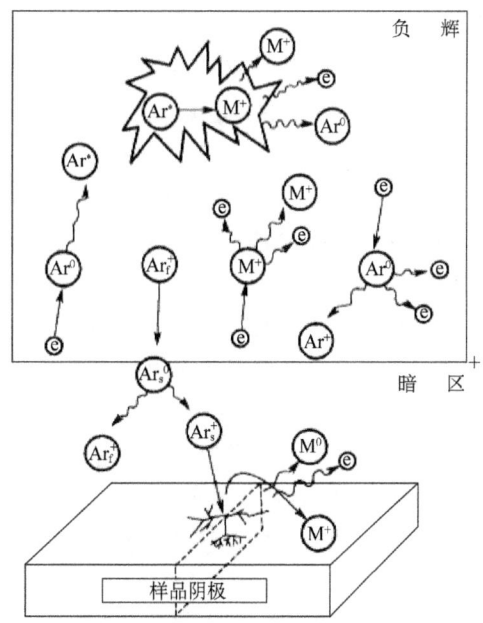

图 1-4　辉光放电中原子化、激发和离子化过程示意图

表 1-5　辉光放电中的激发和电离过程

| 初级激发/电离过程 | |
|---|---|
| A. 电子碰撞 | $M^0 + e^-(快) \rightarrow M^* + e^-(慢)$ 或 $M^0 + e^-(快) \rightarrow M^+ + 2e^-$ |
| B. Penning 碰撞 | $M^0 + Ar_m^* \rightarrow M^* + Ar^0$ 或 $M^0 + Ar_m^* \rightarrow M^+ + Ar^0 + e^-$ |
| 二级过程 | |
| A. 电荷转移 | |
| 1. 不对称 | $Ar^+ + M^0 \rightarrow M^+(M^{+*}) + Ar^0$ |
| 2. 对称(共振) | $X^+(快) + X^0(慢) \rightarrow X^0(快) + X^+(慢)$ |
| 3. 离解 | $Ar^+ + MX \rightarrow M^+ + X + Ar^0$ |
| B. 缔合电离 | $Ar_m^* + M^0 \rightarrow ArM^+ + e^-$ |
| C. 光诱导激发/电离 | $M^0 + h\nu \rightarrow M^*$ 或 $M^0 + h\nu \rightarrow M^+ + e^-$ |
| D. 累积电离 | $M^0 + e^- \rightarrow M^* + e^- \rightarrow M^+ + 2e^-$ |

注：$M^0$ 为溅射中性原子；$Ar_m^*$ 为亚稳态氩原子；X 为任何气相原子。

## 二、辉光放电的特点

(1) **直接分析固体样品**　样品的前处理简单,对粉末状的样品可直接压成片状,块状样品仅需将其加工成适合阴极的形状即可分析,避免了由于溶样而引起的稀释效应。

(2) **基体干扰少**　有关研究表明,不同的基体对一定的分析对象所引起的干扰基本相同,这是由于试样的原子化通过阴极溅射来实现的,试样的蒸发和激发是分开的,元素间的影响较低。

(3) **多种放电方式**　常用的放电方式有直流、射频及脉冲三种。其中直流放电技术可直接分析导体样品,对非导体可将其与导体粉末预混合,再进行放电;射频放电方式可以直接分析导体与非导体;脉冲放电因其瞬时功率大,可以提高溅射率。

(4) **操作费用低**　工作时所需的气体用量少(0.1~0.3 L/min),与 ICP 相比,辉光放电功率低得多(20～100 W)。

(5) 放电稳定　只要控制适当的放电参数，稳定状态可持续数小时。也就是说，可以使分析信号保持长期的良好稳定性，得到的实验数据精密度好。可以对分析试样进行逐层剥离，进行表面和深度分析。

(6) 适用的放电气体多　常用的气体为 Ar、Ne 和 $N_2$ 等，有时也采用混合气体。

(7) 应用面宽　辉光放电最大的优势是可以直接分析固体样品，对于溶液和气体样品，选择合适的放电方式也可直接分析。

(8) 试样自清洁　辉光放电具有独特的特性就是它可以利用辉光等离子体轰击试样表面，剥去表面层后再进行样品分析。从而简化了试样的制备，同时有利于减少玷污，在痕量分析时尤为重要。

(9) 光谱简单　辉光放电溅射过程主要产生原子粒子，分子数目相比来说是很少的。这一结果导致辉光光谱主要是线光谱，而带状光谱极少，连续背景也非常低。

(10) 检出限较低　如用 Grimm 辉光放电原子发射光谱法分析金属和合金试样的检出限一般为 μg/g 级。

(11) 操作简单　因辉光放电方式为低压、低频率、无辐射，与 ICP 等光源相比，更易于操作。

## 三、辉光放电的发光区域

辉光放电时在阴极和阳极之间存在一系列明暗相同的 8 个区域(见图 1-5)，分别如下：

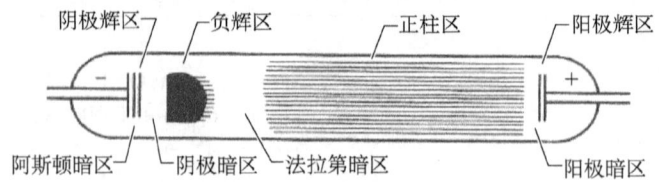

图 1-5　辉光放电区域

(1) 阿斯顿(Aston)暗区　为一很薄邻近阴极的暗区层。

(2) 阴极辉区　为一个或几个微弱发光的很薄的阴极层，它是由向阴极运动的正离子与阴极发射出的二次电子发生复合所产生的。

(3) 阴极暗区　或称为克鲁克斯(Crookes)暗区，是二次电子和离子的主要加速区，这个区域的电压占整个放电电压的绝大部分。是辉光放电中最重要的部分，是辉光放电得以持续所必需的区域。

(4) 负辉区　是一个紧邻阴极暗区的较宽的、最明亮的区域，与阴极暗区有明显的分界。该区域是呈现空间电荷密度几乎为零的等离子体态，此处电场最弱。在阴极区域内被加速后的高能电子、亚稳态惰性原子和进入该区的溅射原子等发生频繁碰撞，引起大量的激发与电离，产生最有用的光谱分析信息，因而负辉区是分析中最感兴趣的区域。由于非弹性碰撞，高能量电子在此区会失去其大部分能量。

(5) 法拉第(Faraday)暗区　是负辉区非弹性碰撞中失去能量的低速电子形成的，此处电子密度略微过剩，这种负空间电荷区域中的电场是比较弱的，进入该区负辉消失。

(6) 正柱区(正辉区) 亮度低于负辉区,发出所充放电气体的特征颜色,从法拉第暗区延伸至近阳极,电子和离子的浓度几乎相等,一般为 $10^{15}\sim 10^{16}$ m$^3$。

(7) 阳极辉区 较正柱区发光稍有增强。

(8) 阳极暗区(阳极鞘层) 是阳极电子加速区域。

在实际辉光放电中,区域的多少和大小由气压、电压、电流、气体种类和阴阳极之间的距离等放电参数决定。在辉光放电各放电区域中,负辉区和正辉区是主要的放电区。如图 1-6 所示,正辉区的光强较大,主要由电子不规则运动所产生,一般常用作照明,放电管中正辉区和长度取决于电极距离及分离状态,当电极距离缩小时,正辉区也相应缩短直至完全消失。负辉区不但光强大,而且具有较明显的阴极电位降,负辉区主要由构成阴极的金属原子的溅射和辐射所产生,具有最大的电子密度和电子动能,使气体强烈电离和激发辐射。与正辉区明显不同的是,负辉区并不受电极距离变化的影响,但负辉区的位置却随阴极的取向而强烈地改变。当采用两个平行的平板电极时,可以得到两个负辉区,但当其距离缩小时,两个负辉区的辉光连在一起,在此点上电流密度随电极分开的距离的缩小而呈明显上升,其值可达一般辉光放电的 $1\times 10^2 \sim 1\times 10^3$ 倍。当用一个圆筒形阴极代替两个平板阴极时,可产生明显相似的效应,负辉区收缩在圆筒阴极内,此时阴、阳两极间的距离需保持在阴板暗区厚度的 2 倍左右。若进一步缩小两极间的距离,阴极暗区就将发生畸变,放电也就熄灭了。由于辉光放电等离子体的光谱分析信息基本在负辉区,其他部位提供极少有用的分析信息,所以大多数用于分析辉光放电光源中,只存在于阴极暗区、负辉区和法拉第暗区这三个主要区域。

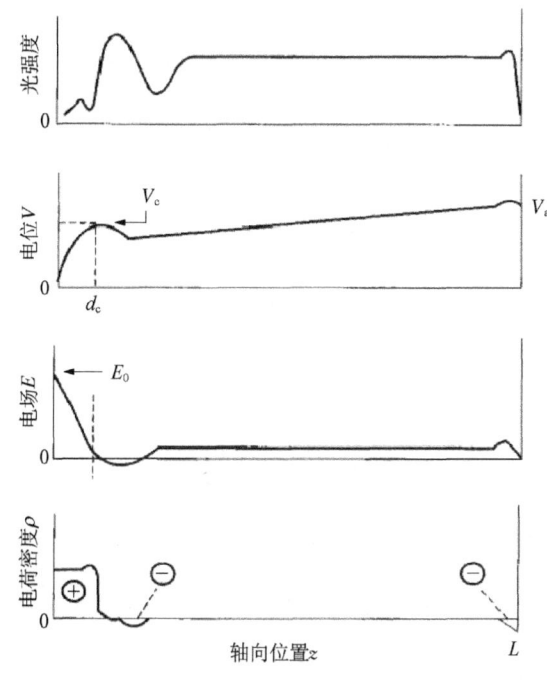

**图 1-6 各放电参数的轴向变化**

$V_c$—阴极暗区的电位;$d_c$—阴极暗区的距离;$V_a$—阳极暗区的电位;$E_0$—轴距离等于零时的电场;$L$—辉光放电的轴向距离

### 四、辉光放电发射光谱原理

高速的放电气体离子($Ar^+$)轰击样品表面,从而将样品表面的原子溅射(或剥离)出来。样品原子扩散进入辉光放电等离子体内,并与等离子体内的粒子碰撞频繁,原子的外层电子吸收一定的能量跃迁至更高的能级,原子处于激发态。激发态的原子并不稳定,当其返回到基态时,会释放一定的能量,即一定波长的光,不同元素的波长(即特征波长)各不相同,利用不同元素特征波长可以对样品中的元素进行定性分析,检测特征波长的强度可以对样品中所含元素进行定量分析。

由于辉光放电过程中原子化过程和激发过程在空间上和时间上都是分离的,因此,元素 $i$ 发射线信号强度 $I_i$ 可由下式给出:

$$I_i = k_i e_i q_i$$

式中,$k_i$ 指的是仪器的检测效率;$e_i$ 代表的是发射过程光子产率;$q_i$ 是指元素 $i$ 进入等离子体的速度,即原子的溅射速率。原子溅射速率 $q_i$ 随样品中 $i$ 元素的浓度而变化,因此,又可以表达为:

$$q_i = c_i q$$

$e_i$ 是随单位被溅射原子发射的光子数和这些光子在到达发射窗的过程中的吸收情况而变化的,所以 $e_i$ 可表达为:

$$e_i = S_i R_i$$

式中,$R_i$ 为发射率(定义为进入等离子体的每个被溅射原子发射的光子数);$S_i$ 为自吸系数,随元素的溅射速率在 0～1 变化。$k_i$ 对给定的仪器一般认为是恒定的。由于有光电倍增管暗电流、仪器噪声、氩原子的发射光及其他一些未知因素,在元素发射信号强度式中应该加入背景 $b_i$ 一项,即

$$I_i = k_i S_i R_i c_i q + b_i$$

对于一定条件下给定的分析任务中假定 $k_i S_i R_i q_i$ 为常数 $A$,因此,元素发射光强度就只是浓度的函数。

$$I_i = A c_i + b_i$$

从而样品中元素浓度与发射光强度之间为正比关系。

### 五、辉光放电发射光谱特性

辉光放电发射光谱由于其独特的原子化和激发机理,使其具有区别于其他发射光谱不同的特性。

(1)基体效应小  在辉光放电光源中,样品表面原子是通过阴极溅射出来的,而不像电弧和火花光源靠热蒸发一样。样品原子进入负辉区被激发,由于辉光放电是在低气压下进行的,放电区处于非热平衡状态,粒子间相互碰撞几率很小,在放电区主要靠高速电

子的碰撞而激发,所以激发过程中元素间的互相影响也不大。因此,对于不同组成和结构的样品,虽然其溅射率不同,但对元素的激发过程不产生明显的效应,可以通过计算各标准样品或标准物质的溅射率,对测得的强度进行校正,从而将不同组成和结构的样品中的同一元素制作在同一条校准曲线上,图1-7为分别采用火花光谱和辉光放电光谱分析铝合金中 Si 的工作曲线。这也是辉光放电光谱进行定量深度分析的理论依据。

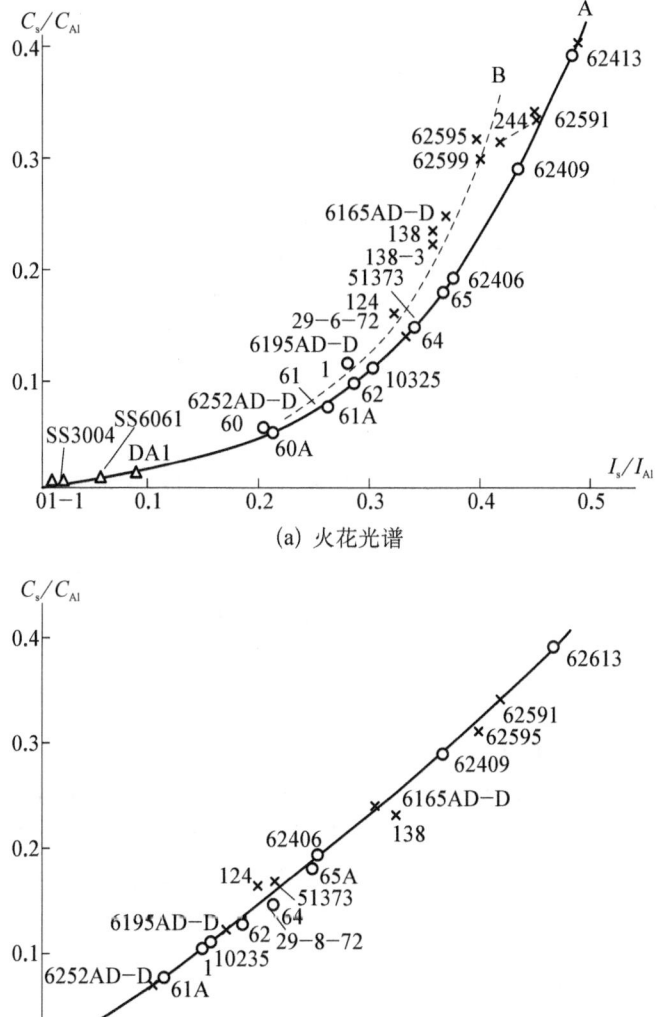

图 1-7　测定铝合金中 Si 的工作曲线

（2）低能级激发　样品表面的原子被高能氩离子轰击后被溅射出来进入辉光等离子体后,主要受到电子碰撞而被激发。由于电子所带的能量较小,使原子处于低能级的激发,所产生的谱线往往是简单的原子谱线,因而谱线间的干扰较小,且具有很低的背景。

（3）谱线的宽度狭窄　在辉光放电光源内的等离子体中,氩气的温度较低,且光源内保持一定的低压,减小了多普勒(Doppler)效应和洛伦兹(Lorentz)效应,使辉光发射光谱的谱线宽度比其他发射光谱狭窄,谱线间叠加干扰现象较少,但谱线强度相对较弱。

(4) 自吸收效应小　在辉光放电光谱中,Grimm 光源的设计使样品激发时的等离子体厚度薄,只有 1 mm 左右,加上放电区粒子浓度不大,所产生的自吸收效应小,因而能获得线性范围较宽的校准曲线。

## 实验 1.7　低合金钢中多元素含量的测定

### 一、实验目的

1. 学习辉光放电原子发射光谱法测试金属离子的原理;
2. 学习辉光放电原子发射光谱法测定碳、硅、锰、磷、硫、铬、镍、铝、钛、铜、硼、钒、钼、铌含量的方法。

### 二、实验原理

将具有平整表面的被测样品作为辉光放电装置的阴极,样品在直流或射频辉光放电装置中产生阴极溅射,被溅射的样品原子离开样品表面扩散到等离子体中,通过碰撞激发,发射出特征谱线,对样品原子的特征谱线进行光谱测量。根据被测样品中元素的谱线强度与浓度的关系,通过校准曲线求出分析样品中待测元素的含量。

### 三、试剂与材料

放电气体通常为高纯氩,纯度要求达到 99.999%。

标准样品通常为有证标准样品(CRM)或标准样品(RM)。用于日常分析绘制校准曲线时,所选系列有证标准样品或标准样品中各分析元素含量应覆盖分析范围且有适当的梯度;用于对仪器进行漂移校正时,所选有证标准样品或标准样品应有良好的均匀性,且接近校准曲线的上限和下限。

### 四、辉光放电发射光谱仪

1. 基本要求

辉光放电发射光谱仪一般是由在 GB/T 19502 中描述的 Grimm 型或类似的辉光放电光源(包括直流和射频供电模式)和同时型光谱检测器组成,也可使用扫描型光谱检测器。光谱仪具备适合于被分析元素的分析线。直径在 2～8 mm 的范围内的阳极均可使用。阴、阳极之间的距离一般在 0.1～0.3 mm。放电气体为高纯氩,氩气的纯度要求达到 99.999%。推荐使用冷却装置,但是在该方法里不严格要求使用冷却装置。分光计的一级光谱线的色散的倒数应小于 0.55 nm/mm,焦距为 0.5～1.0 m,分光计的真空度应小于 10 Pa。

**2. 稳定性要求**

为了检查仪器是否稳定,应当进行下列测试。

用一块均匀的块状样品进行测试,即对该样品中某一含量(质量分数)大于 1% 的元素的强度进行 11 次测定,每次测定前,至少要放电 60 s 以达到放电稳定,数据采集时间应在 5~30 s 之间,每次测定都要在新的表面上进行。计算这 11 次测定值的标准偏差,相对标准偏差不应超过 2%。

**3. 检出限**

仪器的检出限应达到需测浓度的 $\frac{1}{3}$ 或 20 mg/kg(两个数据中,取数据小者)。

## 五、实验步骤

**1. 取样**

分析样品应保证均匀,无缩孔和裂纹,铸态样品的制取应将钢水注入规定的模具中(用铝脱氧时,脱氧剂的含量不应超过 0.35%),钢材取样应选取具有代表性的部位。

**2. 样品的制备**

从模具中取出的样品,一般在高度方向的下端 $\frac{1}{3}$ 处截取样品,未经切割的样品,其表面必须去掉 1 mm 的厚度。切割设备采用装有树脂切割片的切割机。

采用适当的方法处理样品表面,以保证样品表面平整,洁净。对于薄板样品,采用乙醇或丙酮清洁样品表面即可。

研磨设备可采用砂轮机、砂纸磨盘或砂带研磨机,选择不同的研磨材料可能对相关的痕量元素检测带来影响。推荐使用 0.125 mm 以上的砂纸砂带或砂轮,亦可采用铣床加工。

样品的大小必须适合于仪器光源所允许的大小尺寸。标准样品和分析样品应在同一条件下研磨。

**3. 分析谱线的选择**

对每一个待测元素,都存在一些可以使用的谱线。通常谱线的选择受到几个因素的影响,即仪器谱线的范围、分析元素的浓度、谱线的灵敏度和来源于其他谱线的干扰。分析谱线见附录。本标准不指定特殊的分析线。只要满足以上几个条件,其他谱线也可使用。

**4. 校准曲线的制作**

激发一系列标准样品,测量谱线强度,每个样品应至少溅射 3 次,每次溅射在新的表面上进行,3 次测量的结果的极差不能超过重复性限 $r$,取强度平均值。用强度平均值对含量制作校准曲线。对于 1 个分析元素必须保证至少有 5 块标准样品,标准样品的含量范围必须涵盖待测元素的含量范围,标准样品的含量值应相对均匀地分布在整个含量范围,而不是过于集中于某一点或某些点。标准样品必须是均匀的。基体成分和组织结构尽可能与待测样品相近。推荐选用 Fe 作为内标元素。

5. 工作条件的确认

在所选定的工作条件下,选择 2~5 块标准样品,按 2 和 3 的要求测试验证是否满足,若不满足,重新制作校准曲线,或重新优化工作条件。

6. 方法准确性的验证

使用标准样品对所建立的方法(包括选定的参数及所制备的校准曲线)准确性进行检验。对曲线所包含的整个含量范围进行验证,使用的验证标准样品不应为制作曲线时使用的标准样品。调整校准曲线以达到最佳的准确度。若检验结果不符合要求,则需重新建立校准曲线,甚至重新优化仪器参数。

7. 漂移校正

在使用已建立的方法测定样品前,必须对仪器的漂移状况进行检验,检测仪器是否漂移的方法与验证方法准确性相同。若结果在指定的准确度之内,则不必进行漂移修正;若结果超过了限值,则必须进行漂移修正。

漂移校正的方法为:进行漂移校正后,按前面的方法重新验证漂移校正后的校准曲线,以证实校准曲线的准确性。

8. 样品分析

使用已建立的方法,根据需要进行漂移校正后,可以进行未知样品的分析。每个未知样品应至少溅射 3 次,取平均值。

## 六、结果计算

根据分析谱线强度平均值(使用内标法时,则根据待测元素与内标元素的强度比),从校准曲线上求出待测元素的含量。

待测元素的分析结果应在校准曲线所用的一系列标样的含量范围内。

## 七、参考文献

[1] GB/T 22368—2008 低合金多元素含量的测定 辉光放电原子发射光谱法(常规法).

# 实验 1.8 钢板及钢带中锌基和铝基镀层中铅、镉和铬含量的测定

## 一、实验目的

1. 学习辉光放电原子发射光谱法测定原理;
2. 学习辉光放电原子发射光谱法测定铅、镉和铬的含量方法。

## 二、实验原理

将具有平整表面的被测样品作为辉光放电装置的阴极,样品在直流或射频辉光放电

装置中产生阴极溅射,测量样品原子的特征光谱谱线强度。深度剖析时,发射强度记录为时间的函数,通过校准曲线,将强度对时间的函数转化为质量分数对溅射深度的函数。通过测量已知成分参考样品的溅射率可以建立校准体系。根据被测样品中元素的谱线强度与浓度的关系,通过计算软件求出分析样品涂、镀层中待测元素的含量。

### 三、试剂和材料

放电气体:通常为高纯氩,纯度应达到99.999%。

### 四、辉光放电原子发射光谱仪

辉光放电原子发射光谱仪一般是由在GB/T 19502中描述的Grimm型或类似的辉光放电光源(包含直流或射频供电模式)和同时型光谱检测器组成。光谱仪具备适合于被分析元素的分析线。直径在2~8 mm的范围内的阳极均可使用,阴、阳极之间的距离一般在0.1~0.3 mm,推荐使用冷却装置。分光计的一级谱线的色散的倒数应小于0.55 nm/mm,焦距为0.5~1.0 m。

为了检查仪器是否稳定,应当进行下列测试,对于某元素的质量分数超过1%的均匀试样进行11次强度测定。选择恰当的放电条件进行分析,每次测量前的光源稳定时间(预溅射时间)至少60 s,每次测定都要在未被激发过的表面进行。计算这11次测定值的标准偏差,相对标准偏差应小于5%。

### 五、实验步骤

1. 样品制备

根据GB/T 20066或适宜的标准要求进行取、制样,样品表面用乙醇或丙酮清洁。

样品的大小应适合于仪器光源所允许的大小尺寸,一般直径(长度或宽度)为20~100 mm的规则几何形状样品,样品应平整,满足仪器分析条件要求。

2. 谱线的选择

通常谱线的选择受如下因素的影响,即仪器谱线的范围、分析元素的含量、谱线的灵敏度和来源于其他谱线的干扰。选择仪器推荐的谱线。

3. 校准曲线的绘制

仪器系统的校准曲线包括每一个分析元素的校准曲线,在建立校准曲线时,应知道这些标准样品的化学成分和溅射速率。在选择的激发模式下,每个标准样品激发3次以上,每次激发在新的表面进行。选择钢表面镀层和基板中所包含的元素,标准物质中元素的含量范围应该包含镀层和基板中的元素范围。

4. 标准样品

应尽可能地使用有证标准样品(CRM)或标准样品(RM)建立校准曲线。所选择标准样品中元素的含量范围应该涵盖镀层和基板中的元素含量,每个元素的校准曲线至少需要5个覆盖所要测定浓度范围的标准样品,含量梯度要适当。用于对仪器进行漂移校正时,所选择标准样品应具有良好的均匀性,且接近校准曲线的上限和下限。另外,对于校准曲线中的高含量校准,高纯物质并不是必需的,但它们有利于光谱背景值的测定。

4.1 纯铁标准样品

选择有证的纯铁标准样品。铁的质量分数和铅、镉等其他元素含量可以查证书得到。

4.2 低合金钢标准样品

选择有证的低合金钢标准样品。铁的质量分数可以通过100%减去其他已知元素的质量分数之和而得到,铅、镉等其他元素含量可以查证书得到。

4.3 不锈钢标准样品

选择有证的不锈钢标准样品。铁的质量分数可以通过100%减去其他已知元素的质量分数之和而得到,铅、镉等其他元素含量可以查证书得到。

4.4 高温合金钢标准样品

选择有证的高温合金钢标准样品,铁的质量分数可以通过100%减去其他已知元素的质量分数之和而得到,铅、镉等其他元素含量可以查证书得到。

4.5 纯锌标准样品

选择有证的纯锌标准样品,锌的质量分数可以通过100%减去其他已知元素的质量分数之和而得到,铅、镉等其他元素含量可以查证书得到。

4.6 锌合金标准样品

选择有证的锌合金标准样品。锌、铅、镉等其他元素含量可以查证书得到。

4.7 镁合金标准样品

选择有证的镁合金标准样品。镁、铅、镉等其他元素含量可以查证书得到。

4.8 铝合金标准样品

选择有证的铝合金标准样品。铝、铅、镉等其他元素含量可以查证书得到。

4.9 高碳标准样品

选择有证的高碳标准样品。其他元素的质量和铅、镉等其他元素含量可以查证书得到。

以上所选择的参考样品,应保证铁、锌的质量分数为0.0001%~99.99%,铅、镉的质量分数为0.0001%~0.020%,铝的质量分数为0.0010%~80.00%,其他元素质量分数为0.0010%~5%,并且含量有适当的梯度。

5. 测定标准样品的溅射率

溅射率指的是辉光放电分析时由于溅射引起的物质剥离速度。相对溅射率可以理解为,在相同的溅射条件下,样品的溅射率除以参考样品的溅射率的值。如果样品和参考样品的溅射面积相同,此时相对溅射率可以认为等同于单位面积的相对溅射率。按式(1-12)计算得到单位时间内的溅射质量表示的溅射率值:

$$q = \frac{\rho \pi r^2 h}{t} \tag{1-12}$$

式中:

　　$q$——样品的溅射率,单位为 mg/min;

　　$\rho$——样品的密度,单位为 g/cm³;

　　$r$——溅射坑半径即阳极半径,单位为 mm;

$h$——溅射比平均深度,单位为 $\mu m$;
$t$——溅射到深度 $h$ 所用的时间,单位为 s。
相对溅射率见式(1-13);

$$SR = \frac{q_s}{q_{ref}} \qquad (1-13)$$

式中:

$SR$——样品的相对溅射率;

$q_s$——样品的溅射速率;

$q_{ref}$——参比样品的溅射速率。

6. 测定标准样品的原子发射光谱强度

6.1 标准样品的准备:采用适当的方法处理样品的表面,以保证样品表面平整、洁净。对于薄板样品,采用乙醇或丙酮清洁样品表面即可。研磨设备可采用砂轮机、砂纸磨盘,选择不同的研磨材料可能对相关的痕量元素检测带来影响。推荐使用 0.125 mm 以下的砂纸、砂带或砂轮,亦可采用铣床加工。

6.2 调整放电参数,设置预激发时间和积分时间。

6.3 测定分析元素的发射强度,发射强度的单位一般为计数率或电压值,每个样品至少测量 3 次,每次激发在新的表面进行,3 次测量强度的偏差不超过 10%时,取发射强度的平均值。

6.4 采用溅射率或相对溅射率进行不同基体中元素强度与质量分数的校正。确定在此方式下,不同基体标准样品测定的各元素平均质量分数与已知标准值一致,偏差应在合理的数理统计范围内。否则,需要查找原因,甚至重新建立校准曲线。

7. 校准曲线的确认

7.1 利用镀层标准样品确认校准曲线

根据仪器生产商提供的说明书建立深度剖析方法,选择合适的镀层标准样品在与校准曲线在相同条件下激发,使用仪器分析软件将强度对时间的函数(定性)转化为质量分数对溅射深度的函数(定量)。

可采用如下方法进行准确度确认:

计算单位面积上的镀层重量($g/m^2$)、镀层深度,计算值和标准值之间的偏差不超过 10%;用表面轮廓仪可以一次性地测得激发深度,若表面轮廓仪的测得值与辉光表面方法结果偏差不超过 10%,表明此校准曲线有效;计算基体和镀层中化学成分的平均质量分数,若主元素(质量分数大于 1%)质量分数的相对标准偏差在大多数情况下小于 5%,则认为校准曲线有效。

如果确认上述数据不准确,那么应重新建立校准曲线。

7.2 利用不同基体标准样品确认校准曲线

选择合适基体的标准样品在相同的分析条件,相同的预激发和积分时间下,测定标准样品的发射强度,在样品不同位置激发三次,取平均值;基于校准曲线,计算所选标准样品中各元素的平均质量分数;比较所测试样各元素的平均质量分数与已知标准值一致,在误差允许范围内。否则,需查找原因,或重新建立校准曲线。

8. 漂移校正

在使用已建立的方法测定样品前,必须对仪器的漂移状况进行检验。漂移校正通常采用建立分析方法时设定的漂移校正样品,在相同的分析条件下,激发校准样品,对曲线所包含的整个含量范围进行验证。调整校准曲线,以达到最高的准确度。若仪器厂家未指定分析方法的校准样品,则需选择几个接近未知样品成分的标准样品。若结果在制定的准确度之内,则不必进行漂移校正;若结果超过了限定,则必须进行漂移修正。

9. 样品分析

使用已建立的分析方法,根据需要进行漂移校正后,可以进行待测样品的分析。每个未知样品应至少溅射 3 次,取平均值。

## 六、分析结果

1. 定量深度剖析的表示

使用已建立校准曲线,根据需要进行漂移校正后,进行待测样品的分析。热镀锌钢板表面镀层定量深度剖析结果示例如图 1-8 所示。

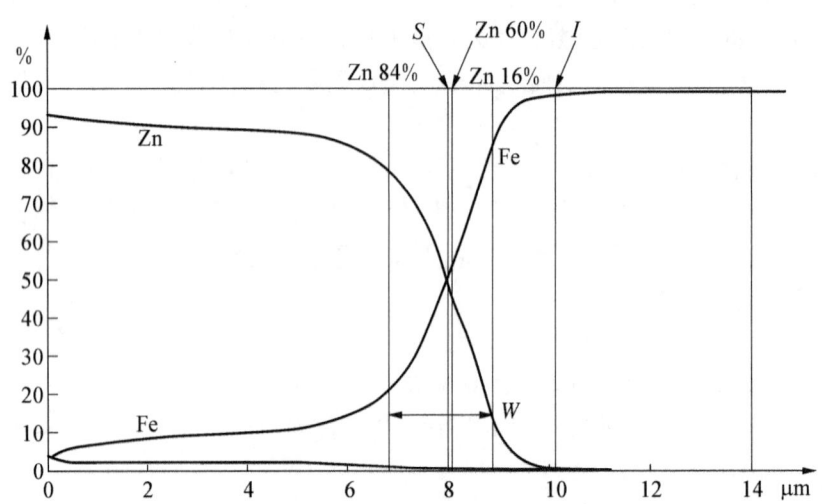

图 1-8 热镀锌钢板表面镀层定量深度剖析结果示例
$W$—界面宽度;$I$—Zn 50%加上界面宽度;$S$—Zn 与 Fe 元素质量分数相等时的深度。

2. 分析结果的表示

钢表面除镀层中铅、隔、铬元素的测定,对元素质量分数以时间或镀层厚度进行积分处理,把时间的函数转化为深度的函数。

2.1 首先确定镀层主量元素的质量分数从峰值的 84% 递减至峰值的 16% 的深度,以及主元素递减至峰值的 50% 的深度,标记这些深度为 Zn 84%、16% 和 50%。峰值是积分开始至 Zn 质量分数为 84% 之间的质量分数最大值。

2.2 定义镀层合金化界面深度 $W$ 为锻层中主量元素的质量分数从峰值 84% 递减至峰值 16% 的宽度。

2.3 定义镀层深度 $I$ 为 Zn 50%深度与界面深度之和。
2.4 镀层元素积分深度为镀层厚度和界面宽度之和。

平均质量分数的测定,通过加和所有元素的镀层质量,将每个元素的镀层质量除以总的镀层质量得到每个元素在镀层中的平均质量分数。

## 七、注意事项

本方法适用于 1~50 μm 镀层厚度的钢板及钢带表面纯锌、锌铁、锌铝、铝锌镀层中铅、镉、铬元素含量的测定。测定范围(质量分数):铅:0.003 5%~0.2%;镉:0.003%~0.2%;铬:0.002%~0.02%。

## 八、参考文献

[1] GB/T 31926—2015 钢板及钢带锌基和铝基镀层中铅、镉和铬含量的测定 辉光放电原子发射光谱法.

# 实验1.9　不锈钢中多元素含量的测定

## 一、实验原理

将具有平整表面的被测样品作为辉光放电装置的阴极,样品在有流或射频辉光放电装置中产生阴极溅射,被溅射的样品原子离开样品表面扩散到等离子体中,通过碰撞激发,发射出特征谱线。对样品原子的特征谱线进行光谱测量。根据被测样品中元素的谱线强度和浓度的关系,通过校准曲线计算出样品中待测元素的含量。

本方法适用于不锈钢中 C、Si、Mn、P、S、Cr、Ni、Cu、Al、Co、Mo、V、Ti、Nb 含量的测定。

## 二、试剂与材料

1. 气体

高纯氩,纯度要求达到 99.999%。
高纯氮,纯度要求达到 99.999%。

2. 标准样品

标准样品用于日常分析绘制校准曲线时,应选用有证标准样品。所选系列标准样品中各分析元素含量应覆盖分析范围且有梯度。所选标准样品与被测样品基体应接近。

3. 标准化样品

标准化样品应均匀,可以从标准样品中选取,也可以专门冶炼。用于对仪器进行漂移校正时,如使用两点标准化,所选标准化样品至少应覆盖各分析元素含量范围的上限和下限。

4. 类型标准化样品

类型标准化样品与被测样品应有相同的冶金过程(微观结构),化学成分接近(见注),用于对被测样品的测定结果进行校正的样品。

注:类型标准化样品与被测样品含量的接近程度,可使用下列原则:主量元素(>1%):含量相差不超过±10%;微量元素(<1%):CRM 的含量相差不超过±50%。

5. 仪器

5.1 基本要求

辉光光谱仪一般是由 Grimm 型或类似的辉光放电光源(包括直流或射频供电模式)和同时型光谱检测器组成,也可使用扫描型光谱检测器。光谱仪具备适合于被分析元素的分析线。直径在 2~8 mm 范围内的阳极均可使用,推荐使用 4 mm 的阳极。放电气体为高纯氩。

推荐使用冷却装置,冷却温度设置为 10~15 ℃。分光计的焦距为 0.5~1.0 m,分光计的真空度应小于 10 Pa 或充氮气保护。

5.2 稳定性要求

为了检查仪器是否稳定,应进行如下测试:

用一块均匀的块状样品进行测试,即对该样品中含量(质量分数)约 1% 的元素的浓度进行 11 次测定,每次测定前应至少放电 60 s,以达到放电稳定。数据采集时间在 5~30 s 之间,每次测定都要在新的表面上进行。计算这 11 次测定值的标准偏差,相对标准偏差不应超过 2%。

## 四、实验步骤

1. 取样和样品制备

1.1 取样

按照 GB/T 20066 的规定取样和制样。取样时应保证取出的分析样品均匀、无缩孔和裂纹。铸态样品取样时,应将钢水注入规定的模具中,用铝脱氧时,脱氧剂含量不应超过 0.35%;钢材取样时,应选取具有代表性部位。

1.2 样品的制备

采用适当的方法处理样品表面,以保证样品表面平整、洁净。对于薄板样品,采用乙醇或丙酮清洁样品表面并吹干。

研磨设备可采用砂轮机、砂纸磨盘或砂带研磨机,选择不同的研磨材料可能对相关的痕量元素检测带来影响。推荐使用 0.124~0.25 mm 的砂纸、砂带或砂轮,亦可采用铣床加工。样品的直径应不小于 20 mm,厚度不小于 1 mm。标准样品和分析样品应在同一条件下制备。

注:测定低铝样品不建议使用 $Al_2O_3$ 砂纸。

2. 分析谱线的选择

根据分析样品的元素含量,从各元素的发射谱线中选择具有合适发光强度的发射谱线,并对谱线的干扰、检出限、测量精度等进行充分考察和研究。通常谱线的选择受到几个因素的影响,即仪器谱线的范围、分析元素的浓度、谱线的灵敏度和来自其他谱线的干扰。

当存在共存元素的干扰时,应采用适当的方法对干扰量进行校正。

3. 校准曲线的制作

在所选定的工作条件下,激发一系列标准样品,每个样品应至少溅射 3 次,以每个待测元素相对强度的平均值对标准样品中该元素与内标元素的浓度比绘制校准曲线,如有必要,应进行基体校正和干扰元素校正。对于 1 个分析元素应保证至少有 5 块标准样品,标准样品的含量范围应涵盖待测元素的含量范围,标准样品的含量值应相对均匀地分布在整个含量范围,而不是过于集中于某一点或某些点。标准样品的基体成分和组织结构应与待测样品相近。推荐选用 Fe 作为内标元素。

4. 工作条件的确认

在所选定的工作条件下,选择 2 块~5 块标准样品,验证工作条件是否满足,若不满足,重新制作校准曲线,或重新优化工作条件。

5. 校准曲线的确认

使用至少一个标准样品对校准曲线进行确认。用于校准曲线确认的标准样品不应为制作曲线时使用的标准样品。测量结果在满足测量稳定性要求的基础上,与认定值之差应满足测量准确度的要求,否则,应重新进行标准化。

6. 校正

6.1 漂流校正

当光谱仪因温度、湿度、震动等因素导致谱线产生位移,或因发光强度变化导致校准曲线发生漂移时,应使用标准化样品对校准曲线重新进行标准化,使校正后的元素度恢复到最初制作校准曲线时强度。

6.2 类型标准化

由于分析样品与绘制校准曲线的标准样品存在结构和基体组成的差异,会造成显著的基体效应。为避免这种影响,通常用与分析样品基体相近的标准样品或控制样品,校准分析样品的分析结果。

在同样的工作条件下,进行方法的类型标准化,利用校准样品的分析结果与其标准值间的偏差对分析样品的分析结果进行修正。

7. 样品分析

使用已建立的方法,根据需要进行了校正后,可以进行未知样品的分析。每个未知样品应在不同部位至少溅射 2 次,2 次独立测量结果之差应小于复性限 $r$,取平均值。

## 五、分析结果的计算

根据分析谱线强度平均值,从校准曲线上求出待测元素的含量。

待测元素的分析结果应在校准曲线所用的一系列标样的含量范围内。分析结果以质量分数(%)表示。

## 六、参考文献

[1] GB/T 34209—2017 不锈钢多元素含量的测定 辉光放电原子发射光谱法.

# 第 2 章　原子吸收光谱技术

原子吸收光谱法(Atomic Absorption Spectrometry,AAS)是基于试样蒸气相中被测元素的基态原子对由光源发出的该原子的特征性窄频辐射产生共振吸收,其吸光度在一定范围内与蒸气相中被测元素的基态原子浓度成正比,以此测定试样中该元素含量的一种仪器分析方法。

## 一、基本原理

每一种元素的原子不仅可以发射一系列特征谱线,也可以吸收与发射线波长相同的特征谱线。当光源发射的某一特征波长的光通过原子蒸气时,即入射辐射的频率等于原子中的电子由基态跃迁到较高能态(一般情况下都是第一激发态)所需要的能量频率时,原子中的外层电子将选择性地吸收其同种元素所发射的特征谱线,使入射光减弱。

一束不同频率强度为 $I_0$ 的平行光通过厚度为 $l$ 的原子蒸气,一部分光被吸收,透过光的强度 $I_v$ 服从吸收定律:

$$I_v = I_0 \cdot \exp(-K_v l)$$

式中:$K_v$ 是基态原子对频率为 v 的光的吸收系数。不同元素原子吸收不同频率的光,透过光强度对吸收光频率作图。

由于原子能级是量子化的,因此,在所有的情况下,原子对辐射的吸收都是有选择性的。由于各元素的原子结构和外层电子的排布不同,元素从基态跃迁至第一激发态时吸收的能量不同,因而各元素的共振吸收线具有不同的特征。原子吸收光谱位于光谱的紫外区和可见区。

## 二、谱线轮廓

原子吸收光谱线并不是严格几何意义上的线,而是占据着有限的相当窄的频率或波长范围,即有一定的宽度。原子吸收光谱的轮廓以原子吸收谱线的中心波长和半宽度来表征。中心波长由原子能级决定。半宽度是指在中心波长的地方,极大吸收系数一半处,吸收光谱线轮廓上两点之间的频率差或波长差。半宽度受到很多实验因素的影响。影响原子吸收谱线轮廓的两个主要因素:

1. 多普勒变宽

多普勒宽度是由于原子热运动引起的。从物理学中已知,从一个运动着的原子发出的光,若运动方向离开观测者,则在观测者看来,其频率较静止原子所发的光的频率低;反之,若原子向着观测者运动,则其频率较静止原子发出的光的频率高,这就是多普勒效应。原子吸收分析中,对于火焰和石墨炉原子吸收池,气态原子处于无序热运动中,相对于检测器而言,各发光原子有着不同的运动分量,即使每个原子发出的光是频率相同的单色光,但检测器所接受的光则是频率略有不同的光,于是引起谱线的变宽。

2. 碰撞变宽

当原子吸收区的原子浓度足够高时,碰撞变宽是不可忽略的。因为基态原子是稳定的,其寿命可视为无限长,因此对原子吸收测定所常用的共振吸收线而言,谱线宽度仅与激发态原子的平均寿命有关,平均寿命越长,则谱线宽度越窄。原子之间相互碰撞导致激发态原子平均寿命缩短,引起谱线变宽。碰撞变宽分为两种,即赫鲁兹马克变宽和洛伦茨变宽。

被测元素激发态原子与基态原子相互碰撞引起的变宽,称为共振变宽,又称赫鲁兹马克变宽或压力变宽。在通常的原子吸收测定条件下,被测元素的原子蒸气压力很少超过 $1×10^{-3}$ mmHg,共振变宽效应可以不予考虑,而当蒸气压力达到 0.1 mmHg 时,共振变宽效应则明显地表现出来。被测元素原子与其他元素的原子相互碰撞引起的变宽,称为洛伦茨变宽。洛伦茨变宽随原子区内原子蒸气压力增大和温度升高而增大。

除上述因素外,影响谱线变宽的还有其他一些因素,例如场致变宽、自吸效应等。但在通常的原子吸收分析实验条件下,吸收线的轮廓主要受多普勒和洛伦茨变宽的影响。在 2 000～3 000 K 的温度范围内,原子吸收线的宽度约为 $1×10^{-3}$～$1×10^{-2}$ nm。

### 三、测量

1. 积分吸收

原子吸收分光光度法在吸收线轮廓内,吸收系数的积分称为积分吸收系数,简称为积分吸收,它表示吸收的全部能量。从理论上可以得出,积分吸收与原子蒸气中吸收辐射的原子数成正比。

2. 峰值吸收

1955 年 Walsh A 提出,在温度不太高的稳定火焰条件下,峰值吸收系数与火焰中被测元素的原子浓度也成正比。吸收线中心波长处的吸收系数 $K_0$ 为峰值吸收系数,简称峰值吸收。前面指出,在通常原子吸收测定条件下,原子吸收线轮廓取决于 Doppler 宽度峰值吸收系数,与原子浓度成正比。

3. 锐线光源

峰值吸收的测定是至关重要的,在分子光谱中光源都是使用连续光谱,连续光谱的光源很难测准峰值吸收,Walsh 还提出用锐线光源测量峰值吸收,从而解决了原子吸收的实用测量问题。

锐线光源是发射线半宽度远小于吸收线半宽度的光源,如空心阴极灯。在使用锐线光源时,光源发射线半宽度很小,并且发射线与吸收线的中心频率一致。这时发射线的轮廓可看作一个很窄的矩形,即峰值吸收系数 $K_v$ 在此轮廓内不随频率而改变,吸收只限于发射线轮廓内。这样,一定的 $K_0$ 即可测出一定的原子浓度。

## 四、原子吸收分光光度计

原子吸收分光光度计由光源、原子化器、分光器、检测系统等几部分组成。

1. 光源

光源的功能是发射被测元素的特征共振辐射。对光源的基本要求是：发射的共振辐射的半宽度要明显小于吸收线的半宽度；辐射强度大；背景低，低于特征共振辐射强度的1%；稳定性好，30 min 之内漂移不超过 1%；噪声小于 0.1%；使用寿命长于 5 A·h。多用空心阴极灯等锐线光源。

2. 原子化器

原子化器的功能是提供能量，使试样干燥、蒸发和原子化。在原子吸收光谱分析中，试样中被测元素的原子化是整个分析过程的关键环节。实现原子化的方法，最常用有两种：一种是火焰原子化法（火焰原子化器），是原子光谱分析中最早使用的原子化方法，至今仍在广泛地被应用；另一种是非火焰原子化法，其中应用最广的是石墨炉电热原子化法。

3. 分光器

分光器由入射和出射狭缝、反射镜和色散元件组成，其作用是将所需要的共振吸收线分离出来。分光器的关键部件是色散元件，商品仪器都是使用光栅。原子吸收光谱仪对分光器的分辨率要求不高，曾以能分辨开镍三线 Ni230.003，Ni231.603，Ni231.096 nm 为标准，后采用 Mn279.5 和 Mn279.8 nm 代替 Ni 三线来检定分辨率。光栅放置在原子化器之后，以阻止来自原子化器内的所有不需要的辐射进入检测器。

4. 检测系统

原子吸收光谱仪中广泛使用的检测器是光电倍增管，一些仪器也采用 CCD 作为检测器。

## 五、干扰

1. 物理干扰

物理干扰是指试样在转移、蒸发过程中任何物理因素变化而引起的干扰效应。属于这类干扰的因素有：试液的黏度、溶剂的蒸气压、雾化气体的压力等。物理干扰是非选择性干扰，对试样各元素的影响基本是相似的。

配制与被测试样相似的标准样品，是消除物理干扰的常用方法。在不知道试样组成或无法匹配试样时，可采用标准加入法或稀释法来减小和消除物理干扰。

2. 化学干扰

化学干扰是指待测元素与其他组分之间的化学作用所引起的干扰效应，它主要影响待测元素的原子化效率，是原子吸收分光光度法中的主要干扰来源。它是由于液相或气相中被测元素的原子与干扰物质组成之间形成热力学更稳定的化合物，从而影响被测元素化合物的解离及其原子化。

消除化学干扰的方法有：化学分离；使用高温火焰；加入释放剂和保护剂；使用基体改进剂等。

3. 电离干扰

在高温下原子电离，使基态原子的浓度减少，引起原子吸收信号降低，此种干扰称为电离干扰。电离效应随温度升高、电离平衡常数增大而增大,随被测元素浓度增高而减小。加入更易电离的碱金属元素,可以有效地消除电离干扰。

4. 光谱干扰

光谱干扰包括谱线重叠、光谱通带内存在非吸收线、原子化池内的直流发射、分子吸收、光散射等。当采用锐线光源和交流调制技术时,前3种因素一般可以不予考虑,主要考虑分子吸收和光散射的影响,它们是形成光谱背景的主要因素。

5. 分子吸收干扰

分子吸收干扰是指在原子化过程中生成的气体分子、氧化物及盐类分子对辐射吸收而引起的干扰。光散射是指在原子化过程中产生的固体微粒对光产生散射,使被散射的光偏离光路而不为检测器所检测,导致吸光度值偏高。

## 六、相关应用

原子吸收光谱是分析化学领域中一种极其重要的分析方法,已广泛用于冶金工业。原子吸收光谱法是利用被测元素的基态原子特征辐射线的吸收程度进行定量分析的方法。既可进行某些常量组分测定,又能进行 ppm、ppb 级微量测定,可进行钢铁中低含量的 Cr、Ni、Cu、Mn、Mo、Ca、Mg、Als、Cd、Pb、Ad;原材料、铁合金中的 $K_2O$、$Na_2O$、$MgO$、Pb、Zn、Cu、Ba、Ca 等元素分析及一些纯金属(如 Al、Cu)中残余元素的检测。

# 2.1 火焰原子吸收光谱技术

火焰原子吸收光谱技术是将含待测元素的样品溶液通过原子化系统喷成细雾,随载气进入火焰,并在火焰中解离成基态原子。当空心阴极灯辐射出待测元素的特征光通过火焰时,因被火焰中待测元素的基态原子吸收而减弱。在一定实验条件下,特征光强的变化与火焰中待测元素基态原子的浓度呈线性关系,故只要测得吸光度,就可以求出样品溶液中待测元素的浓度。

火焰原子吸收光谱技术中,原子化系统为火焰原子化器,包括喷雾器、雾化室、燃烧器、火焰及气体供给部分。火焰是将样品雾滴蒸发、干燥并经过热解离或还原作用产生大量基态原子的能源,常用的火焰是空气-乙炔火焰,对用空气-乙炔火焰难以解离的元素,如 Al、Be、V、Ti 等,可用氧化亚氮-乙炔火焰(最高温度可达 3 300 K)。

## 实验 2.1 金化学分析方法——银量的测定

### 一、实验目的

1. 了解检测金中银含量的意义;

2. 了解金化学分析方法的基本原理；

3. 掌握火焰原子吸收光谱法的原理和仪器操作。

## 二、实验原理

金是一种金属元素，化学符号是 Au，原子序数是 79。金的单质（游离态形式）通称黄金，是最重要的贵金属，一直以来都被用作货币、保值物，并被制作成珠宝，为人们所喜爱。金在室温下为固体，密度高、柔软、光亮、抗腐蚀，其延展性是已知金属中最高的。金性质稳定，与大部分物质都不会发生化学反应，但可以被氯、氟、王水及氰化物侵蚀。金总是以单质的形式出现在岩石中的金块或金粒、地下矿脉及冲积层中。单质金能够被水银溶解，形成汞齐（非化学反应）；不能溶解于能够溶解银及贱金属的硝酸。以上两个性质成为黄金精炼技术的基础，分别称为"加银分金法"（inquartation）及"金银分离法"（parting）。而自然界中的金矿以自然金及其变种（银金矿、金银矿）分布最广，也是金的最主要工业矿物。自然金（Au），含 Au>80%，Ag<20%；银金矿（Au；Ag），含 Au 50%～80%，Ag 20%～50%；金银矿（Au；Ag），含 Au 20%～50%，Ag 50%～80%。所以能准确地测定金中银的含量是提炼金的一项重要指标。

有"酸中之王"之称的王水是由 1 体积浓硝酸和 3 体积浓盐酸混合而成，其氧化能力极强，原因主要是在王水中的氯化亚硝酰（NOCl）等具有比浓硝酸更强的氧化能力，可使金等惰性金属失去电子而被氧化，反应如下：

$$HNO_3 + 3HCl = 2H_2O + Cl_2 + NOCl$$

$$Au + Cl_2 + NOCl = AuCl_3 + NO \uparrow$$

同时高浓度的氯离子与其金属离子可形成稳定的络离子，如$[AuCl_4]^-$：

$$AuCl_3 + HCl = H[AuCl_4]$$

从而使金的标准电极电位减小，有利于反应向金属溶解的方向进行。总反应的化学方程式可表示为：

$$Au + HNO_3 + 4HCl = H[AuCl_4] + NO \uparrow + 2H_2O$$

同时，银不能溶于王水。

目前测定金中银的方法有火焰原子吸收光谱法、石墨炉原子吸收光谱法、电感耦合等离子体质谱法。本实验参考国家标准 GB/T 11066.2—2008 金化学分析方法 银量的测定 火焰原子吸收光谱法。试样用王水溶解，在 3 mol/L 盐酸介质中，用乙酸乙酯萃取分离金，水相浓缩后制成盐酸（1+9）待测试液，使用空气-乙炔火焰，于原子吸收光谱仪波长 328.1 nm 处测量银的吸光度。本方法的适用于金中银含量的测定，测定范围：0.000 5%～0.040 0%。

## 三、仪器与试剂

1. 仪器

原子吸收光谱仪，附银空心阴极灯。推荐使用 P-EU00 型原子吸收光谱仪测定银，以下为参考工作条件。

测定条件：波长：328.1 nm；灯电流：3 mA；单色器通带：0.7 nm；观测高度：8.0 nm；乙炔流量：0.9 L/min；空气流量：5.5 L/min。

2. 试剂：

金属银（质量分数≥99.95%）；纯水；盐酸（$\rho$ 约 1.19 g/mL，优级纯）；硝酸（$\rho$ 约 1.42 g/mL，优级纯）；乙酸乙酯。

### 四、实验步骤

1. 溶液的配制

1.1 盐酸(1+1)：以 1 份盐酸与 1 份水混匀。

1.2 盐酸(1+9)：以 1 份盐酸与 9 份水混匀。

1.3 盐酸(3 mol/L)：将 25 mL 的浓盐酸稀释成 100 mL。

1.4 稀王水的配制：以 1 份硝酸与 3 份盐酸和 3 份水混匀。

1.5 银标准贮存溶液的配制：称取 0.100 0 g 金属银，低温加热溶于 10 mL 硝酸(1+1)中，加入 30~40 mL 盐酸，加热煮沸至沉淀完全溶解，冷至室温。移入 1 000 mL 容量瓶中，用盐酸(1+1)稀释至刻度，混匀。此溶液 1 mL 含 100 μg 银。

1.6 银标准溶液的配制：移取 25.00 mL 银标准贮存溶液于 200 mL 容量瓶中，用盐酸(1+9)稀释至刻度，混匀。此溶液 1 mL 含 12.5 μg 银。

2. 试样的制备

根据银含量按表 2-1 称取试样，精确至 0.000 1 g。

表 2-1 制样参考表

| 银的质量分数/% | 试样量/g | 试液总体积/mL |
| --- | --- | --- |
| 0.000 5~0.002 5 | 1.0 | 10 |
| 0.002 5~0.012 5 | 1.0 | 50 |
| 0.012 5~0.040 0 | 0.5 | 100 |

空白试验：随同试样做空白试验。

3. 测定

3.1 将试样置于 100 mL 烧杯中，加入 6 mL 稀王水，盖上表面皿，低温加热使试样完全分解，低温蒸发至试液颜色呈棕褐色(约 2 mL)取下，打开表面皿挥发氮的氧化物，冷却至室温。

3.2 用盐酸(3 mol/L)洗涤表面皿，并将试液移入 125 mL 分液漏斗中，稀释至约 30 mL。

3.3 加入 20 mL 乙酸乙酯，振荡 20 s，静置分层，水相放入另一分液漏斗中。有机相加入 2 mL 盐酸(3 mol/L)，轻轻振荡 3~5 次，静置分层，水相合并(保存有机相以回收金)。

3.4 合并后的水相,按 3.3 重复操作一次,静置分层后的水相均放入原烧杯中。

3.5 低温将溶液蒸发至约 3 mL,冷却至室温,移入容量瓶中,并用盐酸(1+9)稀释至刻度,混匀。

3.6 使用空气-乙炔火焰,在原子吸收光谱仪波长 328.1 nm 处,以水调零,与标准溶液系列平行测量试液的吸光度,减去随同试料空白溶液的吸光度,从工作曲线上查出相应的银质量浓度。

4. 工作曲线的绘制

4.1 移取 0 mL,2.00 mL,4.00 mL,6.00 mL,8.00 mL,10.00 mL 银标准溶液分别置于一组 50 mL 容量瓶中,用盐酸(1+9)稀释至刻度,混匀。

4.2 在与试样测定相同条件下,以水调零,测量标准溶液的吸光度,减去"零"质量浓度溶液的吸光度。以银质量浓度为横坐标,吸光度为纵坐标绘制工作曲线。

## 五、数据记录与处理

以银质量浓度为横坐标,吸光度为纵坐标绘制工作曲线。

表 2-2 系列银标准溶液对应吸光度值

| 银标准溶液体积/mL | 0 | 2.00 | 4.00 | 6.00 | 8.00 | 10.00 |
|---|---|---|---|---|---|---|
| 银的质量浓度/(μg/mL) | | | | | | |
| 吸光度 $A$ | | | | | | |

利用公式(2-1)计算试样中银的质量分数 $\omega(\text{Ag})$,数值以%表示:

$$\omega(\text{Ag}) = \frac{\rho \cdot V \times 10^{-6}}{m} \times 100 \qquad (2-1)$$

式中:

$\rho$——自工作曲线上查得的银质量浓度,单位为 μg/mL;

$V$——试液的总体积,单位为 mL;

$m$——试样的质量,单位为 g。

## 六、思考题

1. 对金中银的测定为什么选用王水进行溶样?
2. 本实验中为何采用低温加热溶样、低温蒸发?该操作分别在哪里进行?
3. 空气-乙炔火焰的分类如何?

## 七、参考文献

[1] GB/T 11066.2—2008 金化学分析方法 银量的测定火焰原子吸收光谱法[S].

[2] 张旺强,余志峰,申军会等.空气-乙炔火焰原子吸收法快速测定载金炭中银[J].分析测试技术与仪器,2003,9(4):244-246.

## 实验2.2　金中铜、铅和铋量的测定

### 一、实验目的

1. 了解检测金中铜、铅和铋含量的意义；
2. 掌握金化学分析方法的基本原理；
3. 熟练掌握火焰原子吸收光谱法的原理和仪器操作。

### 二、实验原理

金元素具有亲硫性、亲铜性、亲铁性、高熔点等性质，所以形成的金矿就有多种分类，有自然元素类矿物，如银铜金矿（Au,Cu,Ag），含Au67.7%，Ag12.8%，Cu9.2%，Pd4.2%，Rh4.3%；有金属互化物类矿物，如四方铜金矿（Cu,Au）；有金银铋化物类矿物，如黑铋金矿（$Au_2Bi$）等。所以能准确地测定金中铜、铅和铋等元素的含量是提炼金的一项重要指标。

目前测定金中铜、铅和铋含量的方法有原子吸收光谱法、原子发射光谱法、电感耦合等离子体质谱法。本实验参考国家标准GB/T 11066.4—2008金化学分析方法 铜、铅和铋量的测定火焰原子吸收光谱法，适用于金中铜、铅和铋含量的同时测定，也适用于其中一种元素的独立测定。

试样用王水溶解，在2 mol/L盐酸介质中，用乙酸乙酯萃取分离金，水相浓缩后制成盐酸（1+9）待测试液，使用空气-乙炔火焰，于原子吸收光谱仪按附录所列各元素波长，测量各元素的吸光度。

### 三、仪器与试剂

1. 仪器：

原子吸收光谱仪，附铜、铅和铋空心阴极灯。推荐使用P-EU00型原子吸收光谱仪测定银，以下为参考工作条件。

表2-3　原子吸收光谱仪工作条件

| 元素 | 波长/<br>nm | 灯电流/<br>mA | 单色器通带/<br>nm | 观测高度/<br>mm | 乙炔流量/<br>(L/min) | 空气流量/<br>(L/min) |
|---|---|---|---|---|---|---|
| Cu | 324.7 | 4 | 0.7 | 8.0 | 0.9 | 5.0 |
| Pb | 217.0 | 4 | 0.7 | 8.0 | 0.9 | 5.0 |
| Bi | 223.1 | 5 | 0.2 | 8.0 | 0.9 | 5.5 |

2. 试剂：

金属铜（Cu质量分数≥99.95%）；金属铅（Pb质量分数≥99.95%）；金属铋（Bi质量分

数≥99.95%);纯水;盐酸($\rho$ 约 1.19 g/mL,优级纯);硝酸($\rho$ 约 1.42 g/mL,优级纯);酒石酸(优级纯);乙酸乙酯。

### 四、实验步骤

1. 溶液的配制

1.1 盐酸(1+1):以 1 份盐酸与 1 份水混匀。

1.2 盐酸(1+9):以 1 份盐酸与 9 份水混匀。

1.3 盐酸(2 mol/L):将 17 mL 的浓盐酸稀释成 100 mL。

1.4 硝酸(1+1):以 1 份硝酸与 1 份水混匀。

1.5 稀王水的配制:以 1 份硝酸与 3 份盐酸和 3 份水混匀。

1.6 酒石酸溶液(500 g/L):少量水将 50 g 酒石酸溶解后,配成 100 mL 溶液。

1.7 洗涤液:移取 9 mL 酒石酸溶液于 300 mL 盐酸(2 mol/L)中,混匀。

1.8 铜标准贮存溶液:称取 0.500 0 g 金属铜,低温加热溶于 20 mL 硝酸(1+1)中,加入 20 mL 水,煮沸驱除氮的氧化物,冷却至室温,用水移入 1 000 mL 容量瓶中并稀释至刻度,混匀。此溶液 1 mL 含 500 $\mu$g 铜。

1.9 铅标准贮存溶液:称取 1.000 0 g 金属铅,低温加热溶于 20 mL 硝酸(1+1)中,煮沸驱除氮的氧化物,冷却至室温,用水移入 1 000 mL 容量瓶中并稀释至刻度,混匀。此溶液 1 mL 含 1 mg 铅。

1.10 铋标准贮存溶液:称取 1.000 0 g 金属铋,低温加热溶于 100 mL 硝酸(1+1)中,煮沸驱除氮的氧化物,冷却至室温,用水移入 1 000 mL 容量瓶中并稀释至刻度,混匀。此溶液 1 mL 含 1 mg 铋。

1.11 铜、铅和铋混合标准溶液:分别称取 25.00 mL 铜和铅标准贮存溶液及 50.00 mL 铋标准贮存溶液于 1 000 mL 容量瓶中,用盐酸(1+9)稀释至刻度,混匀。此溶液 1 mL 分别含 12.5 $\mu$g 铜、25.0 $\mu$g 铅、50.0 $\mu$g 铋。

2. 试样的制备

按表 2-4 准备试样,精确至 0.000 1 g。

表 2-4 试样准备各体积一览表

| 被测元素的质量分数/% | 试样量/g | 烧杯体积/mL | 稀王水量 | | 萃取水相体积/mL | 乙酸乙酯量 | | 试液总体积/mL | | |
|---|---|---|---|---|---|---|---|---|---|---|
| | | | 加入次数 | mL | | 加入次数 | mL | Cu | Pb | Bi |
| $w$(Cu)、(Pb)、(Bi) 各≤0.002 5 | 10 | 250 | 1 | 35 | 40 | 1 | 25 | 100 | 50 | 25 |
| | | | 2 | 20 | | 2 | 20 | | | |
| | | | 3 | 10 | | 3 | 20 | | | |
| $w$(Cu)>0.002 5~0.010 0 $w$(Pb)>0.002 5~0.006 0 $w$(Bi)>0.002 5~0.003 0 | 2.0 | 100 | 1 | 12 | 30 | 1 | 20 | 100 | 25 | 25 |
| | | | | | | 2 | 20 | | | |
| | | | | | | 3 | 20 | | | |

续　表

| 被测元素的质量分数/% | 试样量/g | 烧杯体积/mL | 稀王水量 加入次数 | mL | 萃取水相体积/mL | 乙酸乙酯量 加入次数 | mL | 试液总体积/mL Cu | Pb | Bi |
|---|---|---|---|---|---|---|---|---|---|---|
| $w(Cu)>0.010\ 0\sim0.025\ 0$ | 2.0 | 100 | 1 | 12 | 30 | 1 | 20 | 200 | — | — |
|  |  |  |  |  |  | 2 | 20 |  |  |  |
|  |  |  |  |  |  | 3 | 20 |  |  |  |

随同试料准备空白试样，做空白试验。

3. 测定

3.1 将试样按表 2-4 置于烧杯中，按表 2-4 加入稀王水，盖上表面皿，低温加热使试料完全分解，在水浴上加热蒸发至试液颜色呈棕褐色，取下，打开表面皿挥发氮的氧化物，冷却至室温。

3.2 边摇动边加入 10 mL 水，0.9 mL 酒石酸溶液，加热至微沸，取下冷却。

3.3 用盐酸(2 mol/L)洗涤表面皿并将试液移入 125 mL 分液漏斗中，按表 2-4 稀释体积，加入乙酸乙酯，振荡 20 s，静置分层(保存有机相以回收金)。

注：金量大于 2 g 有机相在下层。

3.4 水相中再按表 2-4 加入乙酸乙酯，振荡 20 s，静置分层，水相放入另一分液漏斗中。有机相加入 2 mL 洗涤液，轻轻振荡 3～5 次，静置分层，水相合并(保存有机相以回收金)。

3.5 合并后的水相，按 3.4 重复操作一次，静置分层后的水相均放入原烧杯中。

3.6 低温将试液蒸发至约 3 mL，冷却至室温，用盐酸(1+9)按表 2-4 移入容量瓶中并稀释至刻度，混匀。

3.7 使用空气-乙炔火焰，以水调零，与系列标准溶液平行测量试液的吸光度，减去随同试料空白溶液的吸光度，从工作曲线上查出相应的被测元素质量浓度。

4. 工作曲线的绘制

4.1 移取 0.00，2.00，4.00，6.00，8.00，10.00 mL 铜、铅和铋混合标准溶液，分别置于一组 50 mL 容量瓶中，用盐酸(1+9)稀释至刻度，混匀。

4.2 在与试料测定相同条件下，以水调零，测量系列标准溶液的吸光度，减去"零"质量浓度溶液的吸光度。以被测元素质量浓度为横坐标，吸光度为纵坐标绘制工作曲线。

## 五、数据记录与处理

1. 工作曲线：以银质量浓度为横坐标，吸光度为纵坐标绘制工作曲线。

表 2-5　系列铜、铅和铋混合标准溶液对应吸光度值

| 铜、铅和铋混合标准溶液体积/mL | 0.00 | 2.00 | 4.00 | 6.00 | 8.00 | 10.00 |
|---|---|---|---|---|---|---|
| 铜的质量浓度/($\mu$g/mL) |  |  |  |  |  |  |
| 铅的质量浓度/($\mu$g/mL) |  |  |  |  |  |  |

续　表

| 铜、铅和铋混合标准溶液体积/mL | 0.00 | 2.00 | 4.00 | 6.00 | 8.00 | 10.00 |
|---|---|---|---|---|---|---|
| 铋的质量浓度(μg/mL) | | | | | | |
| 吸光度 $A(Cu)$ | | | | | | |
| 吸光度 $A(Pb)$ | | | | | | |
| 吸光度 $A(Bi)$ | | | | | | |

2. 按式(2-2)计算铜、铅、铋的质量分数 $w(X)$，数值以％表示：

$$w(X)=\frac{\rho \cdot V \times 10^{-6}}{m}\times 100 \tag{2-2}$$

式中：

$X$——被测元素(Cu、Pb、Bi)；

$\rho$——自工作曲线上查得的被测元素质量浓度，单位为 mg/mL；

$V$——试液的总体积，单位为 mL；

$m$——试料的质量，单位为 g。

平行测定两份样品溶液，计算铜、铅、铋的质量分数相对偏差，给出产生偏差的可能原因。

## 六、思考题

1. 金中除了银、铜、铅、铋元素，还混杂有哪些元素？可选用什么方法准确测定？试着总结。

2. 原子吸收分光光度计由几部分组成？原子化系统又有哪些类型？

3. 原子吸收分光光度计背景校正方法有哪些？

## 七、参考文献

[1] GB/T 11066.4—2008 金化学分析方法 铜、铅和铋量的测定 火焰原子吸收光谱法[S].

[2] 孙尔康,张剑荣等.仪器分析实验[M].南京：南京大学出版社,2009:63-67.

## 实验2.3　首饰中镍含量的测定

### 一、实验目的

1. 了解检测首饰中镍含量的意义；

2. 掌握镍等金属标准储备溶液的配制方法；

3. 掌握火焰原子吸收光谱法的原理和仪器操作。

## 二、实验原理

镍的元素符号是 Ni,元素周期表中原子序数 28,相对原子质量 58.69,是Ⅷ族金属,密度 8.9 g/cm³,熔点 1 455 ℃,沸点 2 730 ℃。镍是一种银白色金属,在空气中很容易被氧化,表面形成有些发乌的氧化膜,因此人们见到的镍常颜色发乌。镍质坚硬,有很好的延展性、磁性和抗腐蚀性,且能高度磨光。镍在地壳中含量也非常丰富,在自然界中以硅酸镍矿或硫、砷、镍化合物形式存在。

因为镍的抗腐蚀性佳,可用来制造货币,主要用来制造不锈钢和其他抗腐蚀合金,如镍钢、镍铬钢及各种有色金属合金,被广泛地用于飞机、坦克、舰艇、雷达、导弹、宇宙飞船和民用工业中的机器制造、陶瓷颜料、永磁材料、电子遥控等领域。

同时,镍是最常见的致敏性金属,约有 20% 左右的人对镍离子过敏,女性患者的人数要高于男性患者,在与人体接触时,镍离子可以通过毛孔和皮脂腺渗透到皮肤里面去,从而引起皮肤过敏发炎,其临床表现为皮炎和湿疹。一旦出现致敏,镍过敏能无限期持续。患者所受的压力、汗液、大气与皮肤的湿度和摩擦会加重镍过敏的症状。镍过敏性皮炎临床表现为瘙痒、丘疹性或丘疹水疱性的皮炎,伴有苔藓化。所以大家要对饰品中镍含量的准确测定引起足够重视。

目前测定首饰有害元素含量的方法有两种,一种是无损检测方法,如 X 射线荧光光谱法,另一种是有损检测方法,如火焰原子吸收光谱法、电感耦合等离子体质谱法、紫外可见分光光度法等。本实验参考国家标准 GB/T 19718—2005 首饰镍含量的测定 火焰原子吸收光谱法。本方法适用于镍含量为 0.03%～0.07% 的样品中镍的测定,可用来测定插入耳朵或人体的任何其他部位,在穿孔伤口愈合过程中摘除或保留的制品,镍在其总体质量中的含量。

## 三、仪器与试剂

1. 仪器:

分析天平,感量为 0.1 mg;原子吸收光谱仪,附镍空心阴极灯。推荐使用 P-EU00 型原子吸收光谱仪测定镍,以下为参考工作条件。

测定条件:波长:232.0 nm;灯电流:3 mA;单色器通带:0.7 nm;观测高度:8.0 nm;乙炔流量:0.9 L/min;空气流量:5.5 L/min。

2. 试剂:

金属铝(纯度不低于 99.99%,镍含量低于 0.000 5%);金属钛(纯度不低于 99.99%,镍含量低于 0.000 5%);金属铜(纯度不低于 99.99%,镍含量低于 0.000 5%);金属银(纯度不低于 99.99%,镍含量低于 0.000 5%);金属金(纯度不低于 99.99%,镍含量低于 0.000 5%);金属铁(纯度不低于 99.99%,镍含量低于 0.000 5%);去离子水(电导率≤1 pS/cm);盐酸(质量分数为 38%,$\rho$ 约 1.19 g/mL,优级纯);硝酸(质量分数为 65%,$\rho$ 约 1.42 g/mL,优级纯);过氧化氢(质量分数为 30%);氢氟酸($\rho$ 约 1.13 g/mL);高氯酸($\rho$ 约 1.54 g/mL)。

## 四、实验步骤

1. 溶液的配制

1.1 稀盐酸的配制(质量分数为 20%，$\rho=1.10$ g/mL)：将盐酸 125 mL 移入预先置有去离子水约 10 mL 的 500 mL 烧杯中。搅拌并冷却到室温，用去离子水定容至 250 mL 的容量瓶中，混匀。

1.2 稀硝酸的配制(质量分数为 33%，$\rho=1.20$ g/mL)：将硝酸 44 mL 移入预先置有去离子水约 40 mL 的 250 mL 烧杯中。搅拌并冷却到室温，用去离子水定容至 100 mL 的容量瓶中，混匀。

1.3 王水的配制：以 1 份硝酸与 3 份盐酸混匀。

1.4 盐酸-硝酸混合酸溶液的配制：边搅拌边将盐酸 50 mL 移入预先置有去离子水 40 mL 的 250 mL 烧杯中。加硝酸 20 mL，并混合均匀。该混合酸溶液应在使用前临时配制。

1.5 硝酸-高氯酸混合酸溶液的配制：将硝酸 5 mL 和高氯酸 40 mL 混合。冷却至室温，用去离子水定容至 50 mL 容量瓶中，混匀。

1.6 镍标准储存溶液(1 000 $\mu$g/mL)：制备镍标准储存溶液，也可以选用经过认证的标准溶液。

1.7 铝标准储存溶液(10 g/L)：称取铝 2.000 g，置于 250 mL 的锥形瓶。分少量多次加入稀盐酸 60 mL，逐渐加热至完全溶解。加几滴过氧化氢后加热 2 min，以去除过量的过氧化氢。冷却到室温，移入 200 mL 容量瓶中，以去离子水稀释至刻度，混匀。

1.8 钛标准储存溶液(10 g/L)：称取钛 2.000 g，置于 250 mL 的锥形瓶。分少量多次加入氢氟酸 60 mL，逐渐加热至完全溶解。冷却到室温，移入 200 mL 容量瓶中，以去离子水稀释至刻度，混匀。使用耐氢氟酸，如聚四氟乙烯(PTFE)的容器承装。

1.9 铜标准储存溶液(10 g/L)：称取铜 2.000 g，置于 250 mL 的锥形瓶。分少量多次加入稀盐酸 40 mL 和过氧化氢 10 mL，冷却直至激烈反应停止。待完全溶解后，加热溶液至沸腾并持续约 1 min，去除过量的过氧化氢。冷却至室温移入 200 mL 容量瓶中，以去离子水稀释至刻度，混匀。

1.10 银标准储存溶液(10 g/L)：称取银 2.000 g，置于 250 mL 的锥形瓶。加稀硝酸 60 mL 并逐渐加热至完全溶解。加热但不使沸腾，直至氮氧化物烟雾消失，移入 200 mL 容量瓶中，以去离子水稀释至刻度，混匀。

1.11 金标准储存溶液(10 g/L)：称取金 2.000 g，置于 250 mL 的锥形瓶。加王水 80 mL，低温加热。如果需要，可再加王水，直至试样完全溶解，记下使用王水量。冷却至室温，移入 200 mL 容量瓶中，以去离子水稀释至刻度，混匀。

1.12 铁标准储存溶液(10 g/L)：称取铁 2.000 g，置于 250 mL 的锥形瓶。加盐酸-硝酸混合酸溶液 50 mL，低温加热直至全部溶解。冷却至室温，移入 200 mL 容量瓶中，以去离子水稀释至刻度，混匀。

2. 试样的制备

2.1 铝：称取试样 0.125 g，置于 25 mL 烧杯中，加入稀盐酸 5 mL，逐渐加热至完全溶解。加两滴过氧化氢,加热 2 min,去除过量的过氧化氢,必要时过滤,冷却至室温,移入 25 mL 容量瓶中,以去离子水稀释至刻度,混匀。

2.2 钛:称取试样 0.125 g,置于 25 mL 的烧杯中,分少量多次加入氢氟酸 5 mL,逐渐加热至完全溶解。冷却至室温,移入 25 mL 容量瓶中,以去离子水稀释至刻度,混匀。使用耐氢氟酸[如聚四氟乙烯(PTFE)]的容器。

2.3 铜:称取试样 0.125 g,置于 25 mL 的烧杯中,加入稀盐酸 3 mL 和过氧化氢 1 mL,冷却直至激烈反应停止。待试样完全溶解后,加热溶液至沸腾并持续约 1 min,去除过量的过氧化氢,冷却至室温,移入 25 mL 容量瓶中,以去离子水稀释至刻度,混匀。

2.4 银:称取试样 0.125 g,置于 25 mL 的烧杯中。加稀硝酸 5 mL 并逐渐加热至完全溶解,加热,但不使沸腾,直至氮氧化物烟雾消失。冷却至室温,移入 25 mL 容量瓶中,以去离子水稀释至刻度,混匀。

2.5 金:称取试样 0.125 g,置于 25 mL 的烧杯中。加 5 mL 王水,低温加热,直至试样完全溶解。若为了制备金标准储存溶液时使用较多的王水,此处亦应适当过量。冷却至室温,移入 25 mL 容量瓶中,以去离子水稀释至刻度,混匀。

2.6 铁:称取试样 0.125 g,置于 25 mL 的烧杯中。加盐酸-硝酸混合酸溶液 3 mL,低温加热直至试样完全溶解。若不能完全溶解,加硝酸-高氯酸混合酸溶液 2 mL,加热至出现高氯酸白色烟雾。维持该温度约 1 min,以保持白色高氯酸烟雾在烧杯壁上稳定回流。冷却至室温,加 5 mL 去离子水,加热以溶解盐类。必要时冷却并过滤,将溶液移入 25 mL 容量瓶中,以去离子水稀释至刻度,混匀。

2.7 校正溶液的制备:用精确到 $\pm 1\%$ 的微量移液管移取 0(零浓度校正溶液),75,100,125,150,175 μL 镍标准储存溶液。然后,根据试样主要元素的性质和含量,向每个容量瓶加入体积为 $V_r$ 的一种或多种基体储存溶液(见 1.7~1.12),以去离子水稀释至刻度,混匀。其中,$V_r$ 由式(2-3)计算得出:

$$V_r = 25w \qquad (2-3)$$

式中:

$V_r$——基体溶液体积,单位为 mL;

$w$——试样(铅、钛、铜、银、金合金或者是钢)中某一基体元素的质量分数,数值以百分数表示。

由此获得的校正溶液,每毫升含镍量分别为 0.0,1.5,2.0,2.5,3.0 和 3.5 μg。

增加镍浓度为 0.5 ng/mL 和 1.0 pg/mL 的两个校正溶液,扩大校正溶液的浓度范围,此方法可用于测定质量分数低达 0.01% 的镍含量。

2.8 原子吸收光谱仪的优化

按照原子吸收光谱仪的说明书调试好仪器。

3. 测定

以零浓度校正溶液调零,测定校正溶液和测试溶液的吸光度。

选择两个校正溶液,一个溶液的吸光度刚低于测试溶液的吸光度,而另一个溶液的吸光度则刚高于测试溶液的吸光度。再次测定这两个校正溶液和测试溶液的吸光度,测定顺序为:先按升序,再按降序。

如果测试溶液浓度过高而又要测定其准确值时,那么可以将测试溶液稀释,使得同样基体的最终测试溶液的浓度在上述校正溶液浓度范围内。

## 五、数据记录与处理

1. 仅当测试溶液(或稀释后的最终测试溶液)中的镍浓度处于最高浓度校正溶液和最低浓度校正溶液镍浓度之间时,计算才有效。

2. 测试溶液浓度

测试溶液的镍浓度 $c_s$ 的数值以 μg/mL 表示,按式(2-4)计算:

$$c_s = [(c_2-c_1) \times (A_s-A_1)/(A_2-A_1)] + c_1 \qquad (2-4)$$

式中:

$c_1$——较低浓度溶液的镍浓度,单位为 μg/mL;

$c_2$——较高浓度溶液的镍浓度,单位为 μg/mL;

$A_s$——测试溶液的吸光度;

$A_1$——浓度较低的校正溶液的吸光度;

$A_2$——浓度较高的校正溶液的吸光度。

3. 试样镍含量

试样中镍含量 $w_{Ni}$ 的数值以百分数表示,按式(2-5)计算:

$$w_{Ni}(\%) = \frac{V c_s}{10\,000\,m} \qquad (2-5)$$

式中:

$c_s$——测试溶液的镍浓度,单位为 μg/mL;

$V$——测试溶液的体积,单位为 mL;

$m$——试样质量,单位为 g。

计算测定结果的数学平均值,作为镍含量的最终结果。对镍含量不大于1%的试样,最终结果保留到小数点后两位;镍含量大于1%的试样,最终结果保留到小数点后一位。

## 六、思考题

1. 对铝、钛、铜、银、金、铁金属如何进行溶样?
2. 本实验中校正溶液如何制备?有何作用?
3. 测定顺序如何?

## 七、参考文献

[1] GB/T 19718—2005 首饰镍含量的测定 火焰原子吸收光谱法[S].
[2] GB/T19719 首饰镍释放量的测定 光谱法[S].
[3] GB/T28021 饰品有害元素的测定 光谱法[S].
[4] 康玉霜,陶英等.首饰中有害元素限量及测定[J].鉴宝收藏,2017,2(1):132-134.

## 2.2 石墨炉原子吸收光谱技术

石墨炉原子吸收光谱技术采用的原子化方法为石墨炉法。

将样品置于石墨管内,用大电流通过石墨管,产生 3 000 ℃ 以下的高温,使样品蒸发和原子化。为了防止石墨管在高温氧化,在石墨管内、外部用惰性气体保护。石墨炉加温阶段一般可分为:

(1) 干燥。此阶段是将溶剂蒸发掉,加热的温度控制在溶剂的沸点左右,但应避免暴沸和发生溅射,否则会严重影响分析精度和灵敏度。

(2) 灰化。这是比较重要的加热阶段。其目的是在保证被测元素没有明显损失的前提下将样品加热到尽可能高的温度,破坏或蒸发掉基体,减少原子化阶段可能遇到的元素间干扰,以及光散射或分子吸收引起的背景吸收,同时使被测元素变为氧化物或其他类型物。

(3) 原子化。在高温下,把被测元素的氧化物或其他类型物热解和还原(主要的)成自由原子蒸气。

目前,应用最普遍的是 Massmann 型石墨炉。石墨炉的核心部件是一个长约50 mm、外径为 8~9 mm、内径为 5~6 mm 的石墨管,管壁中间部位有一个用于注入试样溶液的直径为 1~2 mm 的小孔。石墨管两端安装在连接电源的石墨锥体上。为了防止石墨管在高温下燃烧,其外侧设置了一个惰性气体保护罩,保护罩内有惰性气体流过。这一路保护气称为外气。另有一路惰性气体从石墨管两端进入其中,从中间的小孔逸出。这一路气流称为内气或载气。炉体两端装有石英窗,光束透过石英窗从石墨管内通过。炉体的最外层是一个水冷套,以降低电接点的温度和炉体的热辐射。

石墨炉由一个低电压大电流电源供电。分析过程一般分为干燥、灰化、原子化、清除四个阶段。通过石墨炉电源的自动程序,设定各阶段的温度、升温方式和加热时间。各阶段的升温方式分为斜坡升温和快速升温两种。斜坡升温方式是使炉温在一定时间内达到设定温度;快速升温方式是使炉温在瞬间达到设定值,快速升温又称最大功率升温。快速升温的升温速率可达 2 000 ℃/s 以上。在升温过程中,利用安装在炉体上的光学温度传感器测量炉内温度,测量的信号反馈给电源的控制电路,实现温度的自动控制。在原子化阶段,采用快速升温往往能使待测元素在极短的时间内实现原子化,以获得更高的瞬时峰值吸收信号。

## 实验2.4 玩具材料中可迁移元素锑、钡、镉、铬、铅含量的测定

### 一、实验目的

1. 掌握玩具材料中可迁移元素的提取方法;

2. 掌握玩具材料中可迁移元素的石墨炉原子吸收测定方法。

## 二、实验原理

可迁移元素为模拟材料在吞咽后与胃酸持续接触一段时间的条件下,从玩具材料中提取出的溶出物。试样经 GB 6675.4 中规定的方法提取后,视情况使用合适的基体改进剂,采用石墨炉原子吸收分光光谱仪测定提取液中待测元素的含量。

## 三、仪器与试剂

1. 仪器

石墨炉原子吸收分光光谱仪:配有锑、钡、镉、铬、铅空心阴极灯。

注:在检测过程中使用的所有玻璃器皿在使用前用硝酸(1+4)浸泡至少 24 h,再用水冲洗干净。

石墨炉原子吸收分光光谱仪测定锑、钡、镉、铬、铅的参考测定条件见表 2-6。一般样品进样量为 15 μL,基体改进剂的注入体积为 15 μL。

表 2-6 仪器测定条件

| 元素 | 波长/nm | 狭缝宽度/nm | 石墨管类型 | 推荐的改进剂及用量 |
| --- | --- | --- | --- | --- |
| Sb | 217.6 | 0.2 | 普通石墨管(无涂层) | 30 μg 硝酸锑 |
| Ba | 553.6 | 0.5 | 高温热解涂层石墨管或相当者 | — |
| Cd | 228.8 | 0.5 | 普通石墨管(无涂层) | 20 μg 硝酸铵或 10 μg 硝酸钯或 20 μg 硝酸镁 |
| Cr | 357.9 | 0.5 | 高温热解涂层石墨管或相当者 | 50 μg 硝酸镁 |
| Pb | 217.0 | 0.5 | 普通石墨管(无涂层) | 50 μg 硝酸铵或 50 μg 硝酸镁 |

基体改进剂的配制方法如下:

参照式(2-6),计算基体改进剂的质量浓度:

$$c = \frac{m}{V} \times 100 \tag{2-6}$$

式中:

$c$——需配制基体改进剂的质量浓度,单位为 100 g/100 mL;

$V$——基体改进剂注入体积,单位为 μL;

$m$——基体改进剂添加的质量,单位为 mg。

计算示例:

需添加 $Mg(NO_3)_2$ 基体改进剂为 50 μg,注入体积为 20 μL,则按式(2-6)计算应配制的 $Mg(NO_3)_2$ 质量浓度为 0.25 g/100 mL。

2. 试剂

盐酸溶液($\rho$=1.19 g/mL)、盐酸溶液(1+19)、盐酸溶液:$c$(HCl) =(0.070±0.005) mol/L、1 000 mg/L 锑标准溶液、1 000 mg/L 钡标准溶液、1 000 mg/L 镉标准溶液、1 000 mg/L

铬标准溶液、1 000 mg/L 铅标准溶液,标准溶液全部选用有证的标准溶液。

## 四、实验步骤

1. 标准溶液的配制

1.1 10 mg/L 锑标准储备溶液

吸取 1.0 mL 1 000 mg/L 锑标准储备溶液于 100 mL 容量瓶中,用盐酸(1+19)稀释至刻度,摇匀,得到浓度为 10 mg/L 的锑标准储备溶液。冷藏保存。

1.2 10 mg/L 钡标准储备溶液

按照 1.1 相同方法配制 10 mg/L 钡标准储备溶液。冷藏保存。

1.3 10 mg/L 镉标准储备溶液

按照 1.1 相同方法配制 10 mg/L 镉标准储备溶液。冷藏保存。

1.4 10 mg/L 铬标准储备溶液

按照 1.1 相同方法配制 10 mg/L 铬标准储备溶液。冷藏保存。

1.5 10 mg/L 铅标准储备溶液

按照 1.1 相同方法配制 10 mg/L 铅标准储备溶液。冷藏保存。

2. 取样、制备和提取

按 GB 6675.4 规定的方法进行,获得试样溶液。

3. 标准曲线的绘制

将标准储备溶液用盐酸溶液($c(HCl) = (0.070 \pm 0.005)$ mol/L)逐级稀释成系列浓度的标准工作混合溶液,见表 2-7。

表 2-7 系列浓度标准工作混合溶液

| 标准工作混合液 | 系列浓度/(μg/L) |
| --- | --- |
| 含锑标准工作液 | 20、40、60、80、200 |
| 含钡标准工作液 | 20、40、60、80、200 |
| 含镉标准工作液 | 2、4、8、10、20 |
| 含铬标准工作液 | 2、4、8、10、20 |
| 含铅标准工作液 | 10、20、40、80、100 |

在确定的仪器工作条件下,按浓度由低至高的顺序分别测定系列工作混合溶液中锑、钡、镉、铬、铅的吸光度,绘制标准曲线,各元素标准曲线的线性相关系数 $r$ 应大于或等于 0.995。

4. 试样溶液的测定

在与标准溶液相同测定条件下,测定空白溶液和试样溶液中待测元素的吸光度值,根据标准曲线和试样溶液的吸光度,仪器给出试样溶液中待测元素的浓度值。

若试样溶液中锑、钡、镉、铬和铅的浓度超出标准曲线的线性范围,则应该对试样溶液用盐酸($c(HCl) = (0.070 \pm 0.005)$ mol/L)进行适当稀释至标准曲线范围水平后再测定。

### 五、数据记录与处理

试样中待测元素 $\omega_i$ 的含量,按式(2-7)计算:

$$\omega_i = \frac{(c_i - c_0) \times V \times f}{m \times 1\,000} \tag{2-7}$$

式中:
- $\omega_i$ ——试样中待测元素 $i$ 的含量,单位为 mg/kg;
- $c_i$ ——试样中待测元素 $i$ 的浓度,单位为 μg/L;
- $c_0$ ——试样空白溶液中元素 $i$ 的浓度,单位为 μg/L;
- $V$ ——提取液的体积,单位为 mL;
- $m$ ——试样的质量,单位为 g;
- $f$ ——稀释因子。

计算结果保留 3 位有效数字。

### 六、思考题

1. 什么为可迁移元素?
2. 如果试样中的可迁移元素超过标准曲线的线性范围,那么应该怎么处理?

### 七、参考文献

[1] GB 6675.4—2014 特定元素的迁移 [S].

[2] GB/T 32602—2016 玩具材料中可迁移元素锑、钡、镉、铬、铅含量的测定 石墨炉原子吸收分光光谱法[S].

## 实验 2.5 饲料中铅的测定

### 一、实验目的

1. 了解检测饲料中铅的意义;
2. 掌握饲料中金属离子测定的前处理方法;
3. 掌握饲料中铅含量的原子吸收测定方法。

### 二、实验原理

试样经干灰化、酸溶或湿消化后,使铅溶出,用原子吸收光谱仪在 283.3 nm 处测定吸光度值,并与标准曲线进行比较定量。该方法适用于配合饲料、浓缩饲料、添加剂预混合饲料、精料补充料和饲料原料中铅的测定。

### 三、仪器与试剂

1. 仪器

原子吸收分光光度法(附石墨炉原子化器、铅的空心阴极灯),根据各自仪器性能调至最佳状态,参考条件见表2-8。

分析天平(感量为0.1 mg);马弗炉(550±15 ℃);瓷坩埚(使用前用0.6 mol/L盐酸溶液煮2 h,用水冲洗干净);可调式电热板或电炉;玻璃器皿(使用前用0.6 mol/L盐酸溶液浸泡过夜,用水冲洗干净)。

**表2-8　石墨炉原子吸收光谱法仪器条件参数**

| 仪器工作条件 | 参　数 |
| --- | --- |
| 波长 | 283.3 nm |
| 狭缝宽度 | 0.2 nm～1.0 nm |
| 灯电流 | 5 mA～7 mA |
| 干燥温度/时间 | 120 ℃/60 s |
| 灰化温度/时间 | 850 ℃/20 s |
| 原子化温度/时间 | 1 700 ℃/5 s～2 300 ℃/5 s |
| 清洁温度/时间 | 2 500 ℃/20 s |
| 背景校正 | 塞曼扣背景 |

2. 试剂

硝酸(优级纯)、盐酸、磷酸二氢铵、硝酸镁、硝酸铅。

### 四、实验步骤

1. 溶液的配制

1.1 盐酸溶液(0.6 mol/L):量取5 mL盐酸,用水稀释至100 mL,混匀。

1.2 盐酸溶液(6 mol/L):量取50 mL盐酸,用水稀释至100 mL,混匀。

1.3 硝酸溶液(0.5 mol/L):量取3.6 mL硝酸,用水稀释至100 mL,混匀。

1.4 硝酸溶液(6 mol/L):量取43 mL硝酸,用水稀释至100 mL,混匀。

1.5 磷酸二氢铵溶液(10.0 mg/mL):称取磷酸二氢铵1.0 g,用水溶解并稀释至100 mL,混匀。

1.6 硝酸镁溶液(0.6 mg/mL):称取硝酸镁60.0 mg,用水溶解并稀释至100 mL,混匀。

1.7 铅标准储备溶液(1.0 mg/mL):准确称取1.598 g硝酸铅,加入10 mL硝酸溶液(6 mol/L),全部溶解后,转移至1 000 mL容量瓶中,加水稀释定容至刻度,混匀。贮存于聚四氟乙烯瓶中,4 ℃保存,有效期为6个月。或购置有证标准物质配制相应浓度。

1.8 铅标准中间溶液(10.0 μg/mL):准确移取1.00 mL铅标准储备溶液(1.0 mg/mL)于100 mL容量瓶中,加水稀释至刻度,混匀。临用现配。

1.9 铅标准工作溶液(100 μg/mL)：准确移取 1.00 mL 铅标准中间溶液(10.0 μg/mL)于 100.0 mL 容量瓶中，用硝酸溶液(0.5 mol/L)稀释定容至刻度，混匀。临用现配。

2. 试样溶解

称取试样 1.0 g(精确到 0.1 mg)于瓷坩埚中，在 100～300 ℃ 可调式电热板或可调式电炉上缓慢加热使试样炭化至无烟产生，将坩埚移至 550 ℃ 的马弗炉中灰化 4～6 h，取出坩埚冷却至室温。

吸取 5 mL 6 mol/L 硝酸溶液逐滴加到坩埚中，边加边转动坩埚，直至溶液无气泡溢出，然后将剩余硝酸溶液全部加入。随后将瓷坩埚移至可调式电热板或可调式电炉上小火加热消化，直至消化液至 2～3 mL 取下，冷却后，用水转移至 10 mL 容量瓶中，加少许水多次冲洗坩埚，洗液并入容量瓶中，并稀释至刻度，摇匀，用无灰滤纸过滤，待用。同时制备试剂空白溶液。

3. 标准曲线绘制

分别准确移取适量体积的铅标准工作溶液，配制成浓度分别为 0,10,20,30,40,50 μg/L 的铅标准系列溶液，分别移取 10 μL 注入石墨炉，加入 5 μL 磷酸二氢铵溶液和 5 μL 硝酸镁溶液。用 0.5 mol/L 硝酸溶液调零，在 283.3 nm 波长处测定标准系列溶液的吸光度值。以吸光度值为纵坐标，浓度为横坐标，绘制标准曲线。

4. 试样溶液的测定

在相同试验条件下，向石墨炉注入 10 μL 试样溶液，5 μL 磷酸二氢铵溶液和 5 μL 硝酸镁溶液，测定其吸光度值，与标准曲线进行比较定量。如果试样溶液的浓度超出标准曲线的范围，那么可用 0.5 mol/L 的硝酸溶液稀释至线性范围内测定。

## 五、数据记录与处理

试样中铅的含量以质量分数 $w$ 计，数值以 mg/kg 表示，按式(2-8)计算：

$$w = \frac{(\rho_1 - \rho_2) \times V}{m \times 1\,000} \tag{2-8}$$

式中：

$\rho_1$——试样溶液中铅的质量浓度，单位为 μg/L；

$\rho_2$——空白试剂中铅的质量浓度，单位为 μg/L；

$V$——试样溶液总体积，单位为 mL；

$m$——试样质量，单位为 g。

以两个平行样品测定结果的算术平均值报告结果，结果应保留至小数点后两位。

## 六、思考题

1. 简述石墨炉原子吸收光谱法测定饲料中铅的试样处理方法。
2. 比较火焰原子吸收光谱法和石墨炉原子吸收光谱法的优缺点。

## 七、参考文献

[1] GB/T 13080—2018 饲料中铅的测定　原子吸收光谱法[S].

# 第3章 质谱技术

## 3.1 电感耦合等离子体质谱技术

电感耦合等离子体质谱(ICP-MS)是以电感耦合等离子体作为离子源,以质谱进行检测的无机多元素分析技术,是20世纪80年代发展起来的无机元素和同位素分析测试技术,它以独特的接口技术将电感耦合等离子体的高温电离特性与质谱计的灵敏快速扫描的优点相结合而形成一种高灵敏度的分析技术。电感耦合等离子体(ICP)和质谱(MS)技术的联用是20世纪80年代分析化学领域最成功的创举,也是分析科学家们最富有成果的一次国际性技术合作,从1980年第一篇ICP-MS可行性文章发表到1983年第一台商品化仪器的问世只经过了3年时间。

ICP-MS是用于测定超痕量元素和同位素比值的仪器,由样品引入系统、等离子体离子源系统、离子聚焦和传输系统、质量分析器系统和离子检测系统组成。

其工作原理为样品经预处理后,采用电感耦合等离子体质谱进行检测,根据元素的质谱图或特征离子进行定性,内标法定量。样品由载气带入雾化系统进行雾化后,以气溶胶形式进入等离子体的轴向通道,在高温和惰性气体中被充分蒸发、解离、原子化和电离,转化成带电荷的正离子,通过铜或镍取样锥收集的离子,在低真空约133.322 Pa压力下形成分子束,再通过1~2毫米直径的截取板进入质谱分析器,经滤质器质量分离后,到达离子探测器,根据探测器的计数与浓度的比例关系,可测出元素的含量或同位素比值。

ICP-MS技术的特点:灵敏度高;速度快,可在几分钟内完成几十个元素的定量测定;谱线简单,干扰相对于光谱技术要少;线性范围可达7~9个数量级;样品的制备和引入相对于其他质谱技术简单;具有很低的检出限(达 $\mu g/mL$ 或更低),既可用于元素分析,还可进行同位素组成的快速测定;测定精密度(RSD)可到0.1%。

### 实验3.1 高纯金化学分析方法——加入校正-内标法测定杂质元素的含量

#### 一、实验目的

1. 掌握加入校正-内标法的测定原理;

2. 掌握高纯金中杂质元素的定量检测方法。

## 二、实验原理

高纯金样品经混合酸溶解,通过加入内标元素和采用标准加入校正的方式,可利用电感耦合等离子体质谱仪测定各元素的谱线强度,并计算各元素的质量分数。

## 三、仪器与试剂

1. 仪器

电感耦合等离子体质谱仪。氩等离子体光源,发生器最大输出功率不小于 1.3 kW。分辨率:200 nm 左右时的光学分辨率不大于 0.010 nm;400 nm 左右时的光学分辨率不大于 0.020 nm。仪器 1 h 内稳定性(RSD)小于 2.0%。空白液中,铈、镧和锡元素的检出限均不大于 0.05 mg/L。

2. 试剂

盐酸、硝酸、硫酸、氢氟酸均为 MOS 级;金属银、金属铝、金属铋、金属镉、金属铜、金属铁、氧化镁、金属锰、金属镍、金属铅、金属钯、金属铂、金属锑、金属硒、金属锡、金属碲、金属钛、金属锌、金属铼质量分数均≥99.99%;三氧化二砷、重铬酸钾为基准试剂,使用前于 100~105 ℃烘 1 h 左右;氯铱酸铵、氯化钠、氯铑酸铵、三氧化二钪均为光谱纯;硫酸铯为优级纯;高纯金(含金 99.999% 以上)。

## 四、实验步骤

1. 溶液的配制

1.1 混合酸的配制:将 1 体积硝酸、3 体积盐酸和 4 体积水混合均匀。

1.2 标准贮存溶液的配制

1.2.1 银标准贮存溶液:称取 0.100 0 g 金属银,置于 100 mL 烧杯中,加入 10 mL 硝酸溶液(1+1),低温加热溶解,挥发氮的氧化物,冷却至室温,移入 100 mL 容量瓶中,加入 25 mL 浓盐酸,用水稀释至刻度,混匀。此溶液 1 mL 含 1 mg 银。

1.2.2 铝标准贮存溶液:称取 0.100 0 g 金属铝,置于 100 mL 烧杯中,加入 20 mL 盐酸溶液(1+1),低温加热溶解,冷却至室温,用盐酸溶液(1+9)移入 100 mL 容量瓶中并稀释至刻度,混匀。此溶液 1 mL 含 1 mg 铝。

1.2.3 砷标准贮存溶液:称取 0.132 0 g 三氧化二砷(基准试剂,于 100~105 ℃烘 1 h),置于 100 mL 烧杯中,加入 20 mL 盐酸溶液(1+1),低温加热至完全溶解,冷却至室温,移入 100 mL 容量瓶中,用水稀释至刻度,混匀。此溶液 1 mL 含 1 mg 砷。

1.2.4 铋标准贮存溶液:称取 0.100 0 g 金属铋,置于 100 mL 烧杯中,加入 20 mL 硝酸溶液(1+1),低温加热溶解,挥发氮的氧化物,冷却至室温,移入 100 mL 容量瓶中,用水稀释至刻度,混匀。此溶液 1 mL 含 1 mg 铋。

1.2.5 镉标准贮存溶液:称取 0.100 0 g 金属镉,置于 100 mL 烧杯中,加入 20 mL 硝酸溶液(1+1),低温加热溶解,挥发氮的氧化物,冷却至室温,移入 100 mL 容量瓶中,用水稀释至刻度,混匀。此溶液 1 mL 含 1 mg 镉。

1.2.6 铬标准贮存溶液:称取 0.282 9 重铬酸钾,置于 100 mL 烧杯中,加入 20 mL 盐酸溶液(1+1),低温加热至完全溶解,冷却至室温,移入 100 mL 容量瓶中,用水稀释至刻度,混匀。此溶液 1 mL 含 1 mg 铬。

1.2.7 铜标准贮存溶液:称取 0.100 0 g 金属铜,置于 100 mL 烧杯中,加入 20 mL 硝酸溶液(1+1),低温加热溶解,挥发氮的氧化物,冷却至室温,移入 100 mL 容量瓶中,用水稀释至刻度,混匀。此溶液 1 mL 含 1 mg 铜。

1.2.8 铁标准贮存溶液:称取 0.100 0 g 金属铁,置于 100 mL 烧杯中,加入 20 mL 硝酸溶液(1+1),低温加热溶解,挥发氮的氧化物,冷却至室温,移入 100 mL 容量瓶中,用水稀释至刻度,混匀。此溶液 1 mL 含 1 mg 铁。

1.2.9 铱标准贮存溶液:称取 0.229 4 g 氯铱酸铵(光谱纯),置于 100 mL 烧杯中,加入 20 mL 盐酸溶液(1+9),低温加热溶解,冷却至室温,移入 100 mL 容量瓶中,用盐酸溶液(1+9)稀释至刻度,混匀。此溶液 1 mL 含 1 mg 铱。

1.2.10 镁标准贮存溶液:称取 0.165 8 g 预先经 780 ℃ 灼烧 1 h 的氧化镁,置于 100 mL 烧杯中,加入 20 mL 盐酸溶液(1+1),低温加热溶解,冷却至室温。将溶液移入 100 mL 容量瓶中,用水稀释至刻度,混匀。此溶液 1 mL 含 1 mg 镁。

1.2.11 锰标准贮存溶液:称取 0.100 0 g 金属锰,置于 100 mL 烧杯中,加入 20 mL 硝酸溶液(1+1),低温加热溶解,挥发氮的氧化物,冷却至室温,移入 100 mL 容量瓶中,用水稀释至刻度,混匀。此溶液 1 mL 含 1 mg 锰。

1.2.12 钠标准贮存溶液:称取 0.188 6 g 氯化钠(光谱纯,于100～105 ℃烘 1 h),置于 100 mL 烧杯中,加入 50 mL 水,低温加热溶解,冷却至室温,移入 100 mL 聚乙烯容量瓶中,用水稀释至刻度,混匀。此溶液 1 mL 含 1 mg 钠。

1.2.13 镍标准贮存溶液:称取 0.100 0 g 金属镍,置于 100 mL 烧杯中,加入 20 mL 硝酸溶液(1+1),低温加热溶解,挥发氮的氧化物,冷却至室温,移入 100 mL 容量瓶中,用水稀释至刻度,混匀。此溶液 1 mL 含 1 mg 镍。

1.2.14 铅标准贮存溶液:称取 0.100 0 g 金属铅,置于 100 mL 烧杯中,加入 20 mL 硝酸溶液(1+1),低温加热溶解,挥发氮的氧化物,冷却至室温,移入 100 mL 容量瓶中,用水稀释至刻度,混匀。此溶液 1 mL 含 1 mg 铅。

1.2.15 钯标准贮存溶液:称取 0.100 0 g 金属钯于 100 mL 烧杯中,加入 20 mL 混合酸,低温加热溶解,挥发氮的氧化物,冷却至室温,移入 100 mL 容量瓶中,用水稀释至刻度,混匀。此溶液 1 mL 含 1 mg 钯。

1.2.16 铂标准贮存溶液:称取 0.100 0 g 金属铂于 100 mL 烧杯中,加入 20 mL 混合酸,低温加热溶解,挥发氮的氧化物,冷却至室温,移入 100 mL 容量瓶中,用水稀释至刻度,混匀。此溶液 1 mL 含 1 mg 铂。

1.2.17 铑标准贮存溶液:称取 0.359 3 g 氯铑酸铵[光谱纯,分子式:$(NH_4)_3RhCl_6$],加入 20 mL 盐酸溶液(1+9),低温加热溶解,冷却至室温,移入 100 mL 容量瓶中,用盐酸溶液(1+9)稀释至刻度,混匀。此溶液 1 mL 含 1 mg 铑。

1.2.18 锑标准贮存溶液:称取 0.100 0 g 金属锑,置于 100 mL 烧杯中,加入 20 mL 混合酸,低温加热溶解,挥发氮的氧化物,冷却至室温,移入 100 mL 容量瓶中,用水稀释至刻度,混匀。此溶液 1 mL 含 1 mg 锑。

1.2.19 硒标准贮存溶液:称取 0.100 0 g 金属硒,置于 100 mL 烧杯中,加入 20 mL 盐酸溶液(1+1),低温加热溶解,冷却至室温,移入 100 mL 容量瓶中,用水稀释至刻度,混匀。此溶液 1 mL 含 1 mg 硒。

1.2.20 锡标准贮存溶液:称取 0.100 0 g 金属锡,置于 100 mL 烧杯中,加入 20 mL 盐酸溶液(1+1),低温加热溶解,冷却至室温,移入 100 mL 容量瓶中,用水稀释至刻度,混匀。此溶液 1 mL 含 1 mg 锡。

1.2.21 碲标准贮存溶液:称取 0.100 0 g 金属碲,置于 100 mL 烧杯中,加入 20 mL 硝酸溶液(1+1),低温加热溶解,挥发氮的氧化物,冷却至室温,移入 100 mL 容量瓶中,用水稀释至刻度,混匀。此溶液 1 mL 含 1 mg 碲。

1.2.22 钛标准贮存溶液:称取 0.100 0 g 金属钛,置于铂皿中,加入 1 mL 氢氟酸,5 mL 浓硫酸,加热溶解并蒸发至冒三氧化硫白烟使氟除尽,冷却,加入 20 mL 水和 2 mL 浓硫酸,加热溶解盐类,冷却至室温,移入 100 mL 容量瓶中,用水稀释至刻度,混匀。此溶液 1 mL 含 1 mg 钛。

1.2.23 锌标准贮存溶液:称取 0.100 0 g 金属锌,置于 100 mL 烧杯中,加入 20 mL 硝酸溶液(1+1),低温加热溶解,挥发氮的氧化物,冷却至室温,移入 100 mL 容量瓶中,用水稀释至刻度,混匀。此溶液 1 mL 含 1 mg 锌。

1.2.24 钪标准贮存溶液:称取 0.153 4 g 三氧化二钪(光谱纯),置于 100 mL 烧杯中,加入 10 mL 盐酸(1+1),低温加热溶解,取下冷却至室温,移入 100 mL 容量瓶中,用水稀释至刻度,混匀。此溶液 1 mL 含 1 mg 钪。

1.2.25 铯标准贮存溶液:称取 0.136 1 g 硫酸铯(优级纯,于 100~105 ℃烘 1 h),置于 100 mL 烧杯中,加入 20 mL 水,低温加热溶解,冷却至室温,移入 100 mL 容量瓶中,用水稀释至刻度,混匀。此溶液 1 mL 含 1 mg 铯。

1.2.26 铼标准贮存溶液:称取 0.100 0 g 金属铼,置于 100 mL 烧杯中,加入 20 mL 硝酸溶液(1+1),低温加热溶解,挥发氮的氧化物,冷却至室温,移入 100 mL 容量瓶中,用水稀释至刻度,混匀。此溶液 1 mL 含 1 mg 铼。

1.3 混合标准溶液的配制

分别移取 1 mL 上述标准贮存溶液(1.2.1~1.2.23)于 100 mL 容量瓶中,加入 20 mL 混合酸,用水稀释至刻度,混匀。此溶液 1 mL 含 10 μg 银、铝、砷、铋、铜、铬、镉、铁、铱、镁、锰、钠、镍、铅、钯、铂、铑、锑、硒、锡、碲、钛和锌。

移取 1 mL 上述混合标准溶液于 100 mL 容量瓶中,加入 20 mL 混合酸,用水稀释至刻度,混匀。此溶液 1 mL 含 0.1 μg 银、铝、砷、铋、铜、铬、镉、铁、铱、镁、锰、钠、镍、铅、钯、铂、铑、锑、硒、锡、碲、钛和锌。

1.4 混合内标溶液的配制

分别移取 1 mL 标准贮存溶液(1.2.24~1.2.26)于 100 mL 容量瓶中,加入 20 mL 混合酸,用水稀释至刻度,混匀。此溶液 1 mL 含 10 μg 钪、铯和铼。

移取 1 mL 上述混合标准溶液于 100 mL 容量瓶中,加入 20 mL 混合酸,用水稀释至刻度,混匀。此溶液 1 mL 含 0.1 μg 钪、铯和铼。

1.5 金标准贮备液(20 mg/mL)的配制

称取高纯金(含金 99.999% 以上)10 g(精确至 0.01 g)放入 250 mL 聚四氟乙烯烧杯中,加入混合酸溶液 50 mL,于可控温电热板上低温(100 ℃左右)加热溶解,用水转入 500 mL 的容量瓶中,补加浓王水 100 mL,用水稀释至刻度,摇匀后立即转入干净的塑料瓶中备用。此溶液含金 20 mg/mL。

2. 试样的预处理

将试样碾成 1 mm 厚的薄片,用不锈钢剪刀剪成小碎片,放入烧杯中,加入 20 mL 的乙醇溶液(1+1),于电热板上加热煮沸 5 min 取下,将乙醇溶液倾去,用高纯水反复洗涤金片 3 次,继续加入 20 mL 盐酸溶液(1+1),加热煮沸 5 min,倾去盐酸溶液,用高纯水反复洗涤金片 3 次,将金片用无尘纸包裹起来放入烘箱在 105 ℃烘干,取出备用。

3. 样品测定

称取 0.10 g 上述处理好的高纯金试样(精确至 0.000 1 g),将称好的试样置于 50 mL 聚四氟乙烯烧杯中,加入混合酸溶液 2.50 mL,在可控温电热板上低温加热溶解,冷却后用水转入 50 mL 塑料容量瓶中,加入混合内标溶液 2.50 mL,用水定容至刻度,摇匀待测。同时配制空白溶液。将试料溶液和空白溶液分别用 ICP-MS 进行测定,通过得到的被测元素与内标元素的强度比值在各自的校准曲线上查找到相应的浓度值,计算出各元素的质量分数。

4. 校准曲线的绘制

4.1 空白校准曲线

于 5 个 50 mL 容量瓶中各分别加入 2.50 mL 混合酸溶液和 2.50 mL 混合内标溶液,再分别向其中加入 0.00 mL、0.50 mL、2.50 mL、5.00 mL、10.00 mL 混合标准溶液,用水稀释至刻度,摇匀后用 ICP-MS 采用标准加入的方式依次进行测定,将测定得到的被测元素与内标元素的强度比值作为纵坐标,被测元素的质量浓度为横坐标绘制空白校准曲线。

4.2 样品校准曲线

于 5 个 50 mL 容量瓶中各分别加入 5.00 mL 金标准贮备液和 2.50 mL 混合内标溶液,再分别向其中加入 0.00 mL、0.50 mL、2.50 mL、5.00 mL、10.00 mL 混合标准溶液,用水稀释至刻度,摇匀后用 ICP-MS 采用标准加入的方式依次进行测定,将测定得到的被测元素与内标元素的强度比值作为纵坐标,被测元素的质量浓度为横坐标绘制样品校准曲线。

## 五、分析结果的数据处理

利用式(3-1)计算被测杂质元素的质量分数 $\omega(x)$,数值以%表示:

$$\omega(x) = \frac{(\rho_x \cdot V_x - \rho_0 \cdot V_0) \times 10^{-6}}{m} \times 100 \qquad (3-1)$$

式中:

$\rho_x$——试料溶液中被测元素的质量浓度,单位为 μg/mL;

$V_x$——试料溶液的体积,单位为 mL;

$\rho_0$——空白溶液中被测元素的质量浓度,单位为 μg/mL;

$V_0$——空白溶液的体积,单位为 mL;

$m$——试料质量,单位为 g。

分析结果保留至小数点后第五位。

## 六、参考文献

[1] GB/T 25934.2—2010 高纯金化学分析方法 第 2 部分:ICP-MS-标准加入校正-内标法 测定杂质元素的含量.

# 实验 3.2 化妆品中铬、砷、镉、锑、铅的测定

## 一、实验目的

1. 了解检测化妆品中重金属离子的意义;
2. 掌握化妆品中重金属离子的消解方法;
3. 掌握化妆品中重金属离子含量的 ICP-MS 检测方法。

## 二、实验原理

目前,一些化妆品中含有铬、砷、镉、锑、铅等重金属,危害人体健康,本实验利用电感耦合等离子体质谱(ICP-MS)测定化妆品中这些贵金属的含量。试样经消解后,由 ICP-MS 测定,ICP-MS 由离子源和质谱仪两个主要部分构成,试样溶液经过雾化后由载气送入 ICP 火焰中,经过蒸发、解离、原子化、电离等过程,转化为带正电荷的离子,经离子聚焦后进入质谱仪,在质谱仪内根据元素特定质荷比($m/x$)进行分离、采集。对于一定质荷比,质谱响应值与进入质谱仪中的离子数成正比,即质谱信号强度和待测元素浓度成正比,与标准系列比较定量。

该方法适用于面霜、润肤乳、唇彩、唇膏、眼线液、粉底液、香水、指甲油、沐浴液、洗发露等化妆品,该方法对于测定铬、砷、锑、铅的检出限为 0.07 mg/kg,镉的检出限为 0.04 mg/kg。

## 三、仪器与试剂

1. 仪器

分析天平:感量 0.000 1 g;微波消解系统;石墨消解系统:温度上限>300 ℃,控温精度 ±1 ℃;电感耦合等离子体质谱仪:参数设置见表 3-1;不同规格移液器;50 mL 比色管。

表 3-1  ICP-MS 的工作参数

| 样锥类型 | 镍锥 |
| --- | --- |
| 雾化器 | 同心雾化器 |
| 采样深度 | 150 mm |

续　表

| | |
|---|---|
| 雾化室气体流量 | 0.8 L/min |
| 射频(RF)功率 | 1 300 W |
| 辅助气体流量 | 0.8 L/min |
| 等离子体气流量 | 13 L/min |
| 采样锥孔径 | 1.0 mm |
| 截取锥孔径 | 0.8 mm |

2. 试剂

硝酸、过氧化氢、氢氟酸均为优级纯；铬、锑、镉、砷、铅标准溶液(1 000 μg/mL)；钇、铟、铋内标标准溶液(1 000 μg/mL)；其他所用试剂均为分析纯，水为一级水。

## 四、实验步骤

1. 溶液的配制

1.1 稀硝酸溶液的配制

取 50 mL 硝酸，加入 950 mL 超纯水，配制得到稀硝酸溶液。

1.2 标准溶液的配制

1.2.1 一级标准中间溶液的配制

分别移取铬、砷、镉、锑、铅标准溶液 1.00 mL 于 100 mL 容量瓶中，用稀硝酸溶液稀释至刻度，摇匀，此时溶液中各种离子的浓度为 10.0 μg/mL。

1.2.2 二级标准中间溶液的配制

移取上述 10.0 μg/mL 的标准溶液 1.00 mL 于 100 mL 容量瓶中，用稀硝酸溶液稀释至刻度，摇匀，此时溶液中离子的浓度为 0.1 mg/L。

1.3 内标工作溶液的配制

分别移取 0.50 mL 钇、铟、铋内标标准溶液至 1 000 mL 容量瓶中，用稀硝酸溶液稀释至刻度，摇匀，此时溶液浓度为 0.5 mg/L。

2. 试样的制备

样品制备中应避免外来的污染，样品制备及分析中涉及的所有区域应尽可能保持无尘以减少样品或仪器的污染。样品充分混匀，装入清洁容器内，并标明标记。样品应常温贮存，如含乙醇等挥发性溶剂，称取后应预先将溶剂挥发(不得干涸)。

3. 试样的消解

3.1 湿消解

称取混合均匀的样品约 0.5~1 g(精确至 0.001 g)于聚四氟乙烯消解管中，加入 5 mL 浓硝酸，浸泡 1~2 h 后，参见表 3-2 设定，于石墨消解系统上消解，对于难以消解的物质，可以滴加 1~2 mL 过氧化氢，对于口红、粉类等化妆品，可以加 0.5~1 mL 氢氟酸破坏 $SiO_2$ 晶格以减少对待测元素的吸附，升高温度消解至近干后加入少量水，继续蒸发近干，稍冷却后加入 3 mL 硝酸溶解,冷却,加 5 mL 水稀释,过滤至预先加入 1 mL 内标工作液的 50 mL 比色管中,定容至刻度,摇匀待用,同法做空白试验。

表 3-2 石墨消解仪参数

| 条件 | 消解程序 | | |
| --- | --- | --- | --- |
| | 1 | 2 | 3 |
| 控制温度/℃ | 120 | 150 | 180 |
| 加热时间/min | 20 | 40 | 240 |

3.2 微波消解

称取混合均匀的样品约 0.5 g(精确至 0.001 g)于微波消解罐中,加入 3 mL 浓硝酸,2 mL 过氧化氢,浸泡 1 h 后,参见表 3-3 设定按照微波消解程序进行消解,冷却,将消解液过滤至预先加入 1 mL 内标工作溶液的 50 mL 比色管中,定容至刻度。对于口红、粉类化妆品,可以预先加 0.5~1 mL 氢氟酸,然后按微波消解程序进行消解,消解结束后,应进行赶酸以驱尽残留的氢氟酸,然后补加 3 mL 硝酸,冷却,将消解液过滤至预先加入 1 mL 内标工作溶液的 50 mL 比色管中,定容至刻度,摇匀待用,同法做空白试验。

表 3-3 微波消解参数

| 条件 | 消解程序 | | |
| --- | --- | --- | --- |
| | 1 | 2 | 3 |
| 功率/W | 1 600 | 1 600 | 1 600 |
| 控制温度/℃ | 120 | 150 | 180 |
| 加热时间/min | 5 | 10 | 40 |

3.3 标准系列的制备

分别吸取二级标准中间溶液 0.00、1.00、5.00、10.00 mL 和一级标准中间溶液 0.50、1.00、2.00 mL 于 100 mL 容量瓶中,再分别加入 2.00 mL 内标工作溶液,用稀硝酸溶液稀释至刻度,混匀。得到铬、锑、镉、砷、铅混合标准浓度为 0.00、1.00、5.00、10.00、50.00、100.00、200.00 ng/mL。

4. 测定

将标准系列、试剂空白、样品溶液分别进行 ICP-MS 测定。待测元素及内标元素测定质量数见表 3-4。输入各参数后(见表 3-1),绘制标准曲线,计算线性回归方程。若测定结果超出标准曲线的线性范围,则应将试样稀释后再测定。

表 3-4 内标的选择

| 序列 | 内标 | 测定元素 |
| --- | --- | --- |
| 1 | $^{89}$Y | $^{52}$Cr、$^{75}$As |
| 2 | $^{115}$In | $^{131}$Cd、$^{121}$Sb |
| 3 | $^{209}$Bi | $^{208}$Pb |

## 五、分析结果的数据处理

试样中各待测元素的含量利用式(3-2)计算：

$$X_i = \frac{(c_i - c_0) \times V}{m \times 1\,000} \tag{3-2}$$

式中：

$X_i$——试样中待测元素的含量，单位为 mg/kg；
$c_i$——试样待测元素的浓度，单位为 ng/mL；
$c_0$——试剂空白液中待测元素的浓度，单位为 ng/mL；
$V$——试样定容体积，单位为 mL；
$m$——试样的质量，单位为 g。

计算结果以重复性条件下获得的两次独立测定结果的算术平均值表示，保留三位有效数字。

## 六、参考文献

[1] GB/T 35828—2018 化妆品中铬、砷、镉、锑、铅的测定 电感耦合等离子体质谱法.

# 实验3.3 电子工业用气体中金属含量的测定

## 一、实验目的

1. 掌握不同性质气体的采集方法；
2. 掌握气体中金属含量的检测方法。

## 二、实验原理

气体中金属元素通过洗气瓶中的吸收液进行吸收和富集，吸收液通过适当方式处理后进样。处理后的样品由载气（高纯氩）引入雾化系统进行雾化，以气溶胶形式进入等离子体中心区，在高温和惰性气氛中被去溶剂化、汽化解离和电离，转化成带正电荷的正离子，经离子采集系统进入质谱仪，质谱仪根据质荷比进行分离，根据元素质谱峰强度测定样品中相应元素的含量。

本实验适用的电子工业用气体种类：氧、氮、氩、氦、氢、氨、氯化氢、硅烷、高纯氯、六氟化硫、三氯化硼、三氟化氮、氧化亚氮、六氟乙烷、六氟丁二烯等气体。

## 三、仪器与试剂

1. 仪器

1.1 电感耦合等离子体质谱仪：质量分辨率优于 $0.8 \pm 0.1$ amu；测定条件如下：

等离子光源功率:1 kW;

载气:高纯氩,流量:0.80 L/min;

冷却气:高纯氩,流量:15.0 L/min;

辅助气:高纯氩,流量:0.80 L/min;

质谱仪参数:分析室真空(动态)$173.3\times10^{-5}\sim226.6\times10^{-5}$ Pa;

测量参数:测量方式为峰跳式,重复次数:3,每峰采样点:30~50,试液提升率:1.0 mL/min。

1.2 湿式气体流量计:测量测定范围:10~100 L/h。

1.3 天平:感量:0.01 g,称量范围不小于300 g。

2. 试剂

浓硝酸(优级纯、金属元素含量低于0.01 $\mu g/L$);5+95硝酸溶液;1+9硝酸溶液;金属混合标准溶液(各金属元素浓度1 $\mu g/g$);高纯氩;高纯氮;

洗气瓶:200 mL,PFA材质(可熔性聚四氟乙烯或全氟烷氧基共聚物)。

注:溶液的配制、稀释及转移均应在洁净度至少为1 000级的超净室或超净台内进行。全部器皿在使用前均应在1+9硝酸溶液中浸泡12 h以上。

## 四、实验步骤

1. 采样

1.1 采样设备

应使用无死体积或死体积小的采样阀。采样管线应尽可能短,管径应尽可能小。根据气体特性选择不锈钢或PFA材质管路。采样管路连接完成后应确保采样系统无泄漏。

1.2 液化气体采样

高压液化气体的采样可以根据标准、合同或协议从气相采样或从液相采样。液化气体应经完全汽化后再进样测定。

1.3 压缩气体采样

压缩气体应经减压阀减压后采样。

1.4 管道气体采样

对管道气体采样时,可在管道断面上不同采样点采样,但不宜在管道内的层流部位采样。采样探头通常设在距离管中心 $\frac{1}{3}$ 半径的断面内,探头方向与流动气流平行。

2. 样品的吸收

2.1 吸收系统

采样系统流程图如图3-1、图3-2所示。在水中溶解度较大或易水解的气体样品吸收系统流程图见图3-1。不溶于水的气体样品吸收系统流程图见图3-2。采样管路上串联三个洗气瓶,第一个为缓冲瓶,第二个和第三个分别为装有100 mL吸收液的吸收瓶。在取样管线与缓冲瓶及吸收瓶连接前,先用经0.01 $\mu m$颗粒过滤器过滤后的高纯氮气以10~20 L/min的流量吹扫。对于在水中溶解度较大或易水解的气体样品可只使用一个吸收瓶。吸收过程中应对洗气瓶采用冰水浴。

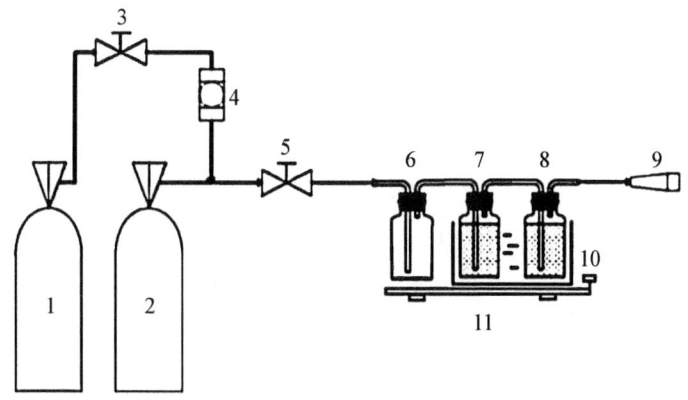

**图 3-1 在水中溶解度较大或易水解的气体样品吸收系统流程图**
说明：1—氮气钢瓶；2—样品气钢瓶；3—调压阀；4—颗粒过滤器；5—调压阀；
6—缓冲瓶；7—洗气瓶 A；8—洗气瓶 B；9—排气口；10—冰水浴；11—电子秤

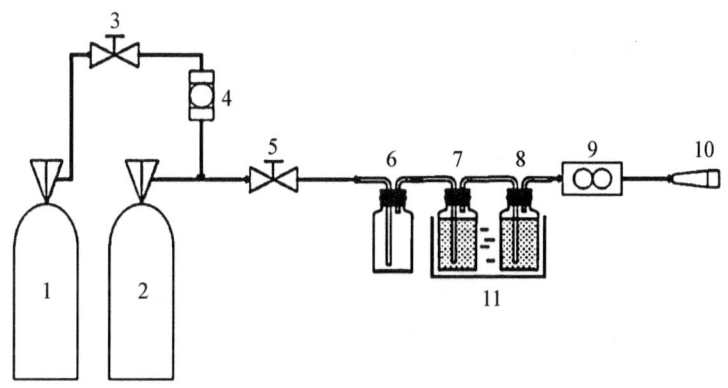

**图 3-2 不溶于水的气体样品吸收系统流程图**
说明：1—氮气钢瓶；2—样品气钢瓶；3—调压阀；4—颗粒过滤器；5—调压阀；6—缓冲瓶；
7—洗气瓶 A；8—洗气瓶 B；9—湿式流量计；10—排气口；11—冰水浴

2.2 样品的吸收

待测样品经减压后吸收。

对于不溶于水的气体样品，用 5+95 的硝酸溶液作为吸收液，调节样品气流量为 0.5 L/min，通气量应不低于 60 L，由湿式气体流量计计量。若样品气中金属含量较低，则适当增加通气量。

对于在水中溶解度较大的气体样品，如氨、氯化氢等，直接采用纯水作为吸收液，形成以氨水、盐酸等为基体的待测溶液。应调节样品气流量，保证样品气被吸收液充分吸收，记录吸收的样品气质量。

2.3 吸收液的保存

采样完毕的吸收液应倒入 PFA 材质的试剂瓶中保存，尽快分析测定。

2.4 吸收液的处理

对于不溶于水的气体样品，吸收样品后的硝酸溶液可以直接进样。

对于在水中溶解度较大的气体样品,如果采样后基体溶液浓度高于5%或产生基体效应,将吸收液稀释到5%或者稀释到没有基体效应后再进样。

3. 测定

3.1 工作曲线的绘制

分别移取 0、0.10、0.20、0.50、1.00 mL 多元素混合标准溶液置于 5 个洁净的 100 mL 的 PFA 容量瓶中,用 9+95 的硝酸溶液定容至刻度,混匀。此系列标准溶液 1 mL 含各金属元素分别为 0.0、1.0、2.0、5.0、10.0 ng,待仪器稳定后测定工作曲线。线性方程的线性相关系数应不小于 0.99。

3.2 样品的测定

将空白溶液、吸收样品后的溶液按制作工作曲线的步骤进行测定操作,采用工作曲线法对各金属元素进行定量。

## 五、分析结果的数据处理

1. 吸收液中金属元素含量的计算

采用标准曲线法,吸收液中各金属元素含量按式(3-3)计算:

$$c_i = \frac{Y_i - a}{b} \qquad (3-3)$$

式中:

$c_i$——吸收液中金属元素 $i$ 的含量,单位为 μg/g;

$Y_i$——吸收液中金属元素 $i$ 响应值的平均值;

$a$——曲线截距;

$b$——曲线斜率。

2. 不溶于水的气体样品测定结果的计算

2.1 试样体积的计算

试样体积利用式(3-4)计算:

$$V = \frac{p_1 \times 293.1}{101.3(273.1 + T_1)} \times V_1 \qquad (3-4)$$

式中:

$V$——20 ℃,101.325 kPa 的试样体积的数值,单位为 L;

$p_1$——吸收时大气压力的数值,单位为 kPa;

$T_1$——吸收时温度的数值,单位为 ℃;

$V_1$——吸收的气体样品量,单位为 L。

2.2 结果计算

利用式(3-5)计算气体中各金属元素的含量 $c_i$

$$c_i = \frac{[(c_1 - c_0) \times m_1 + (c_2 - c_0) \times m_2]}{V} \qquad (3-5)$$

式中：

$c_i$——气体中各金属元素含量，单位为 μg/L；
$c_1$——第一瓶吸收液中各金属元素的浓度，单位为 μg/g；
$c_0$——空白溶液中各金属元素的浓度，单位为 μg/g；
$m_1$——第一瓶吸收液的质量，单位为 g；
$c_2$——第二瓶吸收液中各金属元素的浓度，单位为 μg/g；
$m_2$——第二瓶吸收液的质量，单位为 g；
$V$——气体采样量，单位为 L。

3. 在水中溶解度较大或易水解的气体样品测定结果的计算

3.1 试样吸收量的计算

试样吸收量利用式(3-6)计算：

$$m = m_4 - m_3 \tag{3-6}$$

式中：

$m$——通过气体吸收装置的试样气体的质量，单位为 g；
$m_4$——吸收系统的终止质量，单位为 g；
$m_3$——吸收系统的初始质量，单位为 g。

3.2 结果计算

利用式(3-7)计算气体中各金属元素的含量 $c_i$：

$$c_i = \frac{[(c_1 - c_0) \times m_1 + (c_2 - c_0) \times m_2] \times d}{m} \tag{3-7}$$

式中：

$d$——20 ℃，101.325 kPa 时待测气体的密度，单位为 g/L。

## 六、参考文献

[1] GB/T 34972—2017 电子工业用气体中金属含量的测定 电感耦合等离子体质谱法.

## 实验 3.4 谷物及其制品中钠、镁、钾、钙、铬、锰、铁、铜、锌、砷、硒、镉和铅的测定

### 一、实验目的

1. 掌握谷物及其制品的微波消解和高压消解方法；
2. 掌握谷物中一些微量元素和重金属的定量检测方法。

### 二、实验原理

试样消解液经雾化由载气导入等离子体(ICP)，在高温离子源内通过蒸发、解离、原子

化、电离等过程,转化为带正电荷的离子,离子经透镜系列到达质谱仪(MS),质谱仪根据质荷比进行分离,质谱信号强度(CPS)与进入质谱检测器的离子数成正比,即质谱的离子记数与试样溶液中待测元素的浓度成正比,通过测量质谱的离子记数来测定样品中元素的含量与标准系列比较——"内标法定量",计算出样品中待测元素的含量。

### 三、仪器与试剂

1. 仪器

电感耦合等离子体质谱仪(ICP-MS);分析天平:感量0.1 mg;微波消解仪:带聚四氟乙烯消解罐,具有控温或调压功能;高压消解罐;烘箱:控温120 ℃;样品粉碎设备:粉碎机、实验磨或匀浆机;实验筛:筛孔直径为0.45 mm;氩气(纯度≥99.99%)。

实验器皿:实验中的消解罐与玻璃器皿使用前需用硝酸溶液(1+4)浸泡过夜,用水反复冲洗后,再用二级水洗净晾干,方可使用。

2. 试剂

硝酸、过氧化氢均为优级纯;含有10 μg/mL的钪、锗、铟、铋混合内标溶液;无机元素混合标准储备液,其中钠、镁、铬、锰、铁、铜、锌、砷、镉的浓度为50 μg/mL,钾、钙、硒、铅的浓度为100 μg/mL;质谱调谐溶液,锂、钇、铊等混合质谱调谐溶液,质量浓度为10 μg/mL。

### 四、实验步骤

1. 溶液的配制

1.1 稀硝酸的配制:量取20 mL硝酸,缓缓加入980 mL水中,混匀。

1.2 混合内标溶液的配制:将质量浓度为10 μg/mL的混合内标溶液利用稀硝酸稀释成浓度为1.0 μg/mL的混合内标溶液。

1.3 无机元素混合标准使用液的配制:根据需要吸取适量的无机元素混合标准储备液,用稀硝酸逐级稀释成钠、镁、铬、锰、铁、铜、锌、砷、镉元素标准使用液的浓度为5.0 μg/mL,钾、钙、硒、铅标准使用液的浓度为10.0 μg/mL,现用现配。

1.4 无机元素混合标准系列工作液:准确吸取适量无机元素混合标准使用液,用稀硝酸溶液稀释配制成下表所列的各元素系列工作液的浓度,浓度见表3-5。

表3-5 混合标准系列工作液中各元素的浓度

| 元素 | 浓度/(μg/mL) | | | | | |
| --- | --- | --- | --- | --- | --- | --- |
| | 1 | 2 | 3 | 4 | 5 | 6 |
| Na | 0 | 0.25 | 0.50 | 1.0 | 2.0 | 5.0 |
| Mg | 0 | 0.25 | 0.50 | 1.0 | 2.0 | 5.0 |
| Cr | 0 | 0.005 | 0.010 | 0.020 | 0.050 | 0.10 |
| Mn | 0 | 0.05 | 0.10 | 0.20 | 0.50 | 1.0 |
| Fe | 0 | 0.05 | 0.10 | 0.20 | 0.50 | 1.0 |

续 表

| 元素 | 浓度/(μg/mL) | | | | | |
|---|---|---|---|---|---|---|
| | 1 | 2 | 3 | 4 | 5 | 6 |
| Cu | 0 | 0.005 | 0.010 | 0.020 | 0.050 | 0.10 |
| Zn | 0 | 0.05 | 0.10 | 0.20 | 0.50 | 1.0 |
| As | 0 | 0.005 | 0.010 | 0.020 | 0.050 | 0.10 |
| Cd | 0 | 0.005 | 0.010 | 0.020 | 0.050 | 0.10 |
| K | 0 | 0.5 | 1.0 | 2.0 | 4.0 | 10.0 |
| Ca | 0 | 0.5 | 1.0 | 2.0 | 4.0 | 10.0 |
| Se | 0 | 0.010 | 0.020 | 0.040 | 0.10 | 0.20 |
| Pb | 0 | 0.010 | 0.020 | 0.040 | 0.10 | 0.20 |

2. 试样的制备与保存

均匀扦取不少于 50 g 的试验样品，使用粉碎机或实验磨磨碎至全部通过试验筛，混匀后置于洁净的容器中，保存备用。

水分含量大于 60% 的谷物及其制品试样，用匀浆机充分匀浆，置于洁净容器中，0~4 ℃保存备用。

3. 试样的消解

3.1 微波消解法

称取试样 0.5~2 g(精确至 0.000 1 g，麦类、粗粮、稻类、豆类、薯类谷物及其制品试样最多取样量 2 g；高脂、高糖类谷物及其制品试样最多取样量 1 g)置于聚四氟乙烯内罐中，加入 5~7 mL 浓硝酸，浸泡 20 min，再加入 2~3 mL 过氧化氢，放置 10 min，盖上内盖，安装好保护套，将消解罐放入微波消解仪内，设置微波消解程序(试样微波消解条件参考表 3-6 和表 3-7，微波消解时应严格按照说明书使用微波消解仪)，开始消解试样。消解完全结束后，取出内罐，将内罐中的消解液用水少量多次洗涤并转移至 50 mL 容量瓶中，定容，混匀。同时做试剂空白测定。

表 3-6 麦类、粗粮、稻类、豆类、薯类谷物及其制品试样微波消解参考条件

| 步骤 | 功率/W | 百分比/% | 升温时间/min | 控制温度/℃ | 持续时间/min |
|---|---|---|---|---|---|
| 1 | 600 | 100 | 8 | 100 | 5 |
| 2 | 600 | 100 | 8 | 180 | 15 |

表 3-7 高脂、高糖类谷物及其制品试样微波消解参考条件

| 步骤 | 功率/W | 百分比/% | 升温时间/min | 控制温度/℃ | 持续时间/min |
|---|---|---|---|---|---|
| 1 | 600 | 100 | 8 | 100 | 5 |
| 2 | 600 | 100 | 5 | 150 | 5 |
| 3 | 600 | 100 | 8 | 190 | 15 |

3.2 高压消解罐消解法

称取试样 0.5~2 g(精确至 0.000 1 g,麦类、粗粮、稻类、豆类、薯类谷物及其制品试样最多取样量 2 g;高脂、高糖类谷物及其制品试样最多取样量 1 g)置于高压消解罐中,加入 5~7 mL 浓硝酸,浸泡 20 min,再加入 2~3 mL 过氧化氢,放置 10 min,拧上内盖,安装好消解罐外套,将消解罐放入烘箱内,烘箱温度保持 120 ℃(使用高压消解罐时应严格按照消解罐使用说明),开始消解试样。消解 180 min,冷却后取出内罐,将内罐中的消解液用水少量多次洗涤并转移至 50 mL 容量瓶中,定容,混匀。同时做试剂空白测定。

4. 试样的测定

4.1 仪器的操作

确定测定方法、选择干扰校正方程及测定元素,使用质谱调谐溶液和引入内标溶液调整 ICP-MS 仪器各项指标,使仪器灵敏度、氧化物、双电荷、分辨率等各项指标达到测定要求,仪器性能达到最佳分析状态。电感耦合等离子体质谱仪(ICP-MS)测定试样时的主要工作条件可参考表 3-8。

表 3-8　ICP-MS 仪器测定工作条件及参考值

| 条　件 | 参考值 | 条　件 | 参考值 |
| --- | --- | --- | --- |
| 冷却气流速 | 15.0 L/min | 采样深度 | 6.0 mm |
| 载气流速 | 1.15 L/min | 积分时间 | 0.3 s |
| 入射功率 | 1 300 W | 重复次数 | 3 |
| 雾化室温度 | 2.0 ℃ | 扫描方式 | 跳峰 |

4.2 标准曲线的绘制

按浓度递增顺序依次测定标准系列工作液空白、标准系列工作溶液中待测元素的信号强度 CPS,根据选取的同位素质量数、内标元素及其质量数,依据标准系列,输入浓度值,绘制标准曲线、计算回归方程。

注:校准(工作)曲线,标准系列回归曲线的线性相关系数应不小于 0.998。

4.3 试样的测定

分别进行测定试剂空白消解液、试样消解液和试样消解后的稀释液中待测元素的信号强度 CPS,根据标准曲线回归方程自动得出试样中待测元素的质量浓度。

## 五、分析结果的数据处理

试样中待测元素的含量利用式(3-8)进行计算:

$$X = \frac{(c - c_0) \times V \times f \times 1\,000}{m \times 1\,000} \tag{3-8}$$

式中:

　　$X$——试样中待测元素的含量,单位为 mg/kg;

　　$c$——试样消解溶液中待测元素的浓度,单位为 μg/mL;

　　$c_0$——试剂空白消解溶液中待测元素的浓度,单位为 μg/mL;

$V$——试样消解溶液的定容体积,单位为 mL;
$f$——试样消解溶液的稀释倍数;
$m$——试样质量,单位为 g。
取平行测定结果的算术平均值为测定结果,计算结果保留三位有效数字。

## 六、参考文献

[1] GB/T 35876—2018 谷物及其制品中钠、镁、钾、钙、铬、锰、铁、铜、锌、砷、硒、镉和铅的测定 电感耦合等离子体质谱法.

# 3.2 辉光放电质谱技术

## 一、简介

质谱法(mass spectrometry,MS)是采用不同离子化方式,将待测物电离形成带电离子,离子按质荷比($m/x$)分离、检测的方法。辉光放电质谱法(glow discharge mass spectrometry,GD-MS)利用辉光放电电离产生分析样品的离子,然后用质谱检测这些离子,实现对样品元素组成的定性和定量分析。GD-MS 具有固体直接测量、灵敏度高、检测限低(多数元素检测限可低至 μg/g~ng/g 级)、基体效应小、可分析元素多(所有元素,有些仪器不能测 H)、多元素同时测量、线性动态范围宽(超过 10 个数量级)等优点,这些特点使其成为固体材料,特别是高纯度无机材料纯度以及痕量杂质检测的重要手段。

GD-MS 是一种质谱方法,其原理、仪器构造、离子聚焦和分离、离子的探测等与其他质谱方法相比有相似的地方,但由于采用辉光放电离子源,又使它具有辉光放电源自身的特点。

## 二、定性分析

定性分析是用 GD-MS 确定被检测样品中某种元素是否存在。根据需要测量的元素,选择其天然丰度最大的同位素,在一定的质量范围内进行扫描,看相应的离子峰是否出现,以判别该元素是否能检出。

选择同位素时,应避免样品中可能存在的其他元素、放电气体及其杂质,以及它们形成的多原子离子、多电离离子可能的干扰。如果存在干扰,可选用天然丰度较小的同位素。对同一元素,如果有不同的同位素,在条件许可的情况下尽量都测量,以相互印证;如果放电气体或放电池的材料有干扰的,可以更换气体和用不同材质的放电池。

## 三、定量分析

GD-MS 定量分析是基于被测元素同位素的离子强度和其含量的关系。在进行定量分析之前,需要对测量的离子强度进行同位素丰度的校正以获得代表元素的离子强度。

若用 $X$ 代表被测元素，$I_X$ 代表元素 $X$ 的离子强度，则

$$I_X = I_{Xi} / A_{Xi}$$

式中，$I_{Xi}$ 为被测元素 $X$ 同位素的离子强度；$A_{Xi}$ 为被测元素 $X$ 同位素的丰度。若没有其他同位素，则元素的离子强度就是测得的离子强度（$A_{Xi}=1$）。

## 实验 3.5　高纯银化学分析方法——痕量杂质元素的测定

### 一、实验原理

试料作为阴极进行辉光放电，其表面原子被溅射而脱离试料进入辉光放电等离子体中，离子化后再被导入质谱仪中进行测定。在每一元素测定同位素处以预设的扫描点数和积分时间对相应谱峰积分，所得面积即为谱峰强度。在缺少标准样品时，计算机根据仪器软件中的"典型相对灵敏度因子"自动计算出各元素的质量分数；在有标准样品时，则需要通过在与被测样品相同的分析条件、离子源结构以及测试条件下标准样品进行独立测定获得相对灵敏度因子，应用该相对灵敏度因子计算出各元素的质量分数。各元素测定范围为 0.001～5.0 μg/g。

### 二、仪器与试剂

1. 仪器

辉光放电质谱仪，中分辨率模式下分辨率可达 3 000～4 000，高分辨率模式下分辨率可达 9 000～10 000。测定时要求同位素 $^{107}$Ag 的谱峰强度不小于 $5 \times 10^9$ cps，峰形符合分辨率要求。

粉末压片机能够将粉末样品压制成所需的几何形状，分析面应平坦光滑。车床能够将块状样品制备成所需的几何形状，分析面应平坦光滑。

2. 试剂与材料

无水乙醇，硝酸(1+1)，氩气(纯度≥99.999%)。

质量校正参比样品：在条件允许的情况下，应使用仪器自带质量校正样品对辉光放电质谱仪进行精确质量校正。

除非另有说明，试验中所用的试剂均为优级纯；所用的水为电阻率≥18 MΩ·cm$^{-1}$ 的一级水。

### 三、实验步骤

1. 试样

粉末样品选用合适的模具，经过压片机压片后制成尺寸符合设备工装要求能放入辉光放电离子源内并且能够稳定地进行辉光放电。

金属样品，试样尺寸符合设备工装要求能放入辉光放电离子源内并且能够稳定地进

行辉光放电。

2. 试样的预处理

将加工好的试样在测定前经硝酸(1+1)侵蚀 5 min 后,再用水和无水乙醇清洗至洁净,待干燥后备用。

3. 相对灵敏度因子的测定

使用质量校正参比样品得出各被测元素的相对灵敏度因子。

4. 测定

将试样装入辉光放电离子源中,根据基体谱峰强度和分辨率选择适当电流进行 10~15 min 的预溅射,以清除表面残存的试料污染。

将辉光放电离子源溅射参数调节到分析所需要的仪器条件,进行测量。同一溅射点连续采集的三个测量数据的精密度满足表 3-9 所列允许相对偏差的要求时,取其平均值作为测量结果。

表 3-9 相对偏差

| 分析含量范围 $\omega/(\mu g/g)$ | 允许相对偏差 $RD/\%$ |
| --- | --- |
| 1~5 | 200 |
| >5~20 | 150 |
| >20~60 | 100 |
| >60~200 | 70 |
| >200~600 | 50 |
| >600~2 000 | 40 |
| >2 000~5 000 | 30 |

## 四、分析结果的计算

1. 被测元素的含量计算

被测元素的含量以质量分数 $w_x$ 计,以 $\mu g/g$ 表示,按式(3-9)计算:

$$w_x = \frac{\mathrm{RSF}\left(\frac{x}{\mathrm{Ag}}\right) \cdot I_x \cdot A_{\mathrm{Ag}}}{I_{\mathrm{Ag}} \cdot A_x} \cdot w_{\mathrm{Ag}} \tag{3-9}$$

式中:

$w_x$——待测元素质量分数,单位为 $\mu g/g$;

$\mathrm{RSF}\left(\frac{x}{\mathrm{Ag}}\right)$——在辉光放电条件下测定 Ag 中 $x$ 元素的校正系数;

$I_x$——待测元素 $x$ 的同位素谱峰强度,cps;

$I_{\mathrm{Ag}}$——Ag 元素的同位素谱峰强度,cps;

$A_x$——待测元素 $x$ 的同位素丰度;

$A_{\mathrm{Ag}}$——Ag 元素的同位素丰度;

$w_{Ag}$——Ag 的质量分数定义为 $1.00×10^9$,单位为 $\mu g/g$。

2. 精密度

分析结果的相对偏差应该不大于表 3-9 所列相对偏差。

## 五、参考文献

[1] GB/T 36590—2018 高纯银化学分析方法 痕量杂质元素的测定 辉光放电质谱法.

# 实验 3.6　多晶硅　痕量元素化学分析

## 一、实验原理

在 GD-MS 仪器的放电池中,试样作为阴极。在放电池中导入氩气(或其他惰性气体),并在阴极和阳极间加一电位差,产生辉光放电(等离子体)。试样材料(单个原子和(或)原子团)经离子和电中性的粒子溅射后扩散进入等离子体中被离子化,形成的离子导出进入质量分析器。质量分析器将不同质荷比的离子分开,并将具有指定质荷比的离子传输到探测器。探测器以离子流形式测量,或用计数系统以计数形式测量,得到元素强度。

将待测元素对基体元素强度归一化,然后将归一化的强度同校正样品中相应元素的归一化强度进行比较,就可以得到待测元素的质量分数,这一过程通常由仪器所带软件完成。

本方法适用于多晶硅材料中除氢和惰性气体元素以外的其他杂质元素含量的测定,测量范围是本方法的检出限至 0.1%(质量分数),检出限根据所用仪器及测量条件确定。通过合适的标准样品校正,也可以测量质量分数大于 0.1% 的杂质元素含量。单晶硅材料中痕量杂质元素也可参照本标准测量。

## 二、仪器与试剂

1. 仪器

辉光放电质谱仪,超声波清洗器。将样品加工达到仪器测试要求的试样所需要的设备,包括切割机、压片机、抛光机等。其他样品处理设备,包括聚四氟乙烯塑料材质的烧杯、塑料管、塑料镊子等。

2. 试剂

硝酸($\rho=1.42$ g/mL)、氢氟酸($\rho=1.14$ g/mL)、异丙醇($\rho=0.784$ g/mL)均为光谱纯;钽片、铟(固体金属)纯度大于 99.999 9%;氩气和氮气纯度不低于 99.999%;铜丝和金丝纯度不低于 99.9%,直径约 1 mm。去离子符合 GB/T 6682—2008 规定的实验室用一级水。

## 三、实验步骤

1. 试样加工

将样品加工成仪器可以接受的试样。不同仪器的放电池对试样的几何形状和大小有不同的要求,一般可以在一定范围内变化。针状试样的粗细和长度、片状试样的大小和厚度都不是关键因素。因此,样品池的设计限定了试样的最大尺寸。能满足样品池的要求的试样都可以用于测量。以下几种方法一般适用于所有仪器:

a) 对于大块样品,直接切割成边长为 20 mm 的正方形,厚度约 2~3 mm 的片状试样,并将一面抛光。

b) 对于大块样品,也可以直接将其切割成截面为长和宽分别为 2~3 mm 的矩形,长度为 20 mm 的针状试样。

c) 对于粉末样品,可以将少量铟在聚四氟乙烯烧杯中水浴熔化,加入粉末样品,混合均匀后吸入内径为 3~5 mm 的聚四氟乙烯管成型为长度 20 mm 的针状试样。

d) 对于粉末或颗粒状样品,可以将样品铺在表面干净的钽片上,用一片大小合适的铟片覆盖样品,然后在铟片上再放一片钽片,用手适当加压,就能将样品压在铟片上,制成片状试样。

e) 将钽片制成截面长和宽分别为 2~3 mm 的矩形,长度为 20 mm,一面敞开的钽槽,将粉末或颗粒状样品填装入钽槽,就制成了针状试样。

注:由于方法 c)、d)和 e)需要用到样品以外的金属(铟或钽),可能引入额外的污染元素或干扰,因此对于以检验、验收、鉴定和质量控制等为目的的检测,应优先选用方法 a)和 b)。

2. 试棒清洗

除 e)方法制备的试样外,所有试样应按下述步骤清洗。按 e)方法制备试样时,在填装样品前钽槽也应按该步骤清洗。每个试样都应单独清洗。清洗的步骤如下:

a) 将试样置于烧杯中,加去离子水浸没试样,将烧杯置于超声波清洗器中,超声清洗至少 5 min,然后用镊子将试样取出,放入盛硝酸(1+9)的烧杯中浸洗 5~10 min。

b) 用镊子将试样取出,以去离子水冲洗 3 遍后,放入盛氢氟酸(1+4)的聚四氟乙烯塑料烧杯中浸洗 5~10 min。

c) 用镊子将试样取出,以去离子水冲洗 5 遍后,放入盛异丙醇的烧杯中,超声清洗至少 5 min。

d) 用镊子将试样取出,晾干,或氮气吹干。

注1:氢氟酸、硝酸具有挥发性和腐蚀性,实验操作要在通风橱中进行,并采用合适的安全防护措施。

注2:清洗后的试样尽快测量,如果试样清洗后在空气中放置超过 4 h,建议重新清洗。

3. 仪器准备

3.1 质量校正

对于连续测量的仪器,至少每 8 h 进行一次质量校正,在两次测量之间的间隔时间超过 8 h 的情况下,测量之前进行质量校正。用于质量校正的离子质荷比应覆盖仪器的测量范围。选择放电气体(如 Ar)、离子源部件材料(如 Ta)以及用于辅助导电的金属(如 In)的离子,以及它们形成的多原子离子,既能保证有足够的离子强度,又不需要另外使用校正试样。参见附录中的一些可以用于质量校正的离子。

### 3.2 峰形和分辨率的检查和调整

将铜丝和金丝绞成绳状,并剪下约 20 mm 长一段(可重复使用),用针状放电池,分别测量 $^{63}Cu^+$ 和 $^{197}Au^+$ 的峰,调整仪器参数,使质谱峰的形状正常,并保证在峰的离子强度足够高的情况下,分辨率不低于 3 500。

### 3.3 探测器交叉校正

如果用了不止一个探测器,要进行探测器的交叉校正。

### 3.4 气压监测

监测离子源和质量分析器中的气压。离子源中真空的下降,会因增加气体背景而引起谱线干扰增加。

## 4. 测量和分析

### 4.1 试样装载

将预处理好的试样按仪器制造商提供的操作手册装载好,并放入仪器。如需液氮冷却离子源时,通入液氮。当离子源室的真空度达到仪器操作手册规定的压力后可开始测量。

### 4.2 分析程序设定

设定一个分析程序,这一程序在不同的仪器软件中可能不同,但一般要设定质谱仪扫描或数据采集的方式,包括:选择待测元素的同位素、每个同位素的测量积分时间、指定用于储存实测样品数据的文件、选择校正以适合分析(设定相对灵敏度因子、校正样品等)、定义数据采集所需的其他仪器参数,如校正文件等。

### 4.3 放电参数和同位素的选择

一旦确定合适的放电参数和同位素后,所有测试(标准样品、校准样品、质控样品、未知样)都应在相同条件下进行测量。

直流离子源可以在不同模式下工作,包括:

a) 电流恒定,通过调节放电气体压力来调节电压;

b) 电压恒定,通过调节放电气体压力来调节电流。

选择工作模式,调整气压以得到所期望的电流和电位,或者调整电位以得到所期望的电流和气压。

用仪器制造商推荐的测量条件建立放电参数。当采用铟作为辅助导电材料时,应用液氮冷却,防止试样熔化。

当放电条件确定后,应优化离子流,以确保得到满意的离子强度。通常是选用一个基体的同位素,调整电压和电流,直到获得所需的信号强度。

根据测定要求,选择相应元素的一个同位素用于测量。对于有多种同位素的元素,通常应选择丰度最大的同位素。然而,在干扰存在时,则选择没有干扰或干扰较小的其他同位素。

在放电气体 Ar 中如果存在一种金属元素 M,离子化后主要产生单电荷离子 $M^+$ 和 $Ar^+$,并伴有一些双原子的 $M_2^+$ 和 $Ar_2^+$ 的存在。多重电离氩离子,如 $Ar^{2+}$ 和 $Ar^{3+}$ 及类似离子通常也会出现。对第二电离势低的金属,$M^{2+}$ 更多。金属和氩结合生成的离子,如 $MAr^+$ 和 $MAr_2^+$ 也会出现。一般来说,越复杂的离子相对越少。

气体中的杂质,如氮、氧、碳氢化合物和水会导致干扰离子的产生,例如 $CO^+$、$CO_2^+$、$H_3O^+$、$ArO^+$、$ArC^+$、$ArCO^+$、$ArH^+$、$MO^+$ 和 $MH^+$ 等。低温冷却放电池能减少这些干扰离子的产生。

4.4 预溅射

开始测试后,在正式记录测试数据前,应进行预溅射,以除去试样表面可能存在的污染。预溅射时间与以下元素有关:

a) 制样方式;
b) 试样的组成;
c) 需测定的元素;
d) 分析所需的灵敏度。

注:对深度分析,一般不做预溅射。

4.5 离子强度的测量

预溅射后,对所有选定同位素进行离子流强度的测量。需要分别测量峰的强度 $I_p$(峰的积分面积)和本底强度 $I_b$,并计算出扣除本底后的净强度 $I$($I = I_p - I_b$),该强度用于数据分析计算。

## 四、实验数据分析

1. 测量数据处理

数据分析通常由仪器所带软件自动完成。元素质量分数的计算通常如下进行:

a) 对于测量的每一个同位素,根据所用离子探测器,进行积分时间和(或)离子传输效率的校正。

b) 根据同位素丰度进行校正,以给出相应元素的离子强度。

c) 计算每个元素的离子束比(IBR),即被测元素的离子强度与基体元素的离子强度之比。IBR 可近似认为是该元素相对于基体元素的质量分数。

d) 更准确的定量分析可利用相对灵敏度因子(RSF)来计算得到。一般仪器软件中有一个相对灵敏度因子(RSF)数据库,可用于所有样品的分析。利用和待测样基体相似的标准样品测量 RSF,或利用校正曲线测量,可以提高分析准确度。

2. 用相对灵敏度因子测量

对于一台给定的 GD-MS 仪器,用感兴趣元素含量已知的多晶硅试样(如有证标准物质)测量相应元素在多晶硅基体中的相对灵敏度因子(RSF),然后用测量的 RSF 进行定量分析,可以使定量分析更加准确。元素 $x$ 的质量分数按式(3-10)计算:

$$\omega_{x/Si} = RSF_{x/Si} \times IBR_{x/Si} \tag{3-10}$$

式中:

$\omega_{x/Si}$ ——多晶硅试样中元素 $x$ 的质量分数;
$RSF_{x/Si}$ ——Si 基体中元素 $x$ 的 RSF 值;
$IBR_{x/Si}$ ——Si 基体中元素 $x$ 的离子束比。

在多晶硅这样单元素基体的情况下,基体元素的 RSF 往往设定为 1(即 $RSF_{Si/Si} = 1$)。

也可以将一种非基体元素(通常是Fe)的RSF设定为1(即$RSF_{Fe/Si}=1$)。GD-MS仪器制造商提供的RSF值,通常是$RSF_{Fe}=1$时的RSF值。此时,试样中元素$x$的质量分数按式(3-11)计算:

$$\omega_x = RSF_x \times IBR_x \tag{3-11}$$

式中:

$\omega_x$——元素$x$的质量分数;

$RSF_x$——元素$x$的RSF值;

$IBR_x$——元素$x$相对于Fe的离子束比。

### 3. 用校正曲线测量

用$n$个校正样(感兴趣元素含量已知的多晶硅试样)在相同条件下测量待测元素的离子强度$I$(扣除背景后的强度),然后用最小二乘法拟合得到元素质量分数$w$和$I$之间的直线,即校正曲线,如式(3-12):

$$w = a + bI \tag{3-12}$$

式中:

$a$——直线截距;

$b$——直线斜率。

建立校正曲线后,对于未知样中的待测元素$x$,只要在相同条件下测量其离子强度$I_x$,就可以根据校正曲线计算出其质量分数$w_x$。校正样的个数一般要$n \geq 3$。

注:如果可能,校正样应是有证参考物质,或校正样中感兴趣元素的质量分数经公认的化学分析方法确定。

## 五、参考文献

[1] GB/T 33236—2016 多晶硅 痕量元素化学分析 辉光放电质谱法.

# 实验3.7 太阳能级硅中痕量元素的测试

## 一、实验原理

将试样安装到辉光放电质谱仪的样品室中作为阴极进行辉光放电,其表面原子被惰性气体(例如:高纯氩气)在高电压下产生的离子撞击发生溅射,试样溅射产生的原子扩散至等离子体中离子化后被导入质谱仪,质谱仪根据质荷比将不同离子分离开,最后由离子检测器进行检测并计数。在每一待测元素选择的同位素质量数处以预设的仪器工作参数(例如:扫描点数和积分时间)对相应谱峰积分,所得面积即为谱峰强度。进行半定量分析时,控制仪器操作的计算机根据仪器软件中的"典型相对灵敏度因子"自动计算出各元素的质量分数;进行定量分析时,通过在与被测试样相同的分析条件、离子源结构以及测试条件下对标准样品进行独立测定获得相对灵敏度因子，应用该相对灵敏度因子计算出各元素的质量分数。

本方法适用于太阳能级硅材料中痕量元素的测定，其中铁(Fe)、铬(Cr)、镍(Ni)、铜(Cu)、锌(Zn)、硼(B)、磷(P)、钙(Ca)、钠(Na)、镁(Mg)、铝(Al)、砷(As)、钪(Sc)、钛(Ti)、钒(V)、锰(Mn)、钴(Co)、镓(Ga)等元素的测定范围为 $5\ \mu g/kg \sim 50\ mg/kg$，本方法适用于分析多种物理形态的以及添加任何种类和浓度掺杂剂的硅材料，例如多晶硅粉末、颗粒、块、锭、片和单晶硅棒、块、片等。

## 二、仪器与试剂

1. 仪器

辉光放电质谱仪，质量分辨率大于 3 500。

制样设备：能够将试样加工成满足仪器要求的形状和大小，并使其具有平坦光滑的表面，包括切割机、压片机、磨抛机、超声清洗机等。

2. 试剂

硝酸($\rho=1.42\ g/mL$)、氢氟酸($\rho=1.14\ g/mL$)、异丙醇($\rho=0.784\ g/mL$)均为光谱纯；硝酸溶液(1+9)；氢氟酸溶液(1+4)；氩气和氮气纯度不低于 99.99%；铜丝和金丝纯度不低于 99.9%，直径约 1 mm。去离子水符合 GB/T 6682—2008 规定的实验室用二级水。

仪器检测器校正标准样品：高纯钽材料或其他材料(例如硅材料)，能使仪器产生同时位于不同检测器线性动态范围内的稳定信号，用于在相同分析中使用不同的离子收集器测量离子流的情况下检定高分辨率辉光放电质谱仪检测系统的离子计数效率。

质量校正标准样品：已知化学成分的黄铜合金材料，用于对辉光放电质谱仪进行精确质量校正。

硅标准样品：可以量值溯源的均质的纯硅材料或其他硅基材料(例如各种硅化物)，用于获得各种被测元素的高质量分辨率辉光放电质谱法相对灵敏度因子。

控制样品：已知被测元素含量且与试样具有相同的规格和结构。

## 三、实验步骤

1. 试样加工

将试样加工成适合仪器分析要求的片状或棒状样品。

2. 试样清洗

在安装到辉光放电离子源中之前应单独清洁每个试样，去掉所有玷污而不改变试样表面的成分。例如，用磨片机处理成型的片状试样，可采用的处理方法为：

a) 分别用去离子水和硝酸溶液(1+9)清洗试样，去除表面加工带来的玷污；

b) 分别用去离子水和氢氟酸溶液(1+4)清洗试样，去除试样的表面顶层；

c) 分别用去离子水和异丙醇清洗试样；

d) 用氩气或氮气吹试样。

注：为了避免玷污样品，清洗用的容器以及夹取样品的镊子均由聚四氟乙烯(PTFE)或类似不被氢氟酸腐蚀的聚合物材料制成。

3. 仪器准备工作

3.1 质量校正:使用黄铜标准样品对辉光放电质谱仪进行精确质量校正,确定质量峰的位置。

3.2 将辉光放电质谱仪调节到分析所需的质量分辨能力和合适的质量峰形状。

3.3 若该仪器在相同分析中使用不同的离子收集器测量离子流,则需要用仪器检测器校正标准样品测定每个检测器相对于其他检测器的测量效率以确保检测系统性能正常。

4. 样品测定

4.1 空白样品

选择一个纯度极高的硅材料作为空白样品,确定分析中的背景贡献部分,其相关元素的含量(空白值)应低于辉光放电质谱法的检出限值。

4.2 半定量分析

建立一个适用于高质量分辨率辉光放电质谱分析的数据采集方案(DAP)。该方案建议包括但不限于附录表1中所列元素同位素的测量。

a) 离子流积分时间应达到所期望的精度和检出限值;

b) 为确定质量干扰,需要测量被测元素质量峰的质量范围。

试样清洁完毕后,应迅速装载到辉光放电离子源中,并使试样的清洁表面在实验室环境的暴露最小化。将制备好的试样装入到高分辨率辉光放电质谱仪离子源中,并在预分析溅射条件下开启辉光放电。在数据采集前,应将辉光放电等离子体中的试样表面溅射蚀刻适当的时间,以确保试样表面的清洁度和保持试样完整性。

在预分析溅射之后,将辉光放电离子源溅射条件调节到分析所需要的条件(如果需要),进行试样测试。

4.3 定量分析

4.3.1 确定相对灵敏度因子

对硅标准样品进行试验测定相对灵敏度因子,选择附录表1中所列的同位素。如果可能,硅标准样品中每个被测元素的质量分数至少应比检出限值大10倍并且小于10 mg/kg。

对硅标准样品的测定应不少于4次,当连续4次的测定数据满足表2要求时,取4次测定数据的平均值,按式(3-13)计算相对灵敏度因子(RSF)。

$$\mathrm{RSF}(X/\mathrm{Si}) = \frac{\omega(X) \times A(X_i) \times I(\mathrm{Si}_j)}{\omega(\mathrm{Si}) \times A(\mathrm{Si}_j) \times I(X_i)} \qquad (3-13)$$

式中:

$\mathrm{RSF}(X/\mathrm{Si})$——在特定辉光放电条件下测定 Si 中元素 $X$ 的相对灵敏度因子;

$\omega(X)$——元素 $X$ 的质量分数,单位为 $\mu\mathrm{g/kg}$;

$A(X_i)$——元素 $X$ 的 $i$ 同位素丰度;

$I(\mathrm{Si}_j)$——元素 Si 的 $j$ 同位素峰强度;

$\omega(\mathrm{Si})$——基体元素 Si 的质量分数定义为 $1.00 \times 10^9$,单位为 $\mu\mathrm{g/kg}$;

$A(\mathrm{Si}_j)$——基体元素 Si 的 $j$ 同位素丰度;

$I(X_i)$——元素 $X$ 的 $i$ 同位素峰强度。

4.3.2 试样测定

在与确定相对灵敏度因子相同的分析条件下测定试样中的痕量元素含量。试样中痕量元素含量测定应不少于 3 次，取该 3 次测定数据的平均值。

## 四、实验结果计算

试样中被测元素 $X$ 的含量（质量分数）按式（3-14）计算：

$$w(X) = \frac{\text{RSF}(X/\text{Si}) \times A(\text{Si}_j) \times I(X_i) \times \omega(\text{Si})}{A(X_i) \times I(\text{Si}_j)} \quad (3-14)$$

式中：

$\omega(X)$ ——试样中被测元素 X 的质量分数，单位为 μg/kg；

$\text{RSF}(X/\text{Si})$ ——在特定辉光放电条件下测定 Si 中元素 $X$ 的相对灵敏度因子；

$A(\text{Si}_j)$ ——基体元素 Si 的 $j$ 同位素丰度；

$I(X_i)$ ——元素 $X$ 的 $i$ 同位素峰强度；

$\omega(\text{Si})$ ——基体元素 Si 的质量分数定义为 $1.00 \times 10^9$，单位为 μg/kg；

$A(X_i)$ ——元素 $X$ 的 $i$ 同位素丰度；

$I(\text{Si}_j)$ ——元素 Si 的 $j$ 同位素峰强度。

注：式（3-13）和式（3-14）中的同位素谱强度一般用每秒计数（cps）表示。

## 五、参考文献

[1] GB/T 32651—2016 采用高质量分辨率辉光放电质谱法测量太阳能级硅中痕量元素的测试方法.

# 实验 3.8　钌粉化学分析方法——铅、铁、镍、铝、铜、银、金、铂、铱、钯、铑、硅含量的测定

## 一、实验原理

采用粉末压片法制备试样，样品作为辉光放电电源的阴极，样品（阴极）的原子在氩离子的撞击下，从样品上被剥离下来（阴极溅射），进入等离子体，通过电子碰撞和彭宁碰撞变成正离子。正离子通过离子源的出口被加速后进入质谱仪，质谱仪根据荷质比和离子强度进行分析。

本方法适用于钌粉中的铅、铁、镍、铝、铜、银、金、铂、铱、钯、铑、硅含量的测定。

## 二、仪器与试剂

1. 仪器

压样机（额定压力不小于 15 MPa）；辉光放电质谱仪，为保证仪器的工作状态，必须满足以下条件：仪器分析器的高真空须小于 $5 \times 10^{-7}$ mbar，前级真空须小于 $1 \times 10^{-3}$ mbar；

样品与样品支架传热良好,冷却温度设定在 15 ℃;仪器在测试前应处于良好的质量校正和法拉第检测器校正状态;通过调节放电参数、气体压力及透镜电压等,以获得良好的峰形、分辨率和不小于 $5×10^7$ cps 的 $^{102}$Ru 基体信号。

表 3-10  ELEMENT GD 工作参数

| 放电电流 | 23.1 mA | 高分辨控制压力 | 5.66 bar |
|---|---|---|---|
| 放电电压 | ≤1 200 V | 提取电压 | −2 000 V |
| 辉光气体流量 | 359 mL/min | 聚焦电压 | −941 V |
| 源室真空 | $9.65×10^{-3}$ mbar | X 方向聚焦电压 | −10.22 V |
| 前级真空 | $2.31×10^{-4}$ mbar | Y 方向聚焦电压 | 6.18 V |
| 高真空 | $3.26×10^{-5}$ mbar | 整形电压 | 140 V |
| 低分辨控制压力 | 2.93 bar | 滤质透镜电压 | 4.00 V |

注:仪器参数因检测器状况、更换透镜等原因,不能做到在以后的每次测量中能够保持一致,表格中的工作参数可以作为示例参数。

2. 试剂

无水乙醇(分析纯),纯氩,高纯氩。

### 三、实验步骤

1. 制样

预先用无水乙醇清洗并风干压样机的制片模具钢环中与样品接触部分,然后称取 5~10 g 样品,置于制片模具钢环中,启动压样机,在 15 MPa 的压力下至少保持 3 min,取出压片。

2. 测定

将试样装入辉光放电质谱仪上的样品试样夹,采用适当的仪器工作条件,先进行样品预射,待测元素信号稳定后进行样品分析。

### 四、实验结果计算

按式(3-15)计算所测元素的质量分数,以%表示,结果保留两位有效数字。

$$w(\%) = w_0 × 10^{-9} × 100 \quad (3-15)$$

式中:

$w$——分别为铅、铁、镍、铝、铜、银、金、铂、铱、钯、铑、硅的质量分数(以%表示);

$w_0$——仪器给出所测样品中元素的浓度,单位为 ng/g。

### 五、参考文献

[1] GB/T 23275—2009 钌粉化学分析方法 铅、铁、镍、铝、铜、银、金、铂、铱、钯、铑、硅量的测定 辉光放电质谱法.

# 第 4 章 荧光光谱技术

原子荧光光谱法(Atomic Fluorescence Spectrometry, AFS)是利用蒸气相中待测元素的基态原子吸收光源辐射之后激发出具有荧光的特征谱线,其吸收和再激发的辐射波长可以相同(共振荧光),也可以不同(非共振荧光),再根据特征谱线辐射的强度来确定该元素含量的一种光谱分析方法。

原子荧光作为一种仪器分析方法是由 20 世纪 60 年代初期提出原子荧光分析技术后发展起来的,真正得到实际应用的是 1964 年以后。从理论原理上说,原子荧光光谱法分析对象与原子吸收光谱法和原子发射光谱法相同,可以进行数十种元素的定量分析。

## 4.1 原子荧光光谱技术

### 一、原子荧光的基本原理

1. 原子荧光的产生

气态自由原子吸收特征辐射后跃迁到较高能级,然后又跃迁回到基态或较低能级。同时发射出与原激发辐射波长相同或不同的辐射即原子荧光。原子荧光为光致发光,二次发光或激发光源停止时,再发射过程立即停止。

2. 原子荧光的类型

(1) 共振原子荧光:指气态基态原子吸收共振辐射后,再发射与吸收共振线波长相同的光,这种光为共振荧光。共振跃迁几率大,因而共振荧光强度最大。

(2) 非共振原子荧光:激发辐射的波长与被激原子发射的荧光波长不相同时产生的荧光称为非共振荧光。荧光波长大于激发波长的荧光称为斯托克斯荧光(stokes);荧光波长小于激发波长的荧光称为反斯托克斯荧光(anti-stokes)。

(3) 敏化原子荧光:敏化荧光又称诱导荧光。物质 B 本身不能直接激发产生荧光,但当物质 A 存在时,受光激发形成激发态($A^*$),通过碰撞将其部分或全部能量转移给物质 B,使 B 激发到激发态($B^*$),当其以辐射光子形式去激回到较低能态或基态所发射的荧光。

在以上各种类型的原子荧光中,共振荧光强度最大,最为常用。

3. 原子荧光的强度与浓度的关系

$$I_f = \varphi \cdot I_a = \varphi \cdot A \cdot I_0 \cdot \varepsilon \cdot l \cdot n = K \cdot c$$

$I_f$——荧光强度

$\varphi$——荧光量子效率

$I_a$——吸收光的强度

$A$——有效面积

$I_0$——单位面积上光的强度

$l$——吸收光程长

$n$——基态原子数

$\varepsilon$——峰值吸收系数

4. 量子效率与荧光猝灭

（1）量子效率

$$\varphi = \varphi_f/\varphi_A$$

$\varphi_f$——单位时间时内发射的荧光光子数

$\varphi_A$——单位时间内吸收激发光的光子数

$\varphi$——一般小于1，在原子荧光光谱分析法中力求 $\varphi$ 接近于1

（2）荧光猝灭

受激原子和其他粒子碰撞，把一部分能量变成热运动与其他形式的能量，因而发生无辐射的去激发过程。

$$A^* + B = A + B + \Delta H$$

实验表明：$CO_2$，$CO$，$N_2$，$O_2$ 作用截面大，易产生荧光猝灭效应，惰性气体氦、氩不易产生猝灭效应。可用氩气来稀释火焰，减小猝灭现象。

## 二、氢化物发生-原子荧光法的测定原理

在一定实验条件下，荧光强度与被测元素的浓度成正比，据此可以进行定量分析。酸化过的样品溶液中的待测元素（砷、铅、锑、汞等）与还原剂（一般为硼氢化钾或钠）在氢化物发生系统中反应生成气态氢化物，用 $EH_n$ 表示，式中 E 代表待测元素。过量氢气和气态氢化物与载气（氩气）混合，进入原子化器，氢气和氩气在可形成氩氢火焰，使待测元素原子化。待测元素的激发光源（一般为空芯阴极灯或无极放电灯）发射的特征谱线通过聚焦，激发氩氢焰中待测物原子，得到的荧光信号被光电倍增管接收，然后经放大、解调，得到荧光强度信号，荧光强度与被测元素的浓度一定条件下成正比，据此可以进行定量分析。

能产生原子荧光的元素20多种，能用氢化物发生-原子荧光法测定的元素目前只有11种：汞（Hg），砷（As），硒（Se），锑（Sb），铋（Bi），碲（Te），锡（Sn），锗（Ge），铅（Pb），锌（Zn），镉（Cd），检测浓度在微克级。对于汞，比较特殊，水中的汞被硼氢化钾还原为汞单质，并不生成氢化物，因此可以用冷原子荧光法检测。氢化物发生-原子荧光法可以实现冷原子荧光的检测方法。通常一个元素只有一个价态易生成氢化物。

氢化物形成的化学反应

$$NaBH_4 + 3H_2O + HCl \longrightarrow H_3BO_3 + NaCl + 8H \cdot$$

$$8H \cdot + E^{m+} \longrightarrow EH_n \uparrow + H_2 \uparrow (过剩)$$

## 三、原子荧光光谱仪

原子荧光分析仪分为非色散型原子荧光分析仪与色散型原子荧光分析仪。这两类仪器的结构基本相似,差别在于单色器部分,也就是对生成的荧光是否进行分光。

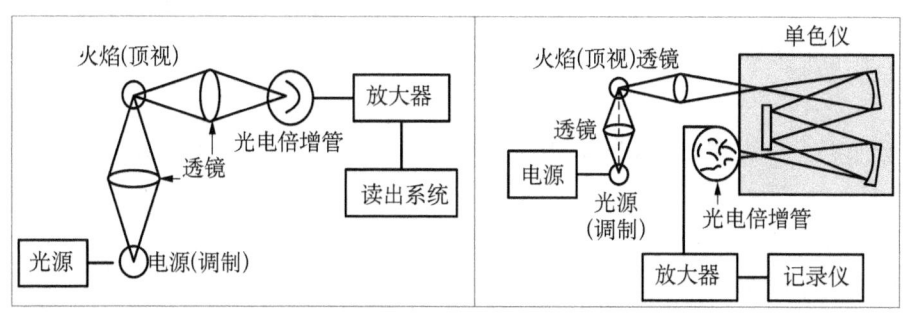

(a) 非色散型　　　　　　(b) 色散型

**图 4-1　原子荧光光谱仪结构示意图**

1. 激发光源

空心阴极灯,高性能(双阴极)空心阴极灯,无极放电灯,激光。目前,商业化的原子荧光仪用的基本都是空心阴极灯。原子荧光仪用的是特制的高强度灯,与原子吸收仪所用空心阴极灯有所不同。

2. 原子化器

分为火焰原子化器和无火焰原子化器。商品仪器中采用的是氩氢火焰原子化器,可以直接利用硼氢化钾(钠)与酸性溶液反应产生的蒸气和氢气,由载气(Ar)导入开口式的石英炉原子化器,点燃形成氩氢火焰。石英管原子化器是利用盘绕在石英原子化炉芯口上的细电热丝点燃氢气和氢化物的混合物,形成炬状火焰。特点是结构简单、记忆效应小、使用寿命长、原子化效率高。

3. 光学系统

光学系统的作用是充分利用激发光源的能量和接收有用的荧光信号,减少和除去杂散光。色散系统对分辨能力要求不高,但要求有较大的集光本领,常用的色散元件是光栅。非色散型仪器的滤光器用来分离分析线和邻近谱线,降低背景。非色散型仪器的优点是照明立体角大,光谱通带宽,集光本领大,荧光信号强度大,仪器结构简单,操作方便。缺点是散射光的影响大。

4. 检测系统

包括光电信号的转换及电信号的测量。光电信号转化器件有光电倍增管等。电信号测量器件包括前置放大器、主放大器、积分器和 A/D 转换电路等。

## 四、原子荧光法的应用

经过 40 多年的发展和完善,特别是 HG 进样技术与 AFS 相结合后,原子荧光光谱法已经被较好地应用于 As、Sb、Bi、Ge、Se、Te、Sn、Hg、Cd、Pb、Zn 十一种元素的痕量分析,受到越来越多的重视和研究,并成为无机元素分析的重要方法之一。目前我国在原子荧光技术应用领域已经建立了40多项国家和行业标准,使AFS在食品、卫生、农业、纺织、环保、医学、地质、石化、冶金等诸多领域得到广泛应用。

参考文献：

［1］武汉大学.分析化学(下册)(第五版).北京:高等教育出版社,2014.

［2］袁存光,祝优珍,田晶,唐意红.现代仪器分析.北京:化学工业出版社,2012.

［3］刘志广.仪器分析.高等教育出版社.北京:高等教育出版社,2007.

# 实验4.1 玩具材料中可迁移元素砷、锑、硒、汞的测定

## 一、实验目的

1. 了解检测玩具材料中可迁移元素砷、锑、硒、汞的意义；
2. 了解原子荧光光谱法的原理；
3. 掌握测定砷、锑、硒、汞元素的前处理方法；
4. 学会原子荧光光谱仪的使用。

## 二、实验原理

砷、锑、硒、汞都是有毒害的元素,当人体摄入过量的时候,会对健康造成危害。市售玩具材料中对砷、锑、硒、汞的含量都有所要求,如果超过一定含量,在使用过程中所产生的迁移和释放会对儿童的健康产生很大的侵害。国标中要求砷、锑、硒元素的方法检出限为0.1 mg/kg,汞元素的方法检出限为0.02 mg/kg。

在实验中,测定砷、锑元素时,加硫脲-抗坏血酸将提取溶液中砷、锑预还原为适合氢化物发生的价态；再加硼氢化钾使其还原成砷、锑氢化物。经处理的待测溶液由载气带入原子化器中并在高温下分解为原子态砷、锑。在空心阴极灯激发下,各元素原子产生荧光,其荧光强度与测定元素含量成正比,对照标准曲线确定砷、锑含量。

测定硒元素时,加浓盐酸将提取溶液中硒预还原为适合氢化物发生的价态,再加硼氢化钾使其还原成硒氢化物。经处理的待测溶液由载气带入原子化器中并在高温下分解为原子态硒。在空心阴极灯激发下硒元素原子产生荧光,其荧光强度与测定元素含量成正比,对照标准曲线确定硒含量。

测定汞时,加硼氢化钾使其还原为原子态汞,由载气带入原子化器直接检测。在空心阴极灯激发下,汞元素原子产生荧光,其荧光强度与测定元素含量成正比,对照标准曲线确定汞含量。

## 三、仪器和试剂

1. 仪器

无色散原子荧光光谱仪,配氢化物发生器；空心阴极灯：空心阴极砷灯、锑灯、硒灯和汞灯。

2. 试剂

所有试剂均为优级纯。水应符合 GB/T 6682 规定的一级水的要求。

盐酸(质量分数为 37%);盐酸溶液$(0.070\pm0.005)$ mol/L;盐酸溶液(5+95);硼氢化钾溶液(10 g/L,当日使用);氢化钾溶液(0.5 g/L,当日使用);硫脲-抗坏血酸混合液(0.5 g/L,当日使用);100 mg/L 砷标准储备溶液,100 mg/L 锑标准储备溶液,100 mg/L 硒标准储备溶液,100 mg/L 汞标准储备溶液。

## 四、实验步骤

1. 标准溶液的配置

1.1 20 μg/L 砷、锑、硒标准溶液

吸取 1.0 mL 砷(锑/硒)标准储备溶液于 100 mL 容量瓶中,用盐酸溶液(5+95)稀释至刻度,摇匀,得到浓度为 1.0 mg/L 的砷(锑/硒)标准溶液。再吸取 1.0 mg/L 砷(锑/硒)的标准溶液 2.0 mL 置于 100 mL 容量瓶中,用盐酸溶液(5+95)稀释至刻度。当日使用。

1.2 2 μg/L 汞标准溶液

吸取 1.0 mL 汞标准储备溶液于 100 mL 容量瓶中,用盐酸溶液(5+95)稀释至刻度,摇匀,得到浓度为 1.0 mg/L 的汞标准溶液。再吸取 1.0 mg/L 的标准溶液 0.20 mL 置于 100 mL 容量瓶中,用盐酸溶液(5+95)稀释至刻度,得到 2 μg/L 的汞标准溶液。当日使用。

2. 系列标准工作溶液配制

2.1 分别吸取砷标准溶液 0.00、1.00、2.00、3.00、4.00、5.00 mL,依次加入 2.0 mL 硫脲-抗坏血酸混合液,0.5 mL 盐酸(37%),用水定容至 10.00 mL,混匀后静置 30 min,制成浓度为 0、2.0、4.0、6.0、8.0、10.0 μg/L 的砷标准系列溶液。

2.2 分别吸取锑标准溶液 0.00、1.00、2.00、3.00、4.00、5.00 mL,依次加入 2.0 mL 硫脲-抗坏血酸混合液,0.5 mL 盐酸(37%),用水定容至 10.00 mL,混匀后静置 30 min,制成浓度为 0、2.0、4.0、6.0、8.0、10.0 μg/L 的砷标准系列溶液。

2.3 分别吸取硒标准溶液 0.00、1.00、2.00、3.00、4.00、5.00 mL,加入 2.0 mL 盐酸(37%),摇匀,沸水浴加热 30 min,取下冷却,用水定容至 10.0 mL,摇匀,制成浓度为 0、2.0、4.0、6.0、8.0、10.0 μg/L 的砷标准系列溶液。

2.4 分别吸取汞标准溶液 0.00、1.00、2.00、3.00、4.00、5.00 mL,用盐酸溶液(5+95)定容至 10.0 mL,混匀,制成浓度为 0.00、0.20、0.40、0.60、0.80、1.00 μg/L 的汞标准系列溶液。

3. 试液的提取和制备

3.1 砷试液的制备

吸取 1.0~5.0 mL 提取液,依次加入 2.0 mL 硫脲-抗坏血酸混合液,0.5 mL 盐酸(37%),用水定容至 10.0 mL,摇匀后静置 30 min,待测。

3.2 锑试液制备

同砷试液。

3.3 硒试液制备

吸取 1.0～5.0 mL 提取液,加入 2.0 mL 盐酸(37%),摇匀,沸水浴加热 30 min,取下冷却,用水定容至 10.0 mL,摇匀,待测。

3.4 汞试液制备

吸取 1.0～5.0 mL 提取液,用盐酸溶液(5+95)定容至 10.0 mL,摇匀,待测。

4. 标准曲线的测定

仪器工作条件见表 4-1。

表 4-1 仪器工作条件

| 测定元素 | As | Sb | Se | Hg |
| --- | --- | --- | --- | --- |
| 光电倍增管负高压/V | 300 | 290 | 300 | 260 |
| 灯丝 | 点燃 | 点燃 | 点燃 | 不点燃 |
| 原子化器高度/mm | 8 | 8 | 8 | 10 |
| 总灯电流/mA | 60 | 70 | 80 | 15 |
| 辅助灯电流/mA | 30 | 35 | 40 | — |
| 载气流量/(mL/min) | 300 | 300 | 300 | 300 |
| 屏蔽气流量/(mL/min) | 800 | 900 | 900 | 800 |
| 进样方式 | 蠕动泵断续流动 | | | |
| 进样时间/s | 10 | | | |
| 读数时间/s | 10 | | | |
| 延迟时间/s | 2 | | | |
| 进样泵转速/(r/min) | 100 | | | |
| 测量方式 | 标准曲线 | | | |
| 读数方式 | 峰面积 | | | |
| 重复次数 | 1 | | | |

4.1 砷、锑和硒测定

以硼氢化钾溶液作为还原剂,同时以盐酸溶液(5+95)作为载流,在此条件下按浓度由低至高依次测定系列标准工作溶液的荧光强度,绘制标准曲线,各元素标准曲线的线性相关系数 $r \geqslant 0.995$。

4.2 汞测定

以硼氢化钾溶液作为还原剂,同时以盐酸溶液(5+95)作为载流,按浓度由低至高依次测定系列标准工作溶液的荧光强度,绘制标准曲线,标准曲线的线性相关系数 $r \geqslant 0.995$。

5. 样品溶液测定

在相同条件下测量试剂空白溶液和样品溶液。根据标准曲线和制备溶液的荧光强度值,仪器给出制备溶液中待测元素的浓度值。

若制备溶液中砷、锑、硒和汞的浓度超出标准曲线的线性范围,则应该对提取溶液用盐酸溶液(0.070±0.005 mol/L)进行适当稀释至标准曲线范围水平后再测定。

## 五、数据的记录和处理

试样中待测元素 $w$ 的含量,按式(4-1)计算:

$$w_i = \frac{(c_i - c_0) \times V \times f}{m \times 1\,000} \tag{4-1}$$

式中:

$w_i$——试样中可迁移砷、锑、硒、汞的含量(质量分数),单位为 mg/kg;
$c_i$——样品提取液中砷、锑、硒、汞的含量(质量分数),单位为 µg/L;
$c_0$——试剂空白液中砷、锑、硒、汞的含量(质量分数),单位为 µg/L;
$V$——提取液体积,单位为 mL;
$m$——样品质量,单位为 g;
$f$——试样的稀释倍数。
计算结果保留 3 位有效数字。

## 六、注意事项

1. 除另有规定外,标准储备溶液在常温(15~25 ℃)下,保存期为 6 个月,当出现浑浊、沉淀或有颜色变化等现象时,应重新配制/购买。
2. 配置砷、锑试液当实验室温度较低时,可能需要放置更长时间。
3. 经过还原处理后的试液应在当天检测。
4. 如果提取液的量不足,可以用盐酸溶液(5+95)进行适当的稀释。

## 七、参考文献

[1] GB/T 32603—2016 玩具材料中可迁移元素砷、锑、硒、汞的测定 原子荧光光谱法.

# 实验 4.2 水处理剂中砷和汞含量的测定

## 一、实验目的

1. 了解检测水处理剂中砷和汞含量的意义;
2. 了解原子荧光光谱法的原理;
3. 掌握测定砷和汞元素的前处理方法;
4. 学会原子荧光光谱仪的使用。

## 二、实验原理

水处理剂是指为了除去水中的大部分有害物质(如腐蚀物、金属离子、污垢及微生物等),得到符合要求的民用或工业用水而在水处理过程中添加的化学药品。水处理剂是精细化工产品中的一个重要门类,具有很强的专用性。不同的使用目的和处理对象,要求不同的水处理剂。水处理剂中的砷和汞含量也有严格的要求,不能引入污染。

砷含量测定时,试样经加酸消解处理后,加入硫脲使五价砷预还原为三价砷,再加入硼氢化钾使其进一步还原生成砷化氢,由氯气载入石英原子化器中分解为原子态砷,在砷空心阴极灯的发射光激发下产生原子荧光,其荧光强度在固定条件下与被测溶液中的砷浓度成正比,由此测得试样中的砷含量。

汞含量测定时,试样经加酸消解处理后,在酸性介质中,试样中的汞被硼氢化钾($KBH_4$)还原成原子态汞,由载气(氩气)带入原子器中,在特制汞空心阴极灯照射下,基态汞原子被激发至高能态,在去活化到基态时,发射出特征波长的荧光,其荧光强度与汞含量成正比,由此测得试样中的汞含量。

## 三、仪器和试剂

1. 仪器

原子荧光光谱仪:配有砷空心阴极灯,配有汞空心阴极灯。

2. 试剂

本标准所用试剂均使用分析纯试剂和 GB/T 6682 中规定的二级水。

试验中所需杂质测定用标准溶液,在没有注明其他要求时,按 GB/T 602 之规定制备。

盐酸,硝酸,盐酸溶液(1+19),硝酸溶液(1+4),硫脲溶液(100 g/L),硼氢化钾-氢氧化钠溶液 1:称取 2.0 g 氢氧化钠和 10.0 g 硼氢化钾于聚乙烯烧杯中,用水溶解并稀释至 1 000 mL,贮存于棕色瓶中,该溶液现用现配;硼氢化钾-氢氧化钠溶液 2:称取 2.5 g 氢氧化钠和 10.0 g 硼氢化钾于聚乙烯烧杯中,用水溶解并稀释至 1 000 mL,该溶液现用现配;砷标准贮备液:0.1 mg/mL;汞标准贮备溶液:0.1 mg/mL。

## 四、实验步骤

1. 玻璃仪器的预清洗

实验所用玻璃器皿使用前应用硝酸溶液浸泡 24 h,然后用水冲洗干净备用。

2. 标准溶液的配制

2.1 砷标准溶液:移取 10.00 mL 砷标准贮备液于 100 mL 容量瓶中,加 10.0 mL 盐酸,用水稀释至刻度,混匀。临用时移取此溶液 10.00 mL 置于 100 mL 容量瓶中,加 10.0 mL 盐酸,用水稀释至刻度,混匀,此溶液砷的浓度为 1 μg/mL,现用现配。

2.2 汞标准溶液(Ⅰ):移取 10 mL 汞标准贮备溶液于 100 mL 容量瓶中,加入 0.05 g 重铬酸钾、5 mL 硝酸,用水稀释至刻度,置于冰箱中保存。此溶液汞的浓度为 10 μg/mL。

2.3 汞标准溶液(Ⅱ):移取 1 mL 汞标准溶液(Ⅰ)置于 100 mL 容量瓶中,加 5 mL 硝酸,用水稀释至刻度,此溶液汞的浓度为 0.1 μg/mL,该溶液现用现配。

3. 校准曲线的绘制

3.1 砷校准曲线的绘制

分别移取 0.00(空白)、1.00、2.00、4.00、8.00 mL 砷标准溶液于五个 100 mL 容量瓶

中,分别加入 10 mL 盐酸,2 mL 硫脲溶液,用水稀释至刻度,摇匀。此系列溶液中砷的质量浓度分别为 0、10、20、40 和 80 μg/L。

仪器稳定后,以硼氢化钾-氢氧化钠溶液 1 为还原剂,以盐酸溶液为载流溶液,在仪器最佳工作条件下测定其荧光值。以测得的荧光值为纵坐标,相对应的砷的质量浓度(μg/L)为横坐标绘制校准曲线或计算回归方程。

3.2 汞校准曲线的绘制

分别移取 0.00(空白)、0.50、1.00、2.00、4.00 mL 汞标准溶液于五个 100 mL 容量瓶中,分别加入 5 mL 盐酸,稀释至刻度,摇匀。此系列溶液中汞含量分别为 0.0、0.5、1.0、2.0 和 4.0 μg/L。

仪器稳定后,以硼氢化钾-氢氧化钠溶液 2 为还原剂,以盐酸溶液为载流溶液,在仪器最佳工作条件下测定其荧光值。以测得的荧光值为纵坐标,相对应的汞的质量浓度(μg/L)为横坐标绘制校准曲线或计算回归方程。

4. 样品的测定

4.1 样品中砷含量的测定

称取适量试样(精确至 0.2 mg)或移取适量体积的稀释后的试样(根据原子荧光光谱仪的元素校准曲线范围及产品中要求的砷含量来确定),置于 100 mL 烧杯中。加 30 mL 水、1~5 mL 硝酸(硝酸的加入量以满足试样溶解为准),盖上表面皿煮沸约 1 min,冷至室温后转移至 100 mL 容量瓶中。分别加入 10 mL 盐酸,20 mL 硫脲溶液,用水稀释至刻度,摇匀。校准曲线的步骤进行测定(如有浑浊,使用中速定量滤纸干过滤后测定),由校准曲线查得或回归方程计算出砷的质量浓度的数值。

4.2 样品中汞含量的测定

称取适量试样(精确至 0.2 mg)或移取适量体积的稀释后的试样(根据原子荧光光谱仪的元素校准曲线范围及产品中要求的汞含量来确定),置于 100 mL 烧杯中。加 30 mL 水、1~5 mL 硝酸(硝酸的加入量以满足试样溶解为准),盖上表面皿煮沸约 1 min,冷至室温后转移至 100 mL 容量瓶中。分别加入 5 mL 盐酸,用水稀释至刻度,摇匀。按校准曲线的步骤进行测定(如有浑浊,使用中速定量滤纸过滤后测定),由校准曲线或回归方程得出汞的质量浓度。

## 五、数据的记录和处理

1. 砷含量以质量分数 $w_1$ 计,数值以%表示,按式(4-2)计算:

$$w_1 = \frac{\rho V f \times 10^{-9}}{m_0} \times 100 \tag{4-2}$$

式中:

$\rho$——由校准曲线查得或回归方程计算出的砷的质量浓度的数值,单位为 μg/L;

$V$——溶液体积的数值,单位为 mL($V=100$ mL);

$f$——试样的稀释倍数(若是称取的试样,则 $f=1$);

$m_0$——试料的质量的数值,单位为 g。

2. 汞含量以质量分数 $w_2$ 计,数值以‰表示,按式(4-3)计算:

$$w_2 = \frac{\rho V f \times 10^{-9}}{m_0} \times 100 \qquad (4-3)$$

式中:
$\rho$——由校准曲线查得或回归方程计算出的汞的质量浓度的数值,单位为 μg/L;
$V$——溶液体积的数值,单位为 mL($V$=100 mL);
$f$——试样的稀释倍数(若是称取的试样,则 $f$=1);
$m_0$——试料的质量的数值,单位为 g。

3. 允许差

取平行测定结果的算术平均值为测定结果,平行测定结果的绝对差值应不大于 0.000 005‰。

## 六、注意事项

1. 实验中使用的强酸、强碱具有腐蚀性,使用时应避免吸入或接触皮肤。溅到身上应立即用大量水冲洗,严重时应立即就医。

2. 使用原子荧光光谱仪测定时,所需的硼氧化钾溶液浓度、载流溶液浓度以及各种元素校准曲线线性范围、样品溶液的酸度会因仪器的型号不同而有差异,使用者可根据仪器型号选择最佳测试条件。

## 七、参考文献

[1] GB/T33086—2016 水处理剂 砷和汞含量的测定.

# 实验 4.3　电子电气产品中六价铬的测定

## 一、实验目的

1. 了解电子电气产品中六价铬测定的意义;
2. 了解原子荧光光谱法的原理;
3. 掌握测定铬元素的前处理方法;
4. 学会原子荧光光谱仪的使用。

## 二、实验原理

铬作为一种合金材料中重要的金属,被广泛地应用于电子电气产品中。由于六价铬具有一定的毒性,造成环境污染,影响人类健康,所以有必要对产品中铬含量进行测定。

在本实验中,样品中的六价铬用甲苯-碱液提取液提取后,以硝酸调节 pH 值至 2~4 后,过阳离子交换柱,三价铬在柱上保留,六价铬直接流出,流出液经适当稀释后,以原子荧光光谱测定溶液中铬的含量,从而计算出样品中六价铬的含量。

## 三、仪器和试剂

1. 仪器

原子荧光光谱仪,配有 Cr 元素高强度空心阴极灯及相应检测器(检测波长 357±10 nm),电热蒸发样品导入装置和原子化装置(温度>900 ℃)或相当者。

阳离子交换小柱:强酸型固相萃取小柱,柱容量≥2 meq 或相当者。

样品研磨设备;分析天平(精度为 0.1 mg);微波辅助萃取装置或其他可加热至 160 ℃ 的装置,配备可耐压 2 MPa 的密闭提取罐,容量大于或等于 25 mL;离心机;pH 计。

2. 试剂

在分析中仅使用 GB/T 6682 规定的一级水或相当纯度的水,仅使用分析纯及以上的试剂。

硝酸(1.4 g/mL),氢氧化钠,碳酸钠,甲苯。

提取液(20 mg/mL NaOH+30 mg/mL $Na_2CO_3$):称取 20 g NaOH 和 30 g $Na_2CO_3$ 溶于水中,配成 1 L 提取液,密封保存于聚乙烯瓶中。pH 值应不低于 11.5。

六价铬标准储备液(100 mg/L,于 4 ℃下保存),六价铬标准工作溶液(1.0 mg/L),3 mol/L $HNO_3$ 溶液,0.01 mol/L $HNO_3$ 溶液。

## 四、实验步骤

1. 准备

将样品按 GB/T 26125 进行手工剪切、粗磨、细磨、破碎至 1 mm 以下,备用。

2. 萃取

称取 0.1 g 样品(精确称量至 0.1 mg)于密闭提取罐中,用量筒量取 10 mL 提取液和 5 mL 甲苯加到每个试样中,装入密闭提取罐中;盖好密闭提取罐,放入微波辅助萃取装置中,按表 4-2 中给出的参考提取程序进行提取。

提取完毕后待冷却后开罐,冷却并离心,取下层水相溶液,移入 25 mL 容量瓶中,并用水洗有机相两次,水相并入容量瓶中,以去离子水定容,得到提取液。

表 4-2 微波辅助萃取参考程序

| 步 骤 | 时间/min | 温度/℃ |
| --- | --- | --- |
| 1 | 5 | 90 |
| 2 | 5 | 120 |
| 3 | 30 | 150 |

3. 分离

取 4 mL $HNO_3$ 溶液(3 mol/L),分两次活化阳离子交换柱,以去离子水洗至中性。

取 2.5 mL 提取液,调节 pH 值为 2~4,上样,并用 1 mL $HNO_3$ 溶液(0.01 mol/L)清洗两次,收集流出液和清洗液,定容至 10 mL,待测。

4. 标准曲线绘制

由六价铬标准工作溶液逐级稀释,得到表 4-3 的标准溶液系列。按表 4-4 原子荧光光谱仪的工作条件和表 4-5 的电热蒸发条件,绘制工作曲线。

表 4-3 六价铬标准溶液系列组分表

| 标准工作溶液/mL | 0.0 | 0.4 | 0.8 | 1.2 | 1.6 | 2.0 |
| --- | --- | --- | --- | --- | --- | --- |
| 提取液/mL | 4 | 4 | 4 | 4 | 4 | 4 |
| 定容体积 | 10 | 10 | 10 | 10 | 10 | 10 |
| Cr(Ⅵ)浓度/(μg/L) | 0 | 40 | 80 | 120 | 160 | 200 |

表 4-4 原子荧光光谱仪参考分析条件

| 检测波长/nm | 357±10 | 炉温/℃ | 1 000 |
| --- | --- | --- | --- |
| 负高压/V | 430 | 原子化器高度/mm | 8 |
| 灯电流/mA | 100 | 进样量/μL | 10 |
| 载气流速/(mL/min) | 300 | 读数时间/s | 1 |
| 屏蔽气流速/(mL/min) | 1 100 | 延迟时间/s | 0.5 |

表 4-5 电热蒸发参考条件

| 步 骤 | 电压/V | 时间/s |
| --- | --- | --- |
| 干燥 | 0.8(~90 ℃) | 30 |
| 灰化 | 3(~900 ℃) | 45 |
| 蒸发 | 15(~2 200 ℃) | 5 |
| 清洗 | 16(~2 400 ℃) | 5 |

5. 测定

标准曲线绘制后,以相同条件测定空白溶液,依据工作曲线进行定量测定。

若样品溶液的浓度高于标准溶液的最高点,则应将样品进一步稀释,使其浓度落于标准溶液的浓度范围内。

## 五、数据记录和处理

1. 样品中的六价铬的含量以质量分数 $w$ 计,数值以 mg/kg 表示,按式(4-4)计算:

$$w = \frac{(c_x - c_0) \times V \times f}{m \times 1\,000} \tag{4-4}$$

式中:

$w$——样品中六价铬含量,单位为 mg/kg;

$c_x$——试液中六价铬浓度,单位为 μg/L;

$c_0$——空白溶液中六价铬浓度,单位为 μg/L;

$V$——提取液体积,单位为 mL;

$f$——待测溶液的稀释倍数;

$m$——试样质量,单位为 g。

2. 质量控制

在分析过程中,每个样品应平行分析两次,两次测试结果的绝对差值不得超过算术平均值的 20%。同时在每一批样品中至少取一个样品进行加标回收率的试验,回收率应在 70%～130% 之间。

将标准物质或标准溶液作为质控样品,每 20 个样品间测定一次,可接受的回收率在 80%～120% 之间,否则应重新分析这批样品。

## 六、参考文献

[1] GB/T 29783—2013 电子电气产品中六价铬的测定 原子荧光光谱法.

# 实验 4.4　锌及锌合金中砷含量的测定

## 一、实验目的

1. 了解锌及锌合金中砷含量测定的意义;
2. 了解原子荧光光谱法的原理;
3. 掌握测定砷元素的前处理方法;
4. 学会原子荧光光谱仪的使用。

## 二、实验原理

锌合金是以锌为基础加入其他元素组成的合金。常加的合金元素有铝、铜、镁、镉、铅、钛等低温锌合金。砷在锌合金中属于有害材料,会影响合金的性能,同时砷也会造成环境污染。

本实验中试料用硝酸溶解,以抗坏血酸进行预还原,以硫脲掩蔽铜,在氢化物发生器中,砷被硼氢化钾还原为氢化物,用氩气导入石英炉原子化器中,于原子荧光光谱仪上测量砷的荧光强度。本部分适用于锌及锌合金中砷含量的测定。测定范围:0.001 0%～0.050%。

## 三、仪器与试剂

1. 仪器

原子荧光光谱仪,附砷特种空心阴极灯。

在仪器最佳工作条件下,凡能达到下列指标者均可使用:检出限:不大于 $1×10^{-9}$ g/mL;精密度:用 0.1 μg/mL 的砷标准溶液测量荧光强度 10 次,其标准偏差应不超过平均荧光强度的 5.0%;原子荧光光谱仪的参考工作条件:灯电流 80 mA,负高压 260 V,载气流量 400 mL/min,屏蔽气流量 800 mL/min。

2. 材料

氩气(≥99.99%):屏蔽气和载气。

3. 试剂

氢氧化钾,硼氢化钾,酒石酸,硫脲,抗坏血酸,盐酸($\rho$ 1.19 g/mL),盐酸(1+1),盐酸(1+9),硝酸(1+1),氢氧化钾溶液(100 g/L)。

硫脲-抗坏血酸溶液:称取硫脲、抗坏血酸各 25 g 溶解于 500 mL 水中。用时现配。

硼氢化钾溶液:称取 10 g 硼氢化钾溶解于 500 mL 氢氧化钾溶液中,过滤备用,用时现配。

砷标准贮存溶液:准确称取 0.132 0 g 三氧化二砷(>99.95%)于 300 mL 烧杯中,盖上表面皿,加入 20 mL 氢氧化钾溶液,加热溶解完全,用盐酸中和至微酸性,稍冷,移入 1 000 mL 容量瓶中,用水稀释至刻度,混匀。此溶液砷的浓度为 100 $\mu$g/mL。

砷标准溶液:移取 5.00 mL 砷标准贮存溶液于 500 mL 容量瓶中,加入 75 mL 浓盐酸,用水稀释至刻度,混匀。此溶液砷的浓度为 1 $\mu$g/mL。

## 四、实验步骤

1. 测定

称取 1.000 g 试样,精确至 0.000 1 g。随同试料做空白试验。

将试样置于 100 mL 烧杯中,盖上表皿,加入 10 mL 硝酸(1+1),低温溶解完全,冷却后移入 100 mL 容量瓶中,用水稀释至刻度,混匀。

按表 4-6 分取试液于相应的容量瓶中,加入盐酸和硫脲-抗坏血酸溶液,用水稀释至刻度,混匀。室温放置 25 min。

表 4-6 各组分一览表

| 砷含量<br>(质量分数)/% | 分取试液<br>体积/mL | 加入盐酸量/<br>mL | 加入硫脲-抗坏<br>血酸量/mL | 定容体积/<br>mL |
| --- | --- | --- | --- | --- |
| 0.001 0~0.010 | 10.0 | 10 | 10 | 100 |
| >0.010~0.020 | 10.0 | 20 | 20 | 200 |
| >0.020~0.050 | 5.0 | 20 | 20 | 200 |

在原子荧光光谱仪上,以盐酸(1+9)为载流剂,硼氢化钾溶液为还原剂,以砷特种空心阴极灯为激发光源,测量试料溶液砷的荧光强度,减去试料空白溶液的荧光强度,从工作曲线上查出砷的浓度。

2. 工作曲线的绘制

移取 0.00、2.00、4.00、6.00、8.00、10.00、12.00、14.00 mL 砷标准溶液于一组 100 mL 容量瓶中,分别加入 10 mL 盐酸和 10 mL 硫脲-抗坏血酸溶液,用水稀释至刻度,混匀,放置 25 min。该标准溶液对应的砷的浓度为 0.000、0.020、0.040、0.060、0.080、0.100、0.120、0.140 $\mu$g/mL。

在与试料测定相同条件下测量标准溶液的荧光强度,减去试剂空白溶液的荧光强度。

以砷浓度为横坐标,荧光强度值为纵坐标,绘制工作曲线。

### 五、数据的记录与计算

1. 按式(4-5)计算砷含量 $w(As)$:

$$w(As)(\%) = \frac{c \times V_0 \times V_2 \times 10^6}{m_0 \times V_1} \times 100 \qquad (4-5)$$

式中:

$c$——自工作曲线上查得砷的浓度,单位为 $\mu g/mL$;

$V_0$——试液总体积,单位为 mL;

$V_1$——分取试液体积,单位为 mL;

$V_2$——测定试液体积,单位为 mL;

$m_0$——试料的质量,单位为 g。

所得结果表示至三位小数;当砷含量小于 0.010% 时,表示至四位小数。

### 六、参考文献

[1] GB/T 12689.2—2004 锌及锌合金化学分析方法 砷量的测定 原子荧光光谱法.

## 4.2 X-射线荧光光谱技术

当用 X 射线照射物质时,除了发生衍射、吸收和散射现象外,还可以产生次级 X 射线,即 X 射线荧光,而照射物质的 X 射线,称为初级 X 射线。试样中的元素将初级 X 射线束吸收而激发并发射出它们自己的特征 X 射线荧光的分析方法称为 X 射线荧光法。X 射线荧光法(X-Ray Fluorescence,XRF)是所有元素分析方法中最常用的一种,它可以对原子序数大于氧的所有元素进行定性分析,同时也可以对元素进行半定量和定量分析,其独特优点是对试样无损伤。

### 一、X 射线荧光光谱基本原理

当能量高于原子内层电子结合能的高能 X 射线与原子发生碰撞时,驱逐一个内层电子而出现一个空穴,使整个原子体系处于不稳定的激发态,激发态原子寿命约为 $1 \times 10^{-14} \sim 1 \times 10^{-12}$ s,然后自发地由能量高的状态跃迁到能量低的状态。这个过程称为弛豫过程。弛豫过程既可以是非辐射跃迁,也可以是辐射跃迁。当较外层的电子跃迁到空穴时,所释放的能量随即在原子内部被吸收而逐出较外层的另一个次级光电子,此称为俄歇(Auger)效应,亦称次级光电效应或无辐射效应,所逐出的次级光电子称为俄歇(Auger)电子。它的能量是特征的,与入射辐射的能量无关。当较外层的电子跃入内层空穴所释放的能量不在原子内被吸收,而是以辐射形式放出,便产生 X 射线荧光,其能量等于两能级之间的能量差。因此,X 射线荧光的能量或波长是特征性的,与元素有一一对应的关系。

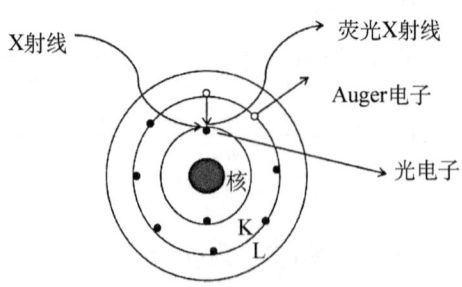

图 4-2　荧光 X 射线及 Auger 电子产生示意图

莫斯莱(H.G.Moseley)发现,荧光 X 射线的波长 $\lambda$ 与元素的原子序数 $Z$ 有关,其数学关系如下:

$$\lambda = K(Z-S)^{-2}$$

这就是莫斯莱定律,式中 $K$ 和 $S$ 是常数。

而根据量子理论,X 射线可以看成由一种量子或光子组成的粒子流,每个光子具有的能量为

$$E = h\nu = hc/\lambda$$

式中,$E$ 为 X 射线光子的能量,单位为 keV;$h$ 为普朗克常数;$\nu$ 为光波的频率;$c$ 为光速。

因此,只要测出荧光 X 射线的波长或者能量,就可以知道元素的种类,这就是荧光 X 射线定性分析的基础。此外,荧光 X 射线的强度与相应元素的含量有一定的关系,据此可以进行元素定量分析。

## 二、X 射线荧光光谱仪

用 X 射线照射试样时,试样可以被激发出各种波长的荧光 X 射线,需要把混合的 X 射线按波长(或能量)分开,分别测量不同波长(或能量)的 X 射线的强度,以进行定性和定量分析,为此使用的仪器叫 X 射线荧光光谱仪。由于 X 光具有一定波长,同时又有一定能量。因此,X 射线荧光光谱仪有两种基本类型:波长色散型和能量色散型。

1. 波长色散型

波长色散型 X 射线荧光光谱仪需要用 X 射线管作为激发光源。在 X 射线管中灯丝和靶极密封在抽成真空的金属罩内,灯丝和靶极之间加高压(一般为 50 kV),灯丝发射的电子经高压电场加速撞击在靶极上,产生 X 射线。X 射线管产生的一次 X 射线,作为激发 X 射线荧光的辐射源。X 射线管产生的 X 射线透过铍窗入射到样品上,激发出样品元素的特征 X 射线。

分光系统的主要部件是晶体分光器,它的作用是通过晶体衍射现象把不同波长的 X 射线分开。根据布拉格衍射定律 $2d\sin\theta = n\lambda$,当波长为 $\lambda$ 的 X 射线以 $\theta$ 角射到晶体,如果晶面间距为 $d$,那么在出射角为 $\theta$ 的方向,可以观测到波长为 $\lambda = 2d\sin\theta$ 的一级衍射

及波长为 $\lambda/2,\lambda/3,\cdots$ 高级衍射。改变 $\theta$ 角,可以观测到另外波长的 X 射线,因而使不同波长的 X 射线可以分开。目前的 X 射线荧光光谱仪备有不同晶面间距的晶体,用来分析不同范围的元素。

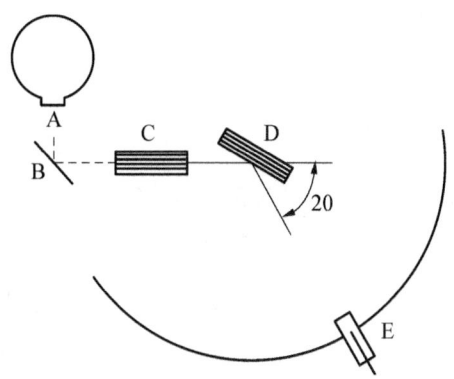

A—X 射线管;B—试样;C—准直器;D—分光晶体;E—检测器
**图 4-3 波长色散型 X 射线光谱仪**

X 射线荧光光谱仪用的检测器有流气正比计数器和闪烁计数器。流气正比计数器由金属圆筒负极和芯线正极组成,筒内充氩(90%)和甲烷(10%)的混合气体,X 射线射入管内,使 Ar 原子电离,生成的 $Ar^+$ 在向阴极运动时,又引起其他 Ar 原子电离,雪崩式电离的结果,产生一脉冲信号,脉冲幅度与 X 射线能量成正比。流气正比计数器适用于轻元素的检测。闪烁计数器由闪烁晶体和光电倍增管组成。X 射线射到晶体后可产生光,再由光电倍增管放大,得到脉冲信号。闪烁计数器适用于重元素的检测。

2. 能量色散型

能量色散型光谱仪是利用荧光 X 射线具有不同能量的特点,将其分开并检测,不必使用分光晶体,而是依靠半导体探测器来完成。这种半导体探测器有锂漂移硅探测器、锂漂移锗探测器、高能锗探测器、Si-PIN 光电二极管探测器等。早期的半导体探测器需要利用液氮制冷,随着技术的进步,新型的探测器利用半导体制冷技术代替了笨重的液氮罐,只有大拇指般粗细。

X 光子射到探测器后形成一定数量的电子-空穴对,电子-空穴对在电场作用下形成电脉冲,脉冲幅度与 X 光子的能量成正比。在一段时间内,来自试样的荧光 X 射线依次被半导体探测器检测,得到一系列幅度与光子能量成正比的脉冲,经放大器放大后送到多道脉冲分析器(通常要 1 000 道以上)。按脉冲幅度的大小分别统计脉冲数,脉冲幅度可以用 X 光子的能量标度,从而得到计数率随光子能量变化的分布曲线,即 X 光能谱图。能谱图经计算机进行校正,然后显示出来,其形状与波谱类似,只是横坐标是光子的能量。

能量色散的最大优点是可以同时测定样品中几乎所有的元素,因此,分析速度快。另一方面,由于能谱仪对 X 射线的总检测效率比波谱高,因此可以使用小功率 X 光管激发荧光 X 射线。另外,能谱仪没有波谱仪那么复杂的机械机构,因而工作稳定,仪器体积也小。从现在的发展趋势来看,能谱仪已经逐渐在各个领域替代波谱仪。

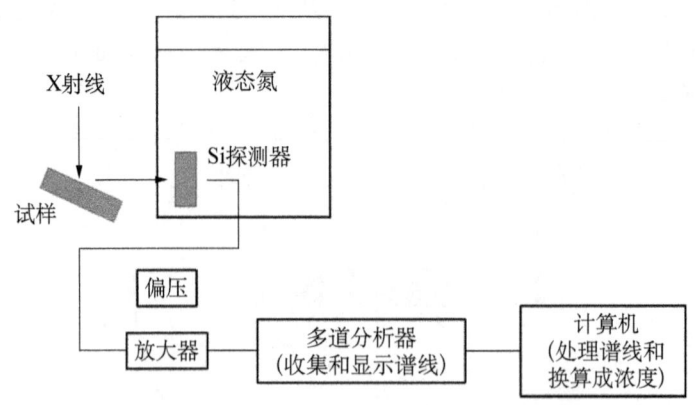

图 4-4 能量色散型 X 荧光光谱仪方框示意图

## 三、应用

X 射线荧光光谱定量分析是一种相对分析技术,要有一套已知含量的标准试料系列(经化学分析过的或人工合成的),通过测量标准试料系列和未知试料的 X 射线强度并加以比较进行定量分析。

1. 定量分析用试料的制备

定量分析对试料有很严格的要求,这些要求因样品形态不同而异。

对各种块、板或铸件等不定形试样,可用切割机、研磨机等加工成一定尺寸的试料;金属粒、丝等可经重熔,铸成平块试料。试料照射面应能代表试料整体。

用薄膜材料制备膜状试料时要特别注意薄膜厚度的一致性及组成的均匀性。测量时为使薄膜平整铺开,可加内衬材料作为支撑物,尽量选用背景低的内衬材料。

粉末、颗粒以及组成不均匀的块状样品可用粉碎机、研磨机等研磨至一定的粒度,取适当量直接压片,必要时可加稀释剂混匀或黏合剂加压成具有光洁表面的试料,也可用硼酸盐等作为熔剂熔解试料,铸成均匀性好的玻璃状熔块,或再粉碎熔块加压成形。

测定液体样品时要定量分取试液装入液杯。测定时要注意避免试液挥发、泄漏、产生气泡或沉淀等现象。也可取液体样品滴加到适当的载体(如滤纸)上干燥后测量。

2. 定量分析方法

2.1 标准曲线法

测量一套(一般不少于 5 个)与分析试料相类似的标准试料,将标准试料中分析元素的含量与 X 射线强度的关系绘制校准曲线用以求得未知试料中分析元素的含量。应用本法时要注意共存元素的影响,必要时选用适当数学模式求得影响系数并加以校正。

2.2 内标法

对于添加某一成分后易于混合均匀的样品,如溶液,可采用内标法。即把一定量的内标元素加到分析元素含量已知的试料中作为标准试料,测量标准试料中分析元素与内标元素的 X 射线强度比,用该强度比相对分析元素含量绘制校准曲线。分析试料中也加入同一种内标物质和同样的量,按同样方法求得 X 射线强度比,从校准曲线求得含量。内标法适合含量低于10%的元素的测定,应注意不要因加入内标元素而对分析线产生选择吸收、选择激发或重叠干扰。适当的基体元素谱线和散射线也可作为内标线。

2.3 标准加入法

标准加入法也称增量法,即在试料中加入一定量的分析元素,根据X射线强度的变化而求得试料中分析元素的含量。使用这种方法要求分析元素含量与相应的X射线强度呈线性关系且增量值不应少于两个,该法适用于元素含量低于10%的测定。

3. 定量分析的准确度

为了获得准确的定量分析结果,应注意以下几点:

(1) 使用含量数据可靠或经过验证的标准试料;
(2) 标准试料与分析试料的组成尽可能一致,制样方法也应完全相同;
(3) 为了消除共存元素的影响,要选择正确的校正方法;
(4) 分析元素含量不要超出标准试料所限定的范围;
(5) 仪器的漂移会导致校准曲线的位移,应在日常分析开始之前先用标准化试料对仪器进行校正。

4. 定量分析的精密度

定量分析的精密度受许多因素的影响,如计数的统计涨落、背景、试料的均匀性和表面缺陷、仪器的稳定性、计数损失等,应按GB 1.4的要求,参照GB 6379或YB 949确定分析方法的精密度(重复性、再现性或允许差标准定量分析方法的允许差要满足有关冶金产品技术标准的要求)。

### 四、参考文献

[1] 武汉大学. 分析化学(下册)(第五版).北京:高等教育出版社,2014.
[2] 袁存光,祝优珍,田晶,唐意红.现代仪器分析.北京:化学工业出版社,2012.
[3] 刘志广.仪器分析.高等教育出版社.北京:高等教育出版社,2007.

## 实验4.5 钢铁多元素含量的测定

### 一、实验目的

1. 了解应用X射线荧光光谱仪测定钢铁中多种元素的方法和要求;
2. 了解X射线荧光光谱法的原理;
3. 了解X射线荧光光谱仪的构造;
4. 学会X射线荧光光谱仪的操作。

### 二、实验原理

X-射线管产生的初级X-射线照射到平整、光洁的样品表面上时,产生的特征X-射线经晶体分光后,探测器在选择的特征波长相应对应的$2\theta$角处测量X-射线荧光强度,根据校准曲线和测量的X-射线荧光强度,计算出样品中硅、锰、磷、硫、铜、铝、镍、铬、钼、钒、钛、钨和铌的质量分数。

## 三、仪器设备和试剂材料

### 1. 仪器与设备

制样设备:切割设备采用砂轮切割机,抛光试样表面的设备采用砂轮机或砂轮研磨机,供选用的磨料有氧化铝、氧化锆和碳化硅,应考虑磨料对试样的污染,根据分析对象选用合适的磨料和粒度。粒度一般小于0.5毫米,抛光设备也可使用磨床、铣床或车床。

X-射线荧光光谱仪,高纯元素靶的X-射线管推荐使用铑靶。

### 2. 试剂与材料

P10气体(90%的氩和10%的甲烷的混合气体)用于流气正比计数器,有证标准样品标准物质,所选有证标准样品标准物质应有良好的均匀性,且接近标准曲线的上限和下限。

## 四、实验步骤

### 1. 取样

成品试样按GB/T 20066规定进行取样。

### 2. 试样的制备

成品样可用磨样机、磨床、铣床或车床制取分析表面,热焰切割所形成的热影响区不能作为分析面。

熔铸样,盘针状或蘑菇状式样可用磨样机研磨;柱状式样可用切割机将其切断,再用磨样机研磨。

凡需去掉表皮的是要去皮厚度应大于1 mm,试样表面需研磨成平整光洁的分析面,如果是要暴露于空气中一天以上,测量前应重新研磨表面。

有证标准样品标准物质的前处理,用合适粒度和材质的研磨材料研磨绘制,校准曲线的有证标准样品/标准物质,研磨后应及时测量,标准化样品可研磨加工,也可抛光成镜面并存放于干燥器中,抛光样品测量前应使用无水乙醇清洁试样表面。

### 3. 仪器的准备

仪器的工作环境应满足GB/T 16597冶金产品分析方法。X-射线光谱仪在测量之前应按仪器制造商的要求,使工作条件得到最优化,并在测量前至少预热一小时或直到仪器稳定。

### 4. 分析步骤

#### 4.1 校准曲线的绘制

在选定的工作条件下,用X-射线荧光光谱仪测量一系列的与试样冶炼过程相似且化学成分相近的有证标准样品标准物质,每个样品应至少测量2次。用仪器所配的软件,以有证标准样品/标准物质中该元素的含量值和测量的荧光强度平均值计算出校准曲线参数、综合吸收校正系数和谱线重叠干扰校正系数(或$\alpha$系数),分别得到综合吸收校正模式和理论系数校正模式(4-6)和(4-7)的计算。

$$w_i = (aI_i^2 + bI_i + c) \times \left(1 + \sum d_j w_j\right) - \sum l_j w_j (i \neq j) \tag{4-6}$$

$$w_i = (bI_i + c) \times \left(1 + \sum \alpha_j w_j\right) - \sum l_j w_j (i \neq j) \tag{4-7}$$

式中：

$w_i$——有证标准样品/标准物质中分析元素 $i$ 的参考值，用质量分数计，以％表示；

$d_j$——综合吸收校正系数；

$\alpha_j$——理论 $\alpha$ 系数；

$l_j$——光谱重叠校正系数；

$w_j$——有证标准样品/标准物质中共存元素的含量，用质量分数计，以％表示；

$I_i$——分析元素 $i$ 的 X-射线荧光强度；

$a$、$b$、$c$——校准曲线常数。

4.2 校准曲线准确度的确认

按照选定的分析条件，用 X-射线荧光仪测量与试样冶炼过程相似和化学成分相近的有证标准样品/标准物质，所得分析元素分析值与认证值或参考值 $Ac$ 之间，在统计上应无显著差异，按式(4-8)判断是否存在显著性差异：

$$|\mu_c - Ac| \leqslant 2 \times \sqrt{\alpha_L^2 + \frac{\alpha_d^2}{n} + \frac{s^2}{N}} \tag{4-8}$$

对于仅有一个实验室定制的有证标准样品标准物质，则按式(4-9)判断是否存在显著性差异：

$$|\mu_c - Ac| \leqslant 2 \times \sqrt{2\alpha_L^2 + \frac{\alpha_d^2}{n}} \tag{4-9}$$

式中：

$\mu_c$——有证标准样品/标准物质中待测元素的最终分析结果；

$\alpha_L$——共同试验所确定的实验室间的标准偏差；

$\alpha_d$——共同试验所确定的实验室内的标准偏差；

$Ac$——有证标准样品/标准物质中分析元素的参考值，％(质量分数)；

$N$——标样定制实验室个数；

$n$——有证标准样品/标准物质的重复测定次数；

$s$——有证标准样品/标准物质中分析元素定值的标准偏差。

若(4-8)或(4-9)成立，则 $|\mu_c - Ac|$ 在统计上无显著差异(95％置信水平)，有证标准样品/标准物质中待测元素的分析结果通过准确度确认；反之有显著性差异，应查找原因，重新校准并确认。

4.3 未知试样的分析

定期进行标准化样品的确认分析，当仪器出现漂移时，通过测量标准化样品的 X 射线荧光强度，对仪器进行漂移校正。

漂移校正后,分析有证标准样品/标准物质,确认分析值应符合规定或在实验室的认可范围内。

选定的工作条件,用 X-射线荧光光谱仪测量未知试样中分析元素的荧光强度,每个样品应至少测量 2 次。

### 五、实验数据记录与计算

根据未知试样的荧光强度测量值,从校准曲线计算出分析元素的含量,按式(4-6)或式(4-7)计算。

一般情况下计算结果中分析含量高于 10%,保留小数点后两位数字,低于 10%,保留小数点后三位数字。

### 六、参考文献

[1] GB/T 223.79—2007 钢铁多元素含量的测定 X 射线荧光光谱法.

## 实验 4.6　不锈钢及合金钢分析方法

### 一、实验目的

1. 了解应用 X 射线荧光光谱仪测定不锈钢及合金钢元素的方法和要求;
2. 了解 X 射线荧光光谱法的原理;
3. 了解 X 射线荧光光谱仪的构造;
4. 学会 X 射线荧光光谱仪的操作。

### 二、实验原理

本实验中将表面加工平整、均匀、清洁的试样受到高能 X 射线束的辐射,产生荧光 X 射线,通过测定各元素的特征谱线强度,确定分析试样中各元素的含量。可同时测定不锈钢及合金钢中 15 个元素含量的 X 射线荧光光谱。

### 三、仪器和试剂材料

1. 仪器

波长色散 X 射线荧光光谱仪:功率≥3 kW;真空高频感应快速熔样机:温度≥1 500 ℃;高纯石墨坩埚:30 mL;石墨铸模:上端内径 36 mm,下端内径 33 mm,深 3 mm,底厚 1~1.5 mm;试样表面加工设备:铣床、车床、刨床、钢锉等无污染的表面加工设备,粗加工时,也可用磨床、砂轮机、砂纸磨盘或砂带研磨机等。

2. 试剂材料

探测器气体(90%氩气+10%甲烷),用于流气式正比计数器;光谱用不锈钢、合金钢标准试块。各元素应至少有 3 块标准物质,其含量应有一定间隔,并覆盖待测元素的测定范围。

## 四、实验步骤

1. 标准物质和试样制备

所有试样及标准物质的有效待测面直径应大于光谱仪所选测量区域或直径,一般要求有效待测面直径为 30～50 mm;加工后的标准物质和试样待测面(X-射线入射面)应平整、均匀、清洁,没有裂纹、空洞和疏松等缺陷。必要时可在测量前用超声波清洗;标准物质和试样的加工方法以及加工后的表面粗糙度应基本一致,轮廓最大高度应≤6.3 μm;对于无法保证足够大待测面的细小样品,可先用熔样机熔铸成块状,再按上述方法加工待测面。

2. 仪器准备

按仪器厂家的说明书,准备和操作仪器,每次测量前应确保仪器处于稳定状态。

3. 工作曲线的建立

3.1 根据试样特点、测试元素及其含量范围、共存成分的含量范围等,选择各元素的谱线、晶体、狭缝、探测器、过滤管、X射线管管电压/管电流,确保获得最佳的测量结果。

3.2 用能获得清晰谱峰的标准物质确定各元素的峰位角和脉冲高度分布。

3.3 用实测背景扣除法进行背景校正。背景点选择应尽可能确保远离各共存元素的谱峰。

3.4 根据对计数统计误差的要求或对检出限的要求确定测量时间。一般在仪器软件中,输入标准物质的含量和计数统计误差或检出限,即可自动算出峰位和背景的测量时间。

3.5 按前面设定的条件(如附录中表3)测量标准物质各分析元素的 X-射线荧光特征谱线强度。

3.6 按测得的特征谱线强度与其对应含量按式(4-10)或式(4-11)进行线性回归。

$$C_i = D_i + E_i \cdot R_i \cdot (1 + \sum \alpha_{ij} C_i) - \sum LO_{ij} C_i \tag{4-10}$$

$$C_i = D_i + E_i(R_i - \sum LO_{ij} \cdot C_j) \cdot (1 + \sum \alpha_{ij} \cdot C_j) \tag{4-11}$$

式中:

$C_i$——分析元素 $i$ 的质量分数,结果以%表示;

$C_j$——共存元素 $j$ 的质量分数,结果以%表示;

$D_i$——分析元素 $i$ 的校准工作曲线截距,结果以%表示;

$E_i$——分析元素 $i$ 的校准工作曲线斜率结果以%/CPS 表示;

$R_i$——分析元素 $i$ 的净强度,单位为每秒计数率(CPS);

$\alpha_{ij}$——共存元素 $j$ 对分析元素 $i$ 的总吸收校正系数,即 $\alpha$ 校正系数;

$LO_{ij}$——共存元素 $j$ 对分析元素 $i$ 的谱线重叠校正系数,可通过式(4-12)回归计算获得。

$$C_i = a + b \cdot (R_i + \sum LO_{ij} \cdot R_j) \tag{4-12}$$

式中：

$a$、$b$——回归常数；

$R_i$、$R_j$——分别为分析元素 $i$ 和共存元素 $j$ 的净强度，单位为每秒计数率（CPS），可用含量代替。

4. 试样测量

将制备好的试样放入合适的样杯中，按实验步骤 3.1～3.4 设定的条件测量试样各分析元素的 X 射线荧光特征谱线强度，并利用实验步骤 3.6 中获得的工作曲线直接计算出各元素的含量。对每件试样只做一次测量。

磷和硫的计算结果表示到小数点后三位，其余元素的计算结果表示到小数点后两位。

## 五、参考文献

[1] SN/T 2079—2008 不锈钢及合金钢分析方法 X 射线荧光光谱法.

# 实验 4.7　首饰中贵金属含量的测定

## 一、实验目的

1. 了解应用 X 射线荧光光谱仪测定首饰中贵金属含量的方法和要求；
2. 了解 X 射线荧光光谱法的原理；
3. 了解 X 射线荧光光谱仪的构造；
4. 学会 X 射线荧光光谱仪的操作。

## 二、实验原理

本实验的原理是贵金属首饰表层经 X 射线激发，发射出特征 X 射线荧光光谱，测量特征谱线的能量或波长，可进行定性分析；测量谱线强度，与标准物质的工作曲线比较计算，即可进行定量分析。

## 三、仪器和试剂

X 射线荧光光谱分析仪：锰元素在 5.98 keV 能量位置的峰，分辨率至少为 200 eV。

金、银、铂、钯等标准物质。

## 四、实验步骤

1. 仪器的校准

根据仪器的具体要求进行校准。

2. 测定标准物质

根据其各元素含量值及强度值建立标准曲线。

3. 样品测试

测量样品,通过对比标准曲线确定贵金属含量值,计算平均值,以千分数表示,测定结果表示到个位。每件样品选取测试点不得少于三个。

4. 测量结果处理

由于被测的首饰产品不同,使用的仪器不同,检测人员的素质水平不同,对检测结果的接收范围建议在以下范围内选取,随贵金属含量的减少,可接收的范围将增大。检测结果的建议接收范围为 1‰~30‰。

## 五、注意事项

由于首饰产品的特殊情况,受方法原理的限制,在使用本方法时检测人员应了解和熟悉以下影响测试结果的因素,这些影响因素在不同情况下将对特征谱线强度的采集产生很大的影响,甚至造成误判。

(1) 被测样品与标准物质所含元素组成和含量有较大的差异;
(2) 被测样品的表面有镀层或经化学处理;
(3) 测量时间;
(4) 样品的形状;
(5) 样品测量的面积;
(6) 贵金属的含量多少;
(7) 被测样品的均匀程度。

## 六、参考文献

[1] GB/T 18043—2008 首饰贵金属含量的测定 X 射线荧光光谱法.

# 第 5 章　离子色谱分析技术

## 一、离子色谱基本原理

离子色谱(Ion Chromatography,IC)是高效液相色谱的一种,是分析阴、阳离子和小分子极性有机化合物的一种液相色谱方法。其分离原理也是通过流动相和固定相之间的相互作用,使流动相中的不同组分在两相中重新分配,使各组分在分离柱中的滞留时间有所区别,从而达到分离的目的。离子色谱法具有选择性好、灵敏、快速、简便,可同时测定多组分,特别是难以用其他仪器和方法分析的组分等优点。基于上述优点,离子色谱法在环境监测、电力、半导体工业、食品、石油化工、医疗卫生和生化等领域得到广泛应用,已有数十项成为有关权威机构的标准方法。

## 二、离子色谱仪的结构

离子色谱仪一般由四部分组成,即输送系统、分离系统、检测系统和数据处理系统。输送系统由淋洗液槽、输液泵、进样阀等组成;分离系统主要是指分离柱;检测系统(如果是电导检测器)由抑制柱和电导检测器组成(图 5-1)。

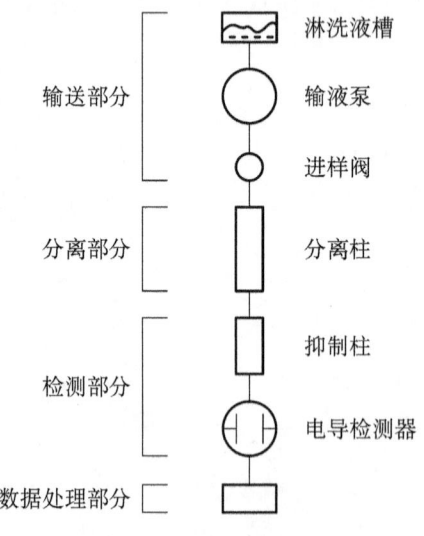

图 5-1　离子色谱仪组成

离子色谱流路如图 5-2 所示(图中虚线框为可选部件)。样品阀处于装样位置时,一定体积的试样测定溶液(测试液,如 25 μL)被注入样品定量环,当样品阀切换到进样位置时,淋洗液将样品定量环中的测试液(或将富集于浓缩柱上的被测离子洗脱下来)带入分离柱,被测阴离子根据其在分析柱上的保留特性不同实现分离。以保留时间对被测阴离子定性,以峰高或峰面积进行定量。

离子色谱的检测器主要有两种:一种是电化学检测器,一种是光化学检测器。电化学检测器包括电导、直流安培、脉冲安培和积分安培;光化学检测器包括紫外-可见和荧光。电导检测器是 IC 的主要检测器,主要分为抑制型和非抑制型(也称为单柱型)两种。抑制器能够显著提高电导检测器的灵敏度和选择性,其发展经历了四个阶段,从最早的树脂填充的抑制器到纤维膜抑制器,平板微膜抑制器,先进的只加水的高抑制容量的电解和微膜结合的自动连续工作的抑制器。

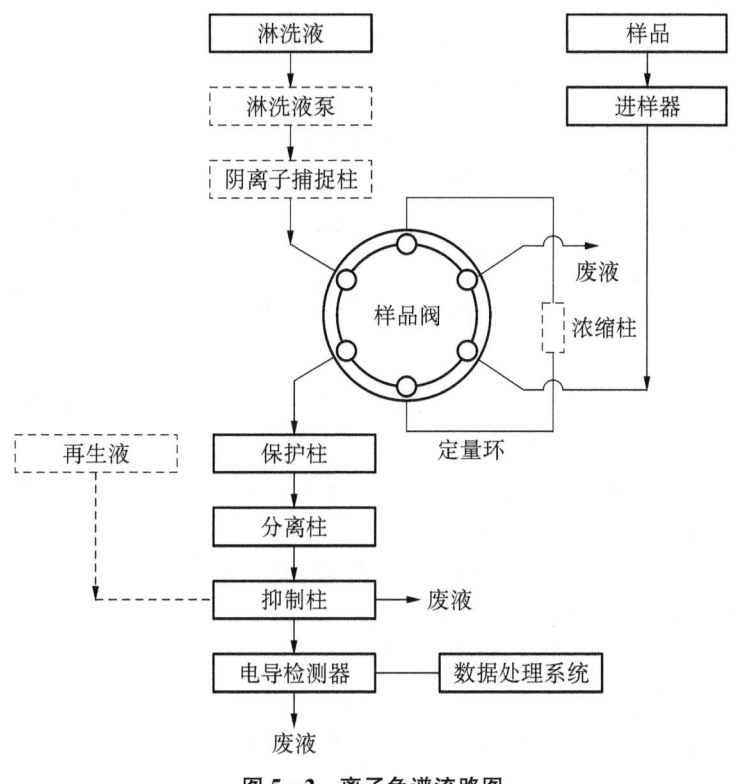

图 5-2 离子色谱流路图

## 三、离子色谱的基本理论

离子色谱的分离机理主要是离子交换,有三种方式:高效离子交换色谱(High performance ion exchange chromatography, HPIC)、离子排斥色谱(High performance ion exclusion chromatography, HPIEC)和离子对色谱(Mobile phase ion chromatography, MPIC)。这三种分离方式的柱填料树脂骨架基本上都是苯乙烯/二乙烯苯的共聚物,但树脂的离子交换功能基和容量各不相同。HPIC 用低容量的树脂,HPIEC 用高容量的树脂,MPIC 用不含离子交换基团的多孔树脂。三种分离方式各基于不同分离原理。HPIC 的分离机理是离子交换,HPIEC 主要是离子排斥,而 MPIC 则主要基于吸附和离子对的形成。以下主要介绍离子交换色谱的分离机理。

在离子色谱中应用最广的柱填料是由苯乙烯-二乙烯基苯共聚物制得的离子交换树脂。这类树脂的基球是用一定比例的苯乙烯和二乙烯基苯在过氧化苯酰等引发剂存在下,通过悬浮物聚合制成共聚物小珠粒。其中二乙烯基苯是交联剂,使共聚物成为体型高分子。

典型的离子交换剂由三个重要部分组成:不溶性的基质,它可以是有机的,也可以是无机的;固定的离子部位,它或者附着在基质上,或者就是基质的整体部分;与这些固定部位相结合的等量的带相反电荷离子。附着上去的基团常被称作官能团。结合上去的离子被称作对离子,当对离子与溶液中含有相同电荷的离子接触时,能够发生交换。正是这一性质,才给这些材料起了"离子交换剂"这个名字。

离子交换法的分离机理是离子交换,用于亲水性阴、阳离子的分离。阳离子分离柱使用薄壳型树脂,树脂基核为苯乙烯/二乙烯基苯的共聚物,核的表面是磺化层,磺酸基以共价键与树脂基核共聚物相连;阴离子分离柱使用的填料也是苯乙烯/二乙烯基苯的共聚物,核外是磺化层,它提供了一个与外界阴离子交换层以离子键结合的表面,磺化层外是流动均匀的单层季铵化阴离子胶乳微粒,这些胶乳微粒提供了树脂分离阴离子的能力,其分离机理基于流动相和固定相(树脂)阳离子位置之间的离子交换。

淋洗液中阴离子和样品中的阴离子争夺树脂上的交换位置,淋洗液中含有一定量的与树脂的离子电荷相反的平衡离子。在标准的阴离子色谱中,这种平衡离子是 $CO_3^{2-}$ 和 $HCO_3^-$;在标准的阳离子色谱中,这种平衡离子是 $H^+$。离子交换进行的过程中,由于流动相可以连续地提供与固定相表面电荷相反的平衡离子,这种平衡离子与树脂以离子对的形式处于平衡状态,保持体系的离子电荷平衡。随着样品离子与连续离子(即淋洗离子)的交换,当样品离子与树脂上的离子成对时,样品离子由于库仑力的作用会有一个短暂的停留。不同的样品离子与树脂固定相电荷之间的库仑力(即亲和力)不同,因此,样品离子在分离柱中从上向下移动的速度也不同。

样品阴离子 $A^-$ 与树脂的离子交换平衡可以用下式表示:

阴离子交换  $A^- + (淋洗离子)^- {}^+NR_4-R \Longleftrightarrow A^- {}^+NR_4-R + (淋洗离子)^-$

对于样品中的阳离子,树脂交换平衡如下($H^+$ 为淋洗离子):

阳离子交换  $C^+ + H^+ {}^-O_3S-R \Longleftrightarrow C^+ {}^-O_3S-R + H^+$

在阴离子交换平衡中,如果淋洗离子是 $HCO_3^-$,可以用式(5-1)表示阴离子交换平衡:

$$K = \frac{[A^- {}^+NR_4][HCO_3^-]}{[A^-][HCO_3^- {}^+NH_4]} \tag{5-1}$$

$K$ 是选择性系数。$K$ 值越大,说明样品离子的保留时间越长。选择性系数是电荷、离子半径、系统淋洗液种类和树脂种类的函数。影响 $K$ 的主要因素如下:

(1) 离子价数

样品离子的价数越高,对离子交换树脂的亲和力越大。因此,在一般的情况下,保留时间随离子电荷数的增加而增加。也就是说,淋洗三价离子需要采用高离子强度的淋洗液,二价离子可以用较低浓度的淋洗液,而低于一价离子,所需淋洗液浓度更低。

(2) 离子半径

电荷数相同的离子,离子半径越大,对离子交换树脂的亲和力越大,即随着离子半径的增加,保留时间延长。例如:卤素离子的洗脱顺序依次是 $F^-$、$Cl^-$、$Br^-$、$I^-$;碱金属离子的洗脱顺序是:$Li^+$、$Na^+$、$K^+$、$Rb^+$、$Cs^+$。

(3) 淋洗液的 pH

淋洗液的 pH 影响多价离子的分配平衡,例如:随着淋洗液 pH 值的增加,$PO_4^{3-}$ 从一价变为二价或三价。因此,pH 值较低时,它在 $NO_3^-$ 之后,$SO_4^{2-}$ 之前洗脱,pH>11 时,在 $SO_4^{2-}$ 之后洗脱。

(4) 树脂的种类

离子交换树脂的粒度、交联度、功能基性质及亲水性等因素对分离的选择性也起很大作用。

## 四、检测器

电导检测器是离子色谱中使用最广泛的检测器。其作用原理是用两个相对电极测量溶液中离子型溶质的电导,由电导的变化测定淋洗液中溶质的浓度。

电导检测器的电导池结构如图 5-3 所示。电导池体一般采用材质较硬的工程塑料如 PEEK 等,电极通常为钝化 316 不锈钢并固定在电导池内。另外,电导池上通常有一个温度传感器,用于探测液体流出电导池时的温度和补偿由于温度改变而导致的电导变化。改变两电极之间的距离可以调整池的常数,对检测的灵敏度有很大的影响。通常电极间的距离越小,死体积越小,灵敏度越高。目前先进的商品电导池的池体积为 0.5~1 μL 左右。

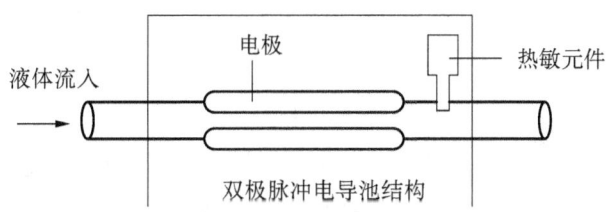

图 5-3 电导池结构

测量电导过程中的物理化学原理如图 5-4 所示。当电场施加于两电极时,溶液中阴离子趋向阳极,阳离子趋向阴极。溶液中离子数目和迁移速度的大小决定溶液的电导值。离子的相对迁移率,由其极限当量电导值决定。离子在电场作用下的运动速度,除受离子电荷和离子的大小等因素影响外,还与温度、介质的性质及施加电压的大小有关。两电极之间可以施加直流电压,但通常是施加正弦波或方波型交流电压。当施加的有效电压确定后,测量出电路中的电流值,即能测出电导值。然而,如图 5-4 所示,由于电极表面附近形成的双电层极化电容(或称法拉第交流阻抗)的影响,会引起有效电压的改变,因而电路施加于两极的电压不等于有效电压。双电层形成机理的解释如下:当电极两端的电压低于离子的分解电压时,电极附近的溶液层将吸引反电荷的离子形成双电层,此双电层由两部分组成:(1) 内壁薄层,在此层内离子浓度随电极距离的增加而减少,呈现线性关系;(2) 扩散层,在此层内离子浓度随电极距离的增加而减少,呈现指数关系。双电层的存在,亦会产生电压降,实际上施加电压为有效电压(由溶液电阻产生的电压降)和双电层电压降的总和。

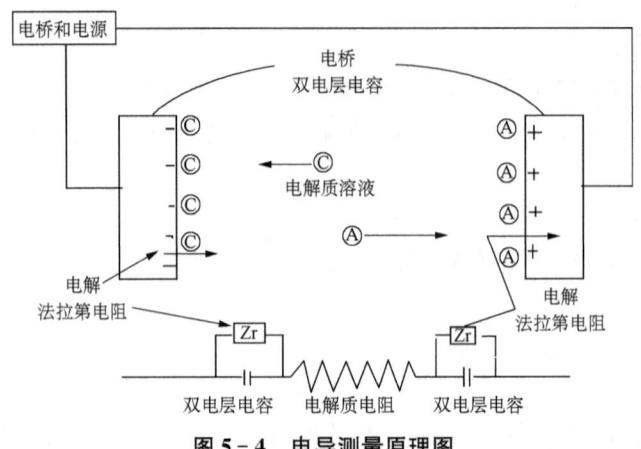

图 5-4　电导测量原理图

为了消除电极表面附近形成的双电层极化电容对有效电压的影响,电导池的设计多采用双极脉冲技术。该技术是通过在持续很短的时间内(约 100 μs),连续施加两个脉冲高度和持续时间相同而极性相反的脉冲电压于电导池上,并采用测量第二个脉冲终点时的电流,此点的电导池电流遵从欧姆定律,不受双层极化电容的影响,可以准确测量池电阻。

将电解质溶液置于施加电场的两个电极间,则溶液将导电,此时溶液中的阴离子移向阳极,阳离子移向阴极。并遵从以下关系:

$$\kappa = \frac{1}{1\,000} \cdot \frac{A}{L} \cdot \sum c_i \lambda_i \tag{5-2}$$

式中,$\kappa$ 为电导率,是电阻率的倒数($\kappa = 1/R$);$A$ 为电极截面积;$L$ 是两电极间的距离;$c_i$ 是离子浓度,以 mol/L 为单位;$\lambda_i$ 为离子的极限摩尔电导(指溶液无限稀释后离子的电导)。

在测量中,对一给定电导池电极截面积 $A$ 和两极间的距离 $L$ 是固定的,$L/A$ 称为电导池常数 $K$,则电导值 $\kappa$ 为

$$\kappa = \frac{1}{1\,000} \times \frac{1}{K} \times \sum c_i \lambda_i \tag{5-3}$$

当知道 $\lambda_i$ 后,就可以计算溶液中所含离子的电导值。例如:25 ℃时,NaCl 的当量电导值是 $Na^+$ 和 $Cl^-$ 的当量电导值(50.1,76.4)之和(126.5),因此,0.1 mM NaCl 溶液的电导值 $= 0.1 \times 126.5 = 12.65$ μs/cm。由此可知,0.1 mM NaCl 和 0.1 mM $Na_2SO_4$ 溶液的电导值如下:

| 离子数 | | 电荷数 | | 浓度 | | $\lambda_i^o$ | | $\mu s/cm$ |
|---|---|---|---|---|---|---|---|---|
| 3 | × | 1 | × | 0.1 | × | 50.1 | = | 15.0（$Na^+$） |
| 1 | × | 1 | × | 0.1 | × | 76.4 | = | 7.6（$Cl^-$） |
| 1 | × | 2 | × | 0.1 | × | 80.0 | = | 16.0（$SO_4^{2-}$） |

我们仅讨论稀释溶液。因为随着溶液浓度的增加，电导和浓度之间的比例关系将消失。不过在离子色谱正常的分析浓度范围内(<1 mM)，电导与浓度仍成正比关系。例如：25 ℃时，KCl 的当量电导为 149.9，在浓度为 1 mM 时为 146.9，仅减少 2%。然而淋洗液样品的电导不被假定与浓度成比例，因为流动相的离子成分被包含在淋洗体积当中。如果电解液是部分电离的弱酸和弱碱，那么 $Cl^-$ 将被已电离部分的浓度所取代，pK 和 pH 将被用来计算电离程度。

1. 影响电导测定的几个因素

(1) 浓度

溶液的电导与溶液中溶质的浓度呈线性关系。同时这种线性关系也受溶液中离子的解离度、离子的迁移率和溶液中离子对的形成等因素的影响。

对弱电解质溶液，影响检测器线性的主要因素是解离度或离子化程度。解离度代表了总溶质中能够传递电流的部分，它由溶质的浓度和溶剂的性质所决定。弱电解质在溶液中不能完全电离，因此总有某些分子以非离子化的形式存在着。非离子化的分子是不能传递电流的，因此测量的离子浓度会小于溶液中该组分的总浓度。对大多数离子来说，若线性范围能够达到 mg/L 或 μg/L 级，解离基本上被认为是完全的。

对强电解质来说，溶液中它们是完全解离的，影响检测器线性的主要因素是离子的淌度(迁移率)。离子淌度的定义是：在一个电场中，电位改变 1 V/cm 时离子的迁移速度。影响离子迁移的因素是每一离子周围形成的溶剂化电荷球对离子运动产生的阻滞力。

在溶液中，离子被带相反电荷的溶剂化电荷球所包围着。在外加电位的影响下，离子和它的溶剂化电荷球向相反的方向移动，减少了离子的迁移速度。离子本身性质的不同对其迁移率的影响也很大。具有较大水合半径的离子，其活性较差，电导值较低；而具有较小水合半径的离子其活性大，淌度较高，因此其电导值较高。

(2) 温度对电导的影响

离子的流动性和电导受温度的影响很大。温度每升高 1 ℃时，水溶液的电导将增加 2%。因此，流动相的温度应该尽可能地保持稳定。另外，可以将所测量的电导值修正至 25 ℃时的测量值。

现在的电导检测器都设计有能消除温度影响的功能。例如 Dionex 公司的电导检测器中，其电导池中设计有能对电导池流出液体的温度进行连续自动测量的热敏元件，通过在检测器中设定一个以 25 ℃时为基准的温度补偿系数进行归一化处理，来消除温度变化对测量结果的影响。

2. 电导检测器的常见故障以及处理方法

(1) 电导池的清洗

电导检测器常见的故障是检测池被污染。污染物主要来源于没有经过前处理的样品,如浓度过高、复杂的样品基体等。检测池被污染后可使检测器的基线噪音变大,灵敏度下降。当确认是检测池受到污染时,可以采用下列方法清洗,使其恢复原来的性能。

具体步骤如下:
① 配置少许 3 mol/L $HNO_3$ 溶液;
② 在电导池的入口处连接一个可接驳注射器的接头;
③ 用一个 10 mL 的注射器向电导池内推注约 20 mL 3 mol/L $HNO_3$ 溶液;
④ 用去离子水冲洗电导池至 pH 值达中性。

注意:清洗时应当将电导池的出口处直接连接至废液,严禁强酸进入抑制器。

(2) 电导池的校正

电导池清洗后一般需重新校正。在正常使用的情况下,电导池应每年校正一次。校正的方法如下:
① 将分析泵的出口管路直接连接到电导池的路口。
② 以 8.0 mL/min 的流速泵入 0.001 mol/L KCl 校正溶液,2 min 后将流速降至分析时的正常流速。最大不要超过 2 mL/min。
③ 此时电导值显示应为 147 μs,如果不是,调节检测器上的校正螺丝至 147 μs。
④ 用去离子水以 8 mL/min 的流速冲洗电导池 2 min,停泵,将系统管路恢复至正常状态。

## 五、离子色谱的定性与定量分析

### 1. 定性分析

离子色谱的定性是将检测器输出的信号,经过放大,用记录仪或积分仪以峰的形式记录出来。确定色谱峰所代表的离子对组分时,要根据其保留时间进行判断。这种定性方法必须依靠与自己已知成分和浓度的标准物对照,如果标准与样品显示出相同的保留行为,那么说明样品组分与标准相同。

### 2. 定量分析

在一定条件下,色谱峰高或峰面积与离子浓度成正比,这是离子色谱分析的定量依据。

(1) 标准曲线法

如同 HPLC 一样,离子色谱首先用标准溶液制成高于仪器检测限的标准系列。在给定的色谱条件下,依次作出标准系列的响应值,并以横坐标为浓度、纵坐标为响应值在坐标纸上作出标准曲线。在正常情况下,标准曲线的线性范围内,可找出对应的含量。在大量的例行分析中,可用单点标准法求得未知溶液的含量:

$$未知样品浓度 = \frac{未知样的响应值}{标准物响应值} \times 标准物浓度$$

(2) 标准加入法

标准加入法用于存在基体干扰的样品测定。该方法是在至少三份具有相同体积的试样中,分别加入不同量的待测元素的标准溶液(其中有一份不加标准溶液),稀释到相同的体积后进样,分别测量其峰或峰面积。以横坐标为浓度、纵坐标为响应值作出一条直线,直线向左延长至与横坐标相交,交点与坐标原点的距离即为试样中离子的浓度。

## 实验 5.1 蜂蜜中淀粉糖浆的测定

### 一、实验目的

1. 了解蜂蜜中淀粉糖浆测定的目的和意义;
2. 掌握凝胶排阻法进行样品前处理的方法;
3. 掌握通过特征峰的出现鉴别蜂蜜真伪的方法。

### 二、实验原理

蜂蜜是药食同源的天然保健食品,具有很高的营养价值。蜂蜜中固体物质有 95.0%～99.9%是糖类,占总成分的 70%～80%,这些糖分以单糖,即葡萄糖和果糖为主,通常占蜂蜜总成分的 60%以上;其次是双糖,双糖中以蔗糖占绝对优势,其含量从 0～5%;其余是麦芽糖、海藻糖、松二糖和昆布二糖等;此外还有少量的多糖,如松三糖、麦芽三糖等。蜂蜜中糖类的组成往往作为鉴别蜜源植物来源和产地来源的重要物质。

市场上一些假冒掺假的蜂蜜,主要是向蜂蜜中掺入一些糖类物质,降低了蜂蜜的品质,损害了消费者的利益。蜂蜜常见的掺假方式之一是利用粮谷加工成果葡糖浆充来当蜂蜜。淀粉糖浆是淀粉经不完全水解,脱色后加工而成的无色、透明、黏稠液体。糖浆的主要成分是葡萄糖、麦芽糖、低聚糖、糊精等。天然蜂蜜中不含五糖(DP5)以上的寡糖,而各种人工水解淀粉糖浆中均含五糖(DP5)以上的寡糖。因此可以根据五糖以上寡糖的存在来判定受检蜂蜜中是否掺入淀粉糖浆。本实验依据 GB/T 21533—2008 中的方法,使用凝胶体积排阻法去除样品中的单糖、葡萄糖,将寡糖富集后直接经阴离子交换色谱-电化学检测器检测。

### 三、仪器与试剂

1. 仪器

离子色谱仪;电化学检测器;分析天平。

2. 试剂

聚丙烯酰胺凝胶微球:粒径 45～90 μm,分级分离的相对分子质量范围 100～1 800,按使用说明书进行水化和脱气;也可使用 Bio-Gel@P-2Gel 型聚丙烯酰胺凝胶或同等性能的凝胶材料。

凝胶层析柱:将聚丙烯酰胺凝胶湿法装入 1.5 cm×15 cm 空柱管中,装入的凝胶高度为 10 cm,上端保持 1 cm 以上的水层,避免干涸。

0.45 μm 微孔滤膜:水性。

50%氢氧化钠储备液:符合离子色谱使用纯度;无水乙酸钠:符合离子色谱使用纯度;麦芽糖、麦芽三糖、麦芽四糖、麦芽五糖、麦芽六糖、麦芽七糖。

除非另有说明,所用试剂为分析纯,所用水为 18.2 MΩ/cm 的高纯水。

3. 色谱条件

色谱柱:CarboPac<sup>TM</sup>PA200 3 mm×250 mm(带 CarboPac<sup>TM</sup>PA200 3 mm×50 mm 保护柱)或相当性能的分离柱,柱温 30 ℃。

流动相:A:100%水;B:200 mmol/L 氢氧化钠,200 mmol/L 乙酸钠。梯度洗脱条件见表 5-1,进样量:20 μL。

检测器:电化学检测器;Au 工作电极,Ag/AgCl 参比电极;检测池温度 30 ℃。

表 5-1 梯度洗脱条件

| 时间/min | 流速/(mL·min) | 流动相/% | | 梯度曲线 |
| --- | --- | --- | --- | --- |
| | | A | B | |
| 0 | 0.4 | 90 | 10 | 线性 |
| 5 | | 90 | 10 | 线性 |
| 20 | | 70 | 30 | 线性 |
| 30 | | 70 | 30 | 线性 |
| 40 | | 90 | 10 | 线性 |
| 60 | | 90 | 10 | 线性 |

## 五、实验步骤

1. 溶液的配置

1.1 麦芽糖标准储备液

分别称取色谱纯麦芽糖、麦芽三糖、麦芽四糖、麦芽五糖、麦芽六糖、麦芽七糖标准物质各 10.0 mg,用水分别溶解定容至 10 mL,配制成浓度为 1 mg/mL 的储备液,于棕色瓶中 4 ℃下储存。

1.2 麦芽糖标准混合使用液

吸取一定量的麦芽糖标准储备液(1.1),按表 5-2 用水配制麦芽糖标准混合使用液,在 4 ℃下保存不超过 30 d。该溶液用于样品色谱图中寡糖保留时间的定位。

表 5-2 麦芽糖标准混合使用液的配制

| 标准物质 | 麦芽糖 | 麦芽三糖 | 麦芽四糖 | 麦芽五糖 | 麦芽六糖 | 麦芽七糖 |
| --- | --- | --- | --- | --- | --- | --- |
| 储备液吸取量/mL | 0.10 | 0.20 | 0.30 | 0.40 | 0.50 | 1.00 |
| 定容体积/mL | 10 | | | | | |
| 混合使用液浓度/(μg/mL) | 10 | 20 | 30 | 40 | 50 | 100 |

2. 试样制备

称取均匀的蜂蜜 2.0 g 作为试样,用水溶解后定容至 20 mL,用 0.45 μm 水性滤膜过滤,滤液备用。

将准备好的聚丙烯酰胺凝胶层析柱中的水放尽,至下端无水珠滴下时,将样品滤液 2.0 mL 沿柱壁慢慢加入层析柱中,恰好流至凝胶上方无液时,加入 3.0 mL 水冲洗柱壁,又至凝胶上方无液时,再加入 50 mL 水冲洗凝胶柱。注意每次在层析柱上方加液(或水)的时机,应是前次加液(或水)的层析柱体上端液体恰好流尽,下端恰好无液体滴出。弃去上述三次共 10.0 mL 流出液后,于层析柱下方接上一支 2 mL 具塞塑料离心管,从柱上方加入 2 mL 水,收集这 2 mL 流出液至离心管中,盖紧离心管塞,摇匀后作为待测样品溶液,24 h 之内测定。层析柱中加入 50 mL 水冲洗,至全部流出后,该柱直接用于处理下一个样品。

将纯蜂蜜作为阴性对照品,蜂蜜中掺入 5% 市售果葡糖浆、蜂蜜中掺入 5% 市售麦芽糖浆的样品作为阳性对照品,按照上述步骤进行操作。

3. 测定

依次将麦芽糖标准混合使用液、纯蜂蜜阴性对照品、蜂蜜中分别加入 5% 果葡糖浆和 5% 麦芽糖浆作为阳性对照品,按照上述步骤进行操作,注入离子色谱仪中,观察离子色谱图。

4. 结果判定

分析比较纯蜂蜜阴性对照样品和含 5% 糖浆的蜂蜜阳性对照样品的寡糖谱图,找到两者之间有明显差异的"指纹区",并以此作为纯蜜中掺入淀粉糖浆的判定指标。

任一掺入果葡糖浆的蜂蜜样品,在麦芽五糖至麦芽六糖之间和麦芽六糖至麦芽七糖之间有两个典型的"指纹峰"P1 和 P2,根据这两个峰的出现可判断蜂蜜中掺入果葡糖浆。

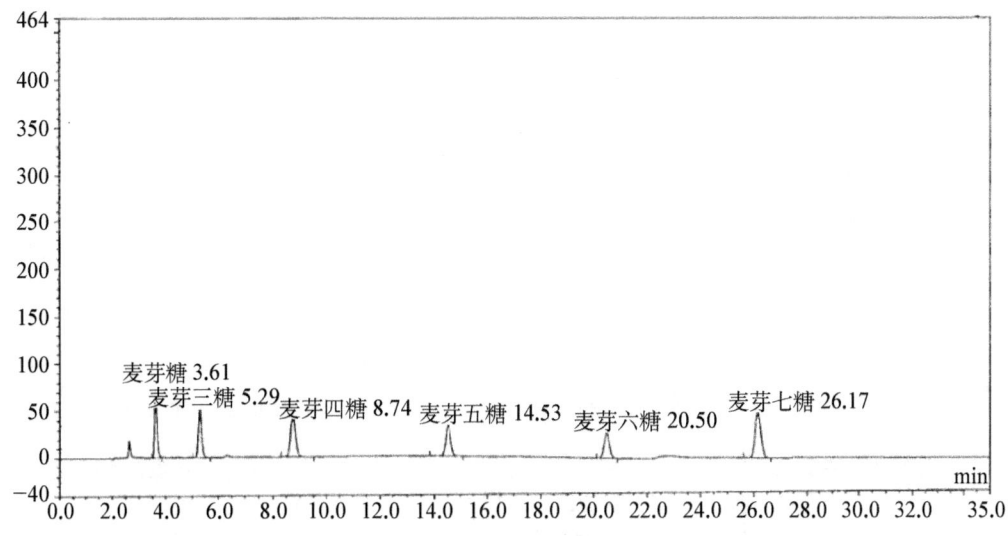

图 5-5 麦芽糖标准混合使用液定位谱图

任一掺入麦芽糖浆的蜂蜜样品在麦芽五糖至麦芽六糖之间、麦芽六糖至麦芽七糖之间以及麦芽七糖之后,有三个典型的"指纹峰簇"P1、P2 和 P3,根据这三个峰簇的出现可判断蜂蜜中掺入麦芽糖浆(包括高麦芽糖浆、异麦芽糖浆和饴糖糖浆)。

除了描述出的基本特点外,不同工艺条件下生产的糖浆还可见到其他出峰位置有其他峰形特征的微量寡糖峰,但不影响"指纹区"的基本特征和判定。

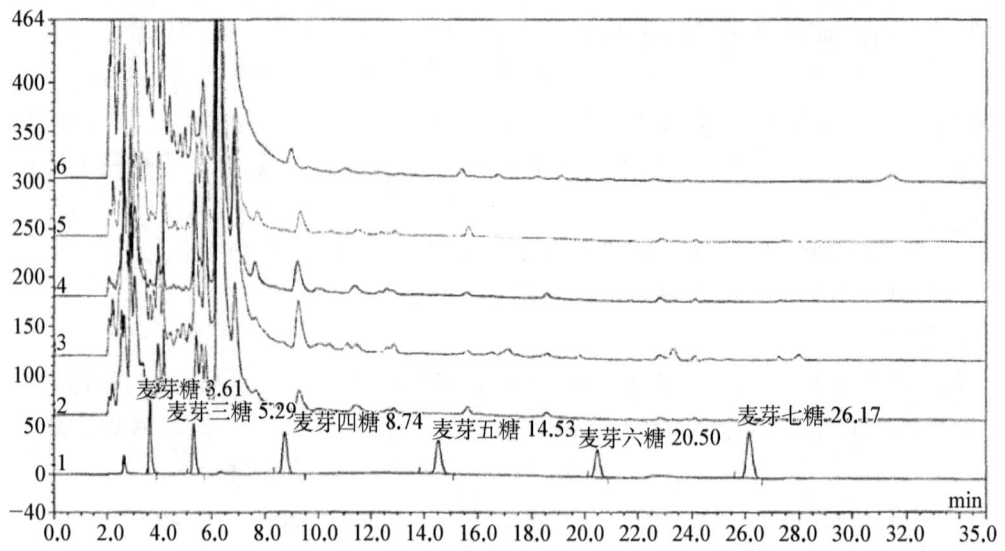

图 5-6 麦芽糖定位图与纯洋槐、枣花、椴树、荆条、油菜蜜的寡糖谱图
1—2-7 麦芽糖标;2—槐花纯蜜;3—枣花纯蜜;4—荆条纯蜜;5—油菜纯蜜;6—椴树纯蜜。

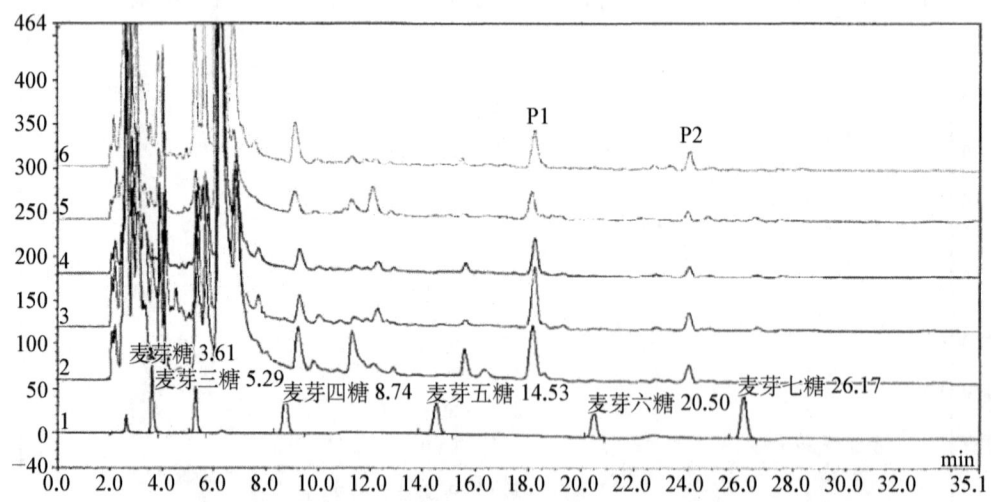

图 5-7 麦芽糖定位图与含 5% 果葡糖浆的洋槐、枣花、椴树、荆条、油菜蜜的寡糖谱图
1—2-7 麦芽糖标;2—椴树纯蜜+果葡1#5%;3—荆条纯蜜+果葡2#5%
4—油菜纯蜜+果葡3#5%;5—洋槐纯蜜+果葡4#5%;6—枣花纯蜜+果葡5#5%。

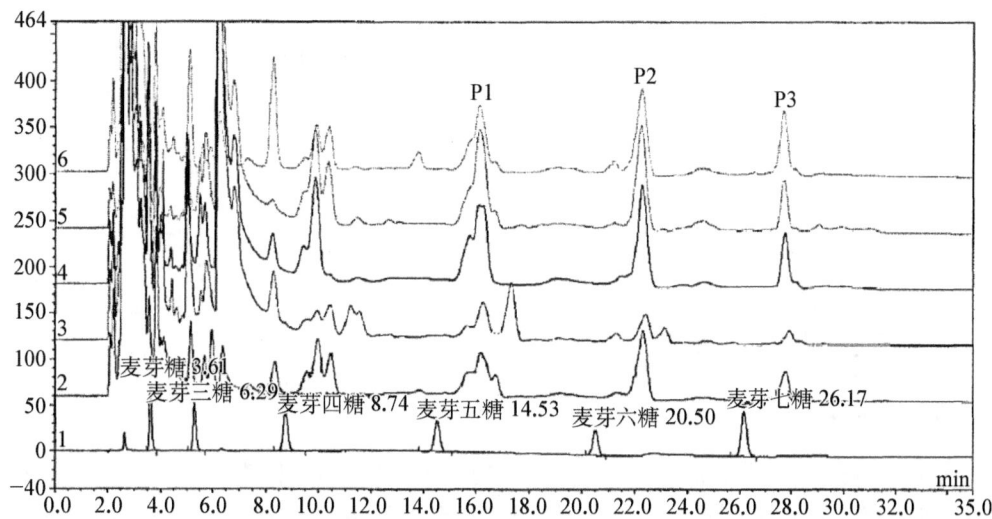

**图 5-8　麦芽糖定位图与含 5% 麦芽糖浆的洋槐、枣花、椴树、荆条、油菜蜜的寡糖谱图**

1—2-7 麦芽糖标；2—椴树纯蜜＋麦芽糖浆 1♯5%；3—荆条纯蜜＋麦芽糖浆 2♯5%；4—油菜纯蜜＋麦芽糖浆 3♯5%；5—洋槐纯蜜＋麦芽糖浆 4♯5%；6—枣花纯蜜＋麦芽糖浆 5♯5%。

## 五、数据记录与处理

1. 根据麦芽糖标准混合溶液的色谱图，记录保留时间和峰高。

| 名　　称 | 麦芽糖 | 麦芽三糖 | 麦芽四糖 | 麦芽五糖 | 麦芽六糖 | 麦芽七糖 |
|---|---|---|---|---|---|---|
| 保留时间/min |  |  |  |  |  |  |
| 峰高 |  |  |  |  |  |  |

2. 比较纯蜂蜜阴性对照品、蜂蜜中分别加入 5% 果葡糖浆和 5% 麦芽糖浆阳性对照品的谱图。

## 六、问题与讨论

1. 为什么要采用凝胶排阻色谱对蜂蜜样品进行前处理？
2. 蜂蜜的真伪鉴别还可以用哪些方法？

## 七、参考文献

[1] GB/T 21533—2008 蜂蜜中淀粉糖浆的测定-离子色谱法[S],2008.

[2] 陈伟,乔勇升,袁华峰. 离子色谱法检测蜂蜜中淀粉糖浆[J].食品工业,2016,37(04):281-283.

[3] 杜宗绪. 蜂蜜掺假鉴别检测方法研究进展[J].保鲜与加工,2015,15(05):67-71.

## 实验 5.2　化妆品中亚硝酸盐的测定

### 一、实验目的

1. 了解离子色谱法测定亚硝酸盐的基本原理；
2. 掌握外标法进行定量测定的原理；
3. 掌握化妆品样品前处理的方法。

### 二、实验原理

无机亚硝酸盐是《化妆品卫生规范》规定的禁用物质，不得作为化妆品生产原料即组分添加到化妆品中。但亚硝酸钠除外，亚硝酸钠允许作为防锈剂使用。亚硝酸盐能转化为毒害性很强的亚硝胺类致癌物，对人体健康具有致癌、致畸、致突变的严重危害性，对消费者的健康产生不良影响。我国《化妆品卫生规范》(2002 版)明确规定了亚硝酸钠在化妆品中为限用物质，限量为 0.2%。通常测定亚硝酸盐的方法有吸光光度法、电化学分析法、荧光分析法等，但这些方法大都操作繁琐，检测周期长，消除干扰困难，而离子色谱法因具有简单、快速、选择性好、灵敏度高、准确以及同时测定痕量和超痕量多组分阴离子等特点。本实验参考国家标准 GB/T 24800.13—2009，采用离子色谱法，结合固相萃取前处理技术，对皮肤护理类化妆品中的亚硝酸盐进行定量测定。本方法对于亚硝酸盐的检出限为 0.000 025%，定量限为 0.000 05%。

### 三、仪器与试剂

1. 仪器

离子色谱仪，配有电导检测器；涡旋振荡器；超声波清洗；离心机:大于 5 000 r/min。

2. 试剂

亚硝酸盐标准液:储备液在冰箱冷藏保存，可使用 2 个月。

亚硝酸盐标准工作溶液:用水将上述标准液分别配成 0.1、0.2、0.4、0.8、1.0 mg/L，一系列浓度的标准工作溶液，现用现配。

RP 柱或 $C_{18}$ 柱，1 mL。RP 柱或 $C_{18}$ 柱使用前需活化:分别用 5 mL 甲醇，10 mL 水活化后，放置 30 min 后即可使用。

实验用水为二次去离子水。

3. 仪器条件

3.1 色谱柱:阴离子交换柱，4 mm×250 mm(带 4 mm×50 mm 保护柱);

3.2 淋洗液:4.5 mmol/L $Na_2CO_3$ + 1.4 mmol/L $NaHCO_3$;流速:1.0 mL/min;

3.3 柱温:30 ℃；

3.4 进样量:50 μL。

## 四、实验步骤

1. 样品处理

称取化妆品试样约 2.0 g,精确到 0.001 g,于 10 mL 具塞比色管中,加乙腈定容至刻度,在涡旋振荡器上高速振荡 1 min 后,在离心机上于 6 000 r/min 离心 20 min。取上清液 1 mL 至 10 mL 比色管中,加超纯水定容至刻度,依次通过 0.22 μm 尼龙滤膜、RP 柱(或 $C_{18}$ 柱)后,滤液供测定用。

2. 标准工作曲线绘制

分别移取一系列浓度为 0.1、0.2、0.4、0.8、1.0 mg/L 的标准工作溶液,按色谱条件进行测定,以色谱峰的峰面积为纵坐标,对应的溶液浓度为横坐标作图,绘制标准工作曲线。

3. 试样测定

用微量注射器准确吸取处理后的试样溶液注入离子色谱仪,按色谱条件进行测定,记录色谱峰的保留时间和峰面积,由色谱峰的峰面积可从标准曲线上求出亚硝酸盐的浓度。

样品溶液中的亚硝酸盐响应值均应在仪器测定的线性范围之内。亚硝酸盐含量高的试样可取适量试样溶液用超纯水稀释后进行测定。

4. 结果计算

样品中亚硝酸盐的质量浓度按式(5-4)计算(计算结果应扣除空白值):

$$X_i = \frac{c_i \times V_i}{1\ 000\ m} \times 100 \tag{5-4}$$

式中:

$X_i$——样品中亚硝酸盐的质量浓度,%;

$c_i$——标准曲线查得亚硝酸盐的浓度,mg/L;

$V_i$——样品稀释后的总体积,L;

$m$——样品质量,g。

5. 回收率与精密度的测定

在添加浓度 0.000 125%～0.005%浓度范围内,回收率在 85%～110%之间,相对标准偏差小于 10%。

## 五、数据记录与处理

1. 工作曲线的绘制

记录亚硝酸盐标液保留时间和峰面积,根据实验数据填写下表,绘制标准曲线。

| 序号 | 1 | 2 | 3 | 4 | 5 |
|---|---|---|---|---|---|
| 浓度/(mg/mL) | 0.1 | 0.2 | 0.4 | 0.8 | 1.0 |
| 峰面积 | | | | | |
| 标准曲线 | | | | | |
| 相关系数 | | | | | |

2. 样品的测定

根据线性方程和样品溶液中亚硝酸盐色谱峰峰面积,计算样品溶液中亚硝酸盐浓度。

3. 回收率实验

| 离子 | 样品中含量/(mg/L) | 加标值/(mg/L) | 测定值/(mg/L) | 加标回收率/% | RSD/% |
| --- | --- | --- | --- | --- | --- |
| $NO_2^-$ | | | | | |

## 六、问题与讨论

1. 除了离子色谱法,化妆品中的亚硝酸盐还有哪些方法可以测定?
2. 为什么要采用 RP 柱或 $C_{18}$ 柱对化妆品样品进行前处理?

## 七、参考文献

[1] GB/T 24800.13—2009 化妆品中亚硝酸盐的测定-离子色谱法[S].

[2] 黄芳,何凤云,张凤,等.离子色谱法测定化妆水中的多种无机阴离子[J].现代预防医学,2011,38(18):3747-3749.

[3] 许淑霞,刘丽梅,张勇,等.化妆品中 7 种阴离子的固相萃取-离子色谱测定法[J].环境与健康杂志,2008(02):155-158.

[4] 屈静,杨迎春,王潇婷,等.离子色谱法测定化妆品中的无机阴离子[J].日用化学工业,2009,39(02):141-144.

# 实验 5.3 口腔护理产品中氯酸盐的测定

## 一、实验目的

1. 了解碱金属氯酸盐在口腔护理产品中的作用及危害;
2. 掌握离子色谱法测定氯酸盐的方法。

## 二、实验原理

近年来碱金属氯酸盐类已经广泛地应用于牙膏的生产制造中,例如月桂酰肌氯酸钠在牙膏中除发泡、洁净作用外,还能防止口腔酶类发酵、减少酸的产生,有一定的防龋效应。它在酸碱介质中很稳定,在口腔护理产品的生产中有较好的应用前景。碱金属的氯酸盐类经消化道吸入进入体内,大部分以原形经肾排出。它对消化道黏膜有刺激作用,可使血红蛋白变为高铁血红蛋白,使红细胞溶解,产生大量组织胺,大量的组织胺可使内脏毛细管扩张,渗透性增加而引起肾小管肿胀、变性、坏死。其中氯酸钠对人的致死量(LD50)为 15~25 g,致死原因为高铁血红蛋白血症以及急性肾功能衰竭,所以过多使用会对人类造成较大的危害。在《化妆品卫生规范》(2007 版)中明确规定了碱金属氯酸盐类可以应用于化妆品中作为原料,但是有其限量的要求,其中牙膏为 5%,其他化妆品为 3%。

氯酸盐的检测方法常采用分光光度法、滴定法、离子色谱质谱法和离子色谱电导法等。本实验参考国家标准 GB/T 32113—2015,对口腔护理产品中氯酸盐的含量进行测定。样品经碱溶液提取后,脱脂柱净化,导入离子色谱,采用电导检测器进行测定,外标法定量。本方法对于氯酸根的检出限为 2 mg/kg。

## 三、仪器与试剂

1. 仪器

离子色谱仪:配有阴离子抑制器和电导检测器、分析天平、旋涡混合器、超声波清洗器。

2. 试剂

甲醇:色谱纯;氢氧化钠:色谱纯;氯酸钠;微孔滤膜:0.45 μm,水相。

除非另有说明,所用试剂均为优级纯,水为 GB/T 6682 规定的一级水。

氯酸根标准储备液:称取氯酸钠 0.127 5 g(精确至 0.000 1 g),用 10 mmol/L 氢氧化钠溶解并定容至 100 mL,其中氯酸根的浓度为 1 mg/mL。贮存于 4 ℃冰箱中,有效期为 6 个月。

氯酸根系列标准工作液:准确吸取氯酸根标准储备液 0.50、1.00、2.00、3.00、5.00 mL 于一组 100 mL 的容量瓶中,用 10 mmol/L 氢氧化钠定容至刻度,配得浓度为 5.0、10.0、20.0、30.0、50.0 μg/mL 的系列标准工作溶液。

聚二乙烯基苯聚合物反相填料柱(或等效的脱脂柱):规格为 1.0 mL,使用前依次用 10 mL 甲醇、15 mL 水通过,静置活化 30 min。

3. 仪器条件

离子色谱柱参数:阴离子保护柱 IonPac AG19(50 mm×4 mm)或性能相当者,阴离子分析柱 IonPac AS19(250 mm×4 mm)或性能相当者。

流速:1.0 mL/min;

电导检测器:配 4 mm 的阴离子抑制器;

进样量:25~50 μL(根据样液中氯酸根的浓度而定);

淋洗液:60 mmol/L 氢氧化钠溶液梯度洗脱,洗液梯度参考程序见表 5-3。

表 5-3 淋洗液梯度参考程序

| 时间/min | 0.02 | 20.0 | 20.1 | 27.0 | 27.1 | 32.0 |
| --- | --- | --- | --- | --- | --- | --- |
| 氢氧化钠浓度/(mmol/L) | 10 | 10 | 60 | 60 | 10 | 10 |

## 四、实验步骤

1. 样品的制备

称取样品约 0.5 g 于 100 mL 具塞离心管中,加入 10 mmol/L 氢氧化钠溶液约 20 mL,涡旋 0.5 min,再加入 10 mmol/L 氢氧化钠溶液至约 80 mL,超声提取 10 min 后用 10 mmol/L 氢氧化钠溶液定容至刻度,静置约 10 min 后,取上清液过聚二乙烯基苯聚合物反相填料柱或等效的脱脂柱,经 0.45 μm 微孔滤膜过滤,供离子色谱进行测定。同时处理试剂空白。

2. 标准工作曲线的绘制

将氯酸根系列标准工作液按浓度从低到高依次导入离子色谱仪进行测定,以氟酸根离子的峰面积为纵坐标,以系列标准溶液中氯酸根的浓度为横坐标,得标准工作曲线。

3. 样品的测定

采用标准工作曲线法测定氯酸根的含量。样品溶液和试剂空白溶液导入离子色谱仪进行测定。以样品的峰面积与标准曲线比较定量。

4. 结果计算

样品中氯酸根的含量由式(5-5)计算:

$$X = \frac{c \times V \times k \times 1\,000}{m \times 1\,000} \tag{5-5}$$

式中:

$X$——样品中氯酸根的含量,单位为 mg/kg;

$c$——样品中氯酸根面积对应的浓度,单位为 μg/mL;

$V$——样液最终定容体积,单位为 mL;

$k$——稀释倍数;

$m$——样品的质量,单位为 g。

注:计算结果需扣除空白值。测定结果用平行测定的算术平均值表示,结果小于 1 000 mg/kg 时保留至小数点后一位,结果大于或等于 1 000 mg/kg 时保留至整数。

5. 回收率

在添加浓度 10~10 000 μg/kg 浓度范围内,回收率在 80%~110% 之间,相对标准偏差小于 10%。

## 五、数据记录与处理

1. 工作曲线的绘制

依次测定标准溶液,绘制标准曲线,根据实验数据填写下表:

| 序号 | 1 | 2 | 3 | 4 | 5 |
| --- | --- | --- | --- | --- | --- |
| 浓度/(mg/mL) | 5.0 | 10.0 | 20.0 | 30.0 | 50.0 |
| 峰面积 | | | | | |
| 标准曲线 | | | | | |
| 相关系数 | | | | | |

2. 样品的测定

样品经处理后进行测定,根据标准曲线计算样品中氯酸根浓度。

样品的峰面积_____

样品中氯酸根的质量浓度_____

3. 加标回收实验

| 阴离子 | 样品中含量/(mg/kg) | 加标值/(mg/kg) | 测定值/(mg/kg) | 加标回收率/% | RSD/% |
|---|---|---|---|---|---|
| $ClO_3^-$ | | | | | |

## 六、问题与讨论

1. 口腔护理产品中为什么有氯酸盐？有什么作用？
2. 除了离子色谱法，还有哪些方法可以测定氯酸盐？

## 七、参考文献

[1] GB/T 32113—2015 口腔护理产品中氯酸盐的测定.
[2] 林立,王琳琳,孙海波,等.离子色谱法测定口腔护理产品中的氯酸盐[J].中国卫生检验杂志,2014,24(05):609-611+617.

# 实验 5.4　化肥中微量阴离子的测定

## 一、实验目的

1. 了解化肥中常见阴离子及其危害；
2. 掌握离子色谱法同时测定多种阴离子的方法；
3. 学习离子色谱仪的一般操作方法。

## 二、实验原理

化肥在施用过程中会通过各种途径对土壤、大气、水体环境、农作物及整个生态系统产生严重的影响和危害。长期使用硫酸法制得的磷肥会增加土壤中氟污染的程度，化肥中氯离子超标会直接威胁到种子的发芽及幼苗生长，国家肥料标准规定氯离子的质量分数大于3%时需标明慎用；亚硝酸根是确认的致癌物质，氮肥中亚硝酸根及硝酸根反硝化后会渗透至地下水，甚至转移至农作物上，而反硝化产生的氧化二氮对臭氧层也有严重破坏；用煤气和炼焦厂的副产品制得的硫酸铵肥料中含有较多的硫氰酸根，危害农作物。因此加强化肥中阴离子的检测具有重要的意义。目前测定化肥中阴离子含量的方法主要有分光光度法、电化学法、X射线荧光光谱法、化学滴定法等，但这些方法大都操作繁琐，测定周期长，有些干扰较严重，并难以同时测定多种离子。本实验参考 GB/T 29400—2012，采用离子色谱法同时测定了化肥中微量氟、氯、溴、碘、亚硝酸根、硫氰酸根等离子的含量。

## 三、仪器与试剂

1. 仪器

离子色谱仪：配电导检测器；超声波清洗器；离心机：转速为 4 000 r/min；小型高速粉

碎机;分析天平;水性滤膜针头滤器:0.22 μm;钡(Ba)离子过滤柱(简称 Ba 柱):1 mL;SPE-C₁₈柱(简称 C₁₈柱):1 mL;银/氢(Ag/H)离子过滤柱(简称 Ag/H 柱):1 mL。

注:使用 Ag/H 柱目的是在试液中 $Cl^-$ 含量较高时,避免 $Cl^-$ 对 $NO_2^-$ 的干扰。

2. 试剂

除另有说明外,所用试剂均为分析纯,水为超纯水;电阻率大于或等于 18.2 MΩ·cm。氢氧化钾、碳酸钠、碳酸氢钠均为优级纯;丙酮:色谱纯。

氢氧化钾溶液 $c(KOH)=100$ mmol/L:称取 5.611 g 氢氧化钾加水至 1 000 mL,混匀。

碳酸盐淋洗液(5.0 mmol/L $Na_2CO_3$+2.0 mmol/L $NaHO_3$+4%丙酮):称取 0.530 g 碳酸钠,0.168 g 碳酸氢钠。移取 40 mL 丙酮,加水至 1 000 mL,超声混匀(等度色谱条件用)。

氟化物($F^-$)标准溶液(1 000 μg/mL):准确称取 2.210 0 g 氟化钠(NaF,105 ℃干燥 2 h),溶于水,移入 1 000 mL 容量瓶中,稀释至刻度,混匀。贮存于聚乙烯瓶中。

氯化物($Cl^-$)标准溶液(1 000 μg/mL):准确称取 1.648 0 g 氯化钠(NaCl,105 ℃干燥 2 h),溶于水,移入 1 000 mL 容量瓶中,稀释至刻度,混匀。

溴化物($Br^-$)标准溶液(1 000 μg/mL):准确称取 1.490 0 g 溴化钾(KBr,105 ℃干燥 2 h),溶于水,移入 1 000 mL 容量瓶中,稀释至刻度,混匀。贮存于棕色瓶中。

碘化物($I^-$)标准溶液(1 000 μg/mL):准确称取 1.308 0 g 碘化钾(KI,105 ℃干燥 2 h),溶于水,移入 1 000 mL 容量瓶中,稀释至刻度,混匀。贮存于棕色瓶中。

亚硝酸盐($NO_2^-$)标准溶液(1 000 μg/mL):准确称取 1.489 0 g 亚硝酸钠($NaNO_2$,105 ℃干燥 2 h),溶于水,移入 1 000 mL 容量瓶中,稀释至刻度,混匀。

硫氰酸盐($SCN^-$)标准溶液(1 000 μg/mL):准确称取 1.673 0 g 硫氰酸钾(KSCN,105 ℃干燥 2 h),溶于水,移入 1 000 mL 容量瓶中,稀释至刻度,混匀。

氟、氯、溴、碘化物、亚硝酸盐、硫氰酸盐混合标准工作溶液,按表 5-4 中离子浓度,配制混合标准工作液。

表 5-4 混合离子标准溶液浓度/(μg/mL)

| 项目 | $F^-$ | $Br^-$ | $I^-$ | $NO_3^-$ | $SCN^-$ |
| --- | --- | --- | --- | --- | --- |
| 标 0 | 0 | 0 | 0 | 0 | 0 |
| 标 1 | 0.1 | 0.2 | 0.2 | 0.1 | 0.5 |
| 标 2 | 1.0 | 1.0 | 1.0 | 1.0 | 1.0 |
| 标 3 | 5.0 | 5.0 | 5.0 | 5.0 | 5.0 |
| 标 4 | 20.0 | 10.0 | 10.0 | 10.0 | 20.0 |

## 四、实验步骤

1. 试样制备

按 GB/T 8571 规定制备样品。

**2. 色谱柱的活化**

Ba 柱的活化：使用前用 10 mL 水冲洗 Ba 柱，控制液体流出速度不超过 3 mL/min，活化后待用。

$C_{18}$ 柱的活化：先用 5 mL 甲醇通过 $C_{18}$ 小柱，控制液体流出的速度不超过 3 mL/min。再用 15 mL 二次去离子水冲洗 $C_{18}$ 柱，控制液体流出的速度不超过 3 mL/min，平放静置活化 20 min，待用。

Ag/H 柱：使用前用 10 mL 水冲洗 Ag/H 柱，控制液体流出速度不超过 3 mL/min，活化后待用。

**3. 提取**

称取适量试料，置于 100 mL 容量瓶中，加水至近 100 mL，使其中的各待测离子浓度范围分别为：$F^-$（0.1～20 μg/mL），$Cl^-$（0.1～200 μg/mL），$Br^-$（0.2～20 μg/mL），$I^-$（0.2～20 μg/mL），$NO_2^-$（0.1～20 μg/mL），$SCN^-$（0.4～20 μg/mL）。在室温下水浴超声 30 min，放置片刻，用水定容至刻度，摇匀。取部分溶液离心 5～10 min。

取上述离心清液 5 mL 通过水性滤膜针头滤器后，再缓慢推入分别或串联的活化后的 $C_{18}$ 柱、Ba 柱或 Ag/H 柱，控制液体流出的速度不超过 3 mL/min，弃去最初的 3 mL，剩余 1～2 mL 液体进样检测。

注：$C_{18}$ 柱用于去除试液中的有机物，Ba 柱用于去除试液中过量的硫酸根和磷酸根，Ag/H 柱用于去除试液中高含量的氯根，以便准确定量测定亚硝酸根。可根据样品的情况选取其中的一种或几种，或几种都不用。

**4. 离子色谱条件（梯度色谱条件）**

色谱柱：氢氧化物选择性，可兼容梯度洗脱的高容量阴离子交换柱。

柱温箱温度：30 ℃。

抑制器：连续自动再生膜阴离子抑制器，或等效抑制装置。

检测器：电导检测器，检测池温度 35 ℃。

淋洗液：氢氧化钾溶液，淋洗液 $OH^-$ 浓度变化梯度程序见表 5-5。

淋洗液流速：1.0 mL/min。

进样体积：25 μL，可根据测试溶液中被测离子含量进行调整。

表 5-5 淋洗梯度

| 时间/min | 0.00 | 12.50 | 14.50 | 34.50 | 41.00 |
| --- | --- | --- | --- | --- | --- |
| $OH^-$ 浓度/(mmol/L) | 8 | 8 | 70 | 70 | 8 |

**3. 测定**

**3.1 标准曲线的绘制**

分别移取氟化物、氯化物、溴化物、碘化物、亚硝酸盐、硫氰酸盐标准溶液，按表 5-4 配制混合离子标准溶液系列，用作标准曲线（必要时标准溶液进样应与所测定试液一样，通过 $C_{18}$ 柱和 Ba 柱处理），求出线性方程和相关系数。

**3.2 试样的测定**

用 1.0 mL 注射器分别吸取空白和试样溶液，在相同工作条件下，依次注入离子色谱仪中,记录色谱图。根据保留时间定性,分别测定空白和样品的峰面积。典型离子色谱图见图5-9(梯度色谱条件)和图5-10(等度色谱条件)。

空白溶液除不加试料外按相同步骤进行处理。试液中待测离子的响应值应在标准线性范围之内。

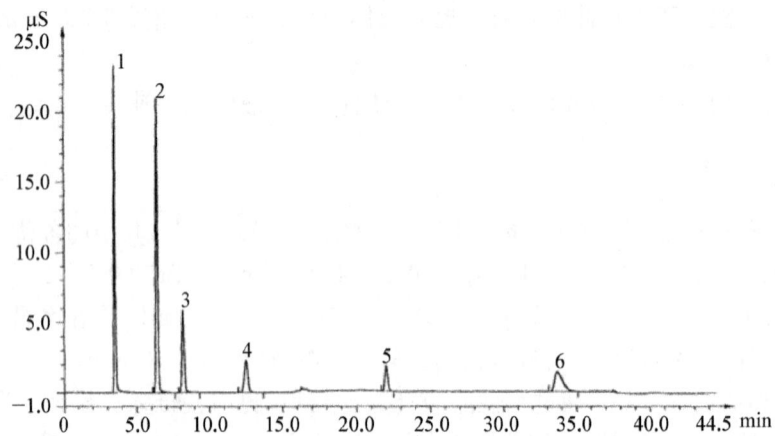

**图5-9** 氟离子、氯离子、亚硝酸根离子、溴离子、碘离子和硫氰酸根离子在 Dionex IonPac®AS18 柱上的标准图谱(梯度色谱条件)

1—氟离子(3.500 min);2—氯离子(6.353 min);3—亚硝酸根离子(8.177 min);4—溴离子(12.467 min);5—碘离子(21.983 min);6—硫氰酸根离子(33.670 min)。

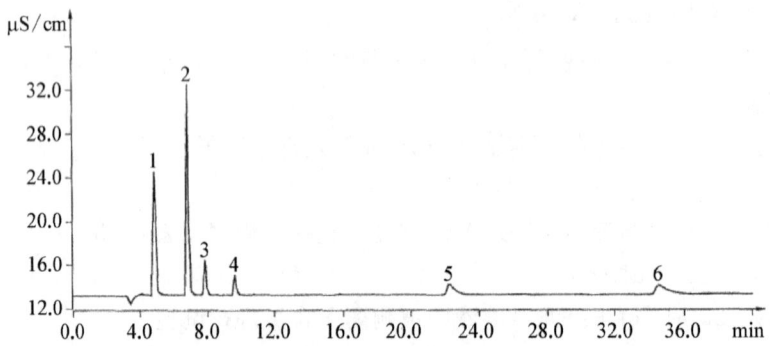

**图5-10** 氟离子、氯离子、亚硝酸根离子、溴离子、碘离子和硫氰酸根离子在 Metrosep A Supp5-250 柱上的标准图谱(等度色谱条件)

1—氟离子(4.86 min);2—氯离子(6.85 min);3—亚硝酸根离子(7.87 min);4—溴离子(9.63 min);5—碘离子(22.22 min);6—硫氰酸根离子(34.53 min)。

### 3.3 分析结果的表达

氟离子、氯离子、溴离子、碘离子、亚硝酸根离子和硫氰酸根离子的含量 $w$,以 mg/kg 表示,按式(5-6)计算:

$$w=\frac{(\rho-\rho_0)\times V\times f\times 1\,000}{m\times 1\,000}=\frac{(c-c_0)\times V\times f}{m} \tag{5-6}$$

$\rho$——试液中的氟离子、氯离子、溴离子、碘离子、亚硝酸根离子或硫氰酸根离子质量浓度，单位为 mg/L；

$\rho_0$——空白溶液中氟离子、氯离子、碘离子、溴离子、亚硝酸根离子或硫氰酸根离子质量浓度，单位为 mg/L；

$V$——试样溶液体积，单位为 mL；

$f$——试样溶液稀释倍数；

$m$——试料质量的数值，单位为 g。

## 五、数据记录与处理

### 1. 工作曲线的绘制

记录各阴离子的峰保留时间和峰面积，绘制标准曲线，数据填入表中。

| 阴离子 | 保留时间 $t_R$/min | 线性方程/(mg/L) | 相关系数 |
|---|---|---|---|
| $F^-$ | | | |
| $Cl^-$ | | | |
| $NO_2^-$ | | | |
| $Br^-$ | | | |
| $I^-$ | | | |
| $SCN^-$ | | | |

### 2. 样品的测定

样品经处理后按实验条件进行测定，根据标准曲线计算样品中各阴离子浓度。

### 3. 加标回收实验

| 阴离子 | 样品中含量/(mg/L) | 加标值/(mg/L) | 测定值/(mg/L) | 加标回收率/% | RSD/% |
|---|---|---|---|---|---|
| $F^-$ | | | | | |
| $Cl^-$ | | | | | |
| $NO_2^-$ | | | | | |
| $Br^-$ | | | | | |
| $I^-$ | | | | | |
| $SCN^-$ | | | | | |

## 六、问题与讨论

1. 简述离子色谱法同时测定多种阴离子的原理。
2. 离子色谱中如何对阴离子进行定性？

## 七、参考文献

[1] GB/T 29400—2012 化肥中微量阴离子的测定-离子色谱法[S].

[2] 吴勍,孙明星,高运川,等.离子色谱法测定化肥中六种阴离子[J].理化检验(化学分册),2011,47(01):23-26.

第二篇
# 有机物含量分析中的现代分析技术

有机物种类繁多，对人类的生命、生活、生产具有极其重要的意义。因此，有机物含量分析在产品质量检测中占有重要地位。有机物含量分析在产品质量检测中包括对有效有机成分、有毒有害有机物质的含量分析，以及根据某些产品的特定组成，鉴别真伪等。用于有机物含量分析的现代分析技术有紫外可见光谱法、荧光光谱法、磷光光谱法、质谱法、色谱法等。由于各类产品基体复杂，待测有机物多处于一个复杂混合物体系中，因此作为分离分析技术的色谱技术是有机物含量分析中最重要的技术。将分离效率高的色谱技术与定性能力强的质谱联用，更为有机物的含量分析提供可靠的保证。

色谱分析法是一种分离分析技术。越是复杂的样品体系，用色谱分离越具有优势，它可以一次进样实现对几十种甚至几百种化合物进行分离和分析。色谱法的优越性在于色谱柱高效分离与高灵敏度检测技术的结合。色谱法基本原理：同一时刻进入色谱柱的各组分，由于在流动相和固定相之间溶解、吸附、渗透或离子交换等作用的不同，随流动相在色谱柱内运动时，在两相之间进行了反复多次（$1 \times 10^3 \sim 1 \times 10^6$）的分配过程，使得原来分配系数具有微小差别的各组分，产生了保留能力的差异，各组分在色谱柱中的移动速度发生变化，经过一定长度的色谱柱后，彼此分离开来，最后按顺序流出色谱柱而进入检测器，检测器将各组分的浓度信号转换为电信号，并在记录装置上显示出各组分的色谱峰，用于物质的定性和定量分析。

色谱分析中一般根据色谱保留值进行定性分析。定性的依据是同一物质在特定的色谱条件下，保留时间为定值。在进行定性时，根据样品溶液的色谱图中的色谱峰与标准品溶液的色谱峰的保留时间进行对照，从而确定样品中所含有的组分。如果采用质谱检测器，还可以根据样品中溶液的物质的质谱图与标准谱库中的物质进行对照进行定性。

色谱分析中定量的依据是在一定的操作条件下，某种组分的质量或浓度与其在检测器上的响应信号（峰高或峰面积）成正比。常用的定量方法有归一化法、标准曲线法（也称外标法）、内标法、内标标准曲线法。

(1) 归一化法

归一化法适用于试样中所有组分都能流出色谱柱，并且各组分都能在色谱图上显示出色谱峰的情况。假设试样中有 $n$ 个组分，某种组分的百分含量可用式(1)表示。

$$w_i = \frac{f_i A_i}{\sum f_i A_i} \times 100\% \tag{1}$$

式中：$f_i$ 为某待测物质的质量校正因子，$A_i$ 为其色谱峰的面积。

归一化方法的优点是简便、准确。进样量、流速等操作条件变化时，对分析结果影响较少。由于实际在产品质量检测过程中，样品基体复杂，很难达到全出峰、全知峰，所以这种方法在复杂的有机物含量分析中极少用到。

(2) 标准曲线法

标准曲线法又称外标法。配制一系列不同浓度的标准溶液，在一定的色谱条件下，分别测定相应的响应信号（峰高或峰面积），以响应信号为纵坐标，以标准溶液的浓度为横坐标，绘制标准曲线。分析试样时，进样量与标准溶液的进样量一致，在相同的色谱条件下，测得试样中待测组分的峰高或峰面积，即可从标准曲线上查得待测样品溶液的浓度（也可通过拟合曲线计算得到未知溶液浓度)。外标法不需要校正因子,操作简单,计算方便,但是结果的准确度主要取决于进样量的重现性和操作条件的稳定性。该方法适用于大批量试样的快速分析。

(3) 内标法

内标法是将一定量的纯物质作为内标物,加入准确称取的试样中,根据被测物和内标物的质量及其在色谱图上的峰面积之比,根据式(2)求出待测组分的百分含量 $w_i$。

$$w_i = \frac{m_s}{m} \times \frac{f_i A_i}{f_s A_s} \times 100\% \tag{2}$$

式中:$m_s$ 为内标物的质量,$m$ 为试样总质量。$f_s$、$f_i$ 分别为内标物和待测物质的质量校正因子。$A_s$ 和 $A_i$ 分别为内标物和待测物质的峰面积。

内标物应该是样品中没有的组分,还应当和被分析的样品组分有基本相同或尽可能一致的物理化学性质(如化学结构、极性、挥发度及在溶剂中的溶解度等)、色谱行为和响应特征,最好是被分析物质的同系物,并与样品溶液中所有的组分都能分离。

内标法只需要测定试样中某一个或某几个组分,而且试样中组分不能全部出峰可用此法。该法优点是定量准确,缺点是选择内标物比较困难,而且每次分析都需准确称取试样和内标物的质量,因此该方法不适合快速分析。

(4) 内标标准曲线法

内标标准曲线法是一种简化的内标法。每次测定都称取同样量的试样,加入恒定量的内标物,以 $w_i$ 对 $A_i/A_s$ 作图,得到标准曲线。分析时,称取和制作标准曲线时用量相同的试样和内标物,测出其面积,从标准曲线上查出被测物的含量。内标标准曲线法不必测出校正因子,不必严格定量进样,适合液体试样的常规分析。

# 第6章 气相色谱(含气-质联用)技术

## 一、气相色谱技术简介

气相色谱法是采用气体作为流动相的一种色谱法。进入汽化室的样品在汽化室汽化后被载气带入色谱柱,因不同组分结构不同,各组分与色谱柱内固定相相互作用力不同,导致各组分在色谱柱内滞留时间不同,到达检测器的时间不同,利用检测器记录下色谱图,可以根据色谱图进行定性和定量分析。气相色谱法可用于分析气体样品,也可分析易挥发的液体和固体。一般来说,只要沸点在400 ℃以下,热稳定性良好的物质,原则上都可采用气相色谱法。目前气相色谱中所能分析的有机物占全部有机物的15%~20%,而这些有机物恰是目前应用很广的一部分,因而气相色谱的应用范围十分广泛。对于难挥发和热不稳定的物质,气相色谱法不适用,但近年来裂解气相色谱、反应气相色谱法等的应用,大大拓展了气相色谱的使用范围。

气相色谱按固定相的状态,可分为气固色谱和气液色谱两种类型。气固色谱以固体吸附剂作为固定相,利用不同组分在固体吸附剂上吸附能力的差异实现组分的分离,主要用于永久性气体、无机气体和低分子碳氢化合物,在有机物含量检测中应用较少。气液色谱中的固定相为固定液。气液色谱法是利用各组分在固定液中溶解度的不同实现分离。固定液可以是涂敷在化学惰性的担体上或者直接键合在毛细管的内壁上,前者为填充柱气液色谱,后者为毛细管气液色谱。目前在低沸点有机物含量分析中,应用最广的是毛细管气液色谱,故本部分内容也以介绍毛细管气液色谱为主。

## 二、气相色谱仪

气相色谱仪分为五个系统,分别为载气系统、进样系统、分离系统、检测系统、温度控制系统以及记录系统(目前大多数仪器配有色谱工作站)。

气相色谱法中常用载气有氮气、氢气、氦气等气体。载气的选择一般根据气相色谱检测器来确定。氢火焰离子化检测器、电子捕获检测器、火焰光度检测器选用氮气;热导池检测器选用氢气或氦气作载气,而质谱检测器则选用氦气作载气。

气相色谱的进样系统即汽化室。进样的温度、进样时间、进样量的大小、进样工具、进样的准确性和重复性都对气相色谱的定性、定量结果产生直接影响。气相色谱直接可以进入汽化室的样品状态是气体或液体。进样可以采用六通进样阀或微量注射器,目前使用最多的是采用微量注射器将样品溶液引入汽化室。填充柱色谱一般采用直接进样,毛细管气相色谱可采用分流进样或不分流进样。对于测定非挥发性样品中的挥发性组分,还可以采用顶空进样方式。

色谱柱是色谱分离的核心部件。根据固定相使用情况分为填充柱和毛细管柱。由于毛细管就具有分离效率高的特点,目前在有机物分析中最为常用的为毛细管柱,毛细管柱的选择见本章色谱条件的优化部分。

检测器是色谱仪中测定试样组成及各组分含量的重要部件,其作用是将色谱柱分离的组分按照浓度或质量变化转化为相应的电信号,是色谱仪的眼睛。被色谱柱分离后的组分依次进入检测器,按其浓度或质量随时间的变化,转化成相应电信号,经放大后记录和显示,给出色谱图。气相色谱中的检测器有热导检测器(TCD)、氢火焰离子化检测器(FID)、电子捕获检测器(ECD)、火焰光度检测器(FPD)、热离子检测器(TID)、质谱检测器(MSD)。根据检测器的响应原理,可将其分为浓度型和质量型检测器。浓度型检测器检测载气中组分浓度的瞬间变化,测得的响应值与浓度成正比,如 TCD、ECD。质量型检测器检测载气中组分进入检测器中速度变化,测得的响应值与单位时间进入检测器的质量成正比,如 FID、FPD。检测器根据应用范围大小,又分为通用型检测器和选择型检测器。通用型检测器对所有物质有响应,如 TCD。选择型检测器对特定物质有高灵敏响应,如 ECD、FPD、NPD。检测器根据工作过程,分为破坏型检测器和非破坏型检测器。破坏型检测器在检测过程中样品遭到破坏,不能回收,如 FID、FPD。非破坏型检测器,检测过程中样品不遭到破坏,可以回收,如 TCD、ECD。

气相色谱不同的检测器用于检测不同类型的物质。热导检测器是根据不同物质具有不同的导热系数的原理制成的,是一种通用性检测器,但是灵敏度较低,因目前质量检测中有毒、有害物质限量较低,因而这种检测器在质量检测中应用较少。氢火焰离子化检测器对含有碳有机物具有很高的灵敏度,结构简单、稳定性好等优点,适合痕量有机物的分析,在有机物质量检测领域应用广泛。电子捕获检测器是一种只对含有电负性强元素的物质(如含有卤素、硫、磷、氮、氧的物质)有响应,电负性越强,灵敏度越高,是选择性高、灵敏度高的浓度型检测器,特别适合农产品和蔬菜中农药残留以及日化用品中含氯物质的测定。火焰光度检测器适合含有 S、P 的化合物的检测,热离子检测器是检测痕量氮、磷化合物的气相色谱专用检测器。气相-质谱联用技术是应用十分广泛的方法。对于气相色谱而言,质谱是其检测器,而对于质谱而言,GC 是它的进样系统。质谱作为气相色谱仪,可以得到质谱图和总离子流图(色谱图),因此既可以定性又可以定量分析,在产品质量检验中应用范围非常广泛。气相色谱中各种检测器的一些特点,见表 6-1。

表 6-1 气相色谱中的检测器的分析性能

| 简称 | TCD | FID | ECD | FPD | NPD | MSD |
|---|---|---|---|---|---|---|
| 类型 | 浓度型<br>通用型<br>非破坏性 | 质量型<br>准通用型<br>破坏性 | 质量型<br>选择型<br>非破坏性 | 浓度型<br>选择型<br>破坏性 | 质量型<br>选择型<br>破坏性 | 质量选择型 |
| 灵敏度 | $\geqslant 2\,500$ mV·mL/mg | $\leqslant 10^{-11}$ g/s | $\leqslant 10^{-13}$ g/s | 硫$\leqslant 10^{-10}$ g/s<br>磷$\leqslant 10^{-11}$ g/s | 氮$\leqslant 5\times 10^{-11}$ g/s<br>磷$\leqslant 2\times 10^{-12}$ g/s | |

续 表

| 简称 | TCD | FID | ECD | FPD | NPD | MSD |
|------|-----|-----|-----|-----|-----|-----|
| 线性范围 | $\geq 10^4$ | $\geq 10^6$ | $\geq 10^2-10^4$ | 硫$\geq 10^2$<br>磷$\geq 10^3 \sim 10^4$ | $10^5$ | $10^5$ |
| 应用范围 | 所有化合物 | 有机化合物 | 电负性化合物 | 硫、磷化合物 | 氮、磷化合物、农药残留 | 所有化合物 |

### 三、气相色谱-质谱联用技术

气相色谱-质谱联用技术（GC-MS）简称气-质联用，是目前所有联用技术最为成熟、应用十分广泛的方法。气相色谱-质谱联用技术是基于色谱和质谱技术，充分利用气相色谱对复杂有机化合物的高效分离能力和质谱对化合物的准确鉴定能力进行定性和定量分析的一门技术。在 GC-MS 中，GC 是 MS 的进样系统，MS 是色谱的检测器。两者的联用不仅获得了气相色谱中保留时间、强度信息，还有质谱中质荷比和强度信息。同时，计算机的发展提高了仪器的各种性能，如运行时间、数据收集处理、定性定量、谱库检索及故障诊断等。因此，GC-MS 联用技术的分析方法不但能使样品的分离、鉴定和定量一次快速完成，而且对于批量物质的整体和动态分析起到很大的促进作用。高效色谱分离技术与质谱法提供的丰富结构信息相结合，使 GC-MS 成为痕量有机分析的常规手段。

1. GC-MS 仪器

GC-MS 系统（图 6-1）由气相色谱单元、质谱单元、计算机和接口四大部分组成，其中气相色谱单元一般由载气控制系统、进样系统、色谱柱与控温系统组成；质谱单元由离子源、离子质量分析器及其扫描部件、离子检测器和真空系统组成；接口是样品组分的传输线以及气相色谱单元、质谱单元工作流量或气压的匹配器；计算机控制系统不但用作数据采集、存储、处理、检索和仪器的自动控制，而且拓宽了质谱仪的性能。

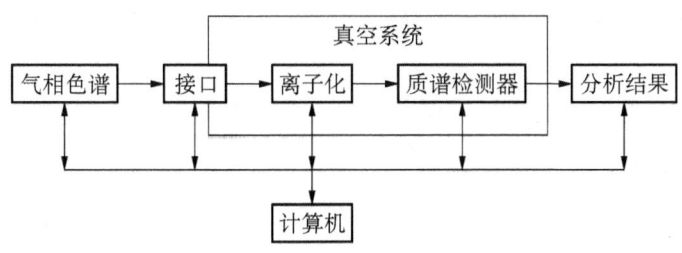

图 6-1 GC-MS 联用仪示意图

GC-MS 的色谱部分和一般的色谱仪基本相同，只是利用质谱仪作为其检测器。目前 GC-MS 联用中，都是使用毛细管柱，混合试样在合适的色谱条件下被分离成单个组分，然后进入质谱仪进行鉴定。

由于质谱是对气相中的离子进行分析，因此 GC 与 MS 的联机主要是解决压力的差异。色谱是常压操作，而质谱是高真空操作，关键在色谱出口与质谱离子源的连接。由于毛细管载气流量小，采用高速抽气泵时，二者可直接连接。组分被分离后依次进入离子源,载气(氦气)被抽走。质谱仪的采样速度比毛细管柱出色谱峰的速度快,所以质谱可以同时得到质谱图和总离子流图(色谱图),因此气-质联用既可以定性,又可以定量分析。

质谱检测器中离子源的作用就是将被分析物的分子电离成离子,然后进入质量分析器被分离。目前常用的离子源有电子轰击源(electron ionization,EI)和化学电离源(chemical ionization,CI)。电子轰击电离源(EI)是气相色谱-质谱联用仪中应用最多的离子源。现有的标准电子轰击电离谱图(EI 谱图)都是用 70 eV 能量轰击分子得到的。因此在用计算机标准谱图进行检索时,电离电压必须使用 70 eV。谱图检索利用计算机能够存储大量已知化合物的标准谱图,与已知标准谱图比对。计算机可按一定程序比对两张谱图(预测样品谱图与标准谱图),并根据峰位和峰强度比对结果计算出相似性指数,最后根据比对结果给出相似性指数排在前列(较为相似)的几个化合物的名称、分子量、分子式、结构式和相似性指数。可以根据样品的其他已知信息(物理的和化学的),检索这些化合物,最后确定欲测样品的分子式和结构式。在这里特别要注意的是相似指数最高的并不一定就是最终确定的分析结果。目前国际上最常用的质谱数据库有:NIST 库、NIST/EPA/NIH 库、Wiley 库等。此外还有一些专用谱库,如农药谱库,可用于一些特有类型化合物的检索,谱图检索现已成为气相色谱-质谱联用技术主要定性的手段。

2. GC-MS 的扫描方式

从气相色谱流出的组分不断进入质谱,质谱对组分离子的质荷比分布和相对强度进行快速反复扫描并采集数据。GC-MS 最常见的两种扫描方式是全扫描(SCAN)和选择性离子扫描(SIM)两种模式。采用全扫描模式可得到三维数据,记录的强度既是时间(色谱)信息,又是质量(质谱)信息。所获得的质量色谱图为总离子流色谱图(TIC),反映总离子流强度随扫描时间的变化的情况。全扫描是对指定质量范围的离子全部扫描并记录,得到正常的色谱图,因此可以提供未知物的相对分子质量和结构信息,可以进行库检索。SIM 将每次全离子扫描得到的质谱图中某一个质荷比的离子的强度叠加得到的离子流强度作纵坐标,以时间为横坐标,即得到被检测离子的强度随扫描时间变化的曲线,这就是质量色谱图。质量色谱图可以反映色谱流出的特定组分的浓度随时间变化的情况。SIM 的灵敏度要比 SCAN 高 2~3 个数量级,峰形及重现性也较好,主要用于定量分析。SIM 不能进行未知物的鉴定,因为需要事先知道化合物的离子质量。

## 四、气相色谱分析条件的选择

1. 载气种类及流速的选择

气相色谱中载气对分离影响较小,载气的选择一般根据气相色谱检测器来确定。氢火焰离子化检测器、电子捕获检测器、火焰光度检测器选用氮气作载气;热导池检测器选用氢气作载气,而质谱检测器则选用氦气作载气。常用毛细管 GC 所用柱内载气线流速为:氢气 30~50 cm/s,氮气 20~40 cm/s,氦气 40~60 cm/s。

2. 色谱柱的选择

气相色谱中色谱柱的选择对于分离至关重要。气相色谱柱分为填充柱和毛细管柱。由于填充柱的柱效较低,目前在有机物产品质量检测中较少使用。毛细管色谱柱为熔融石英空心柱,将固定相涂敷或键合在毛细管内壁,内径只有 0.1~0.53 mm,长度可达

100 m,甚至更长。虽然每米理论板数与填充柱相近,但可以使用 50~100 m 的柱子,而柱压降只相当于 4 m 长的填充柱,总理论板数可达 10~30 万。因为毛细管气相色谱柱效高,目前用于产品质量检测的大多数都是毛细管气液色谱。毛细管的固定液多数涂敷或键合在毛细管内壁,固定液种类较多,有非极性、弱极性、中等极性、强极性等,适用于分离不同的组分。毛细管气液色谱柱的固定液种类、固定液的膜厚、毛细管柱内径、柱长都会影响分离效果。

(1) 毛细管气液色谱固定液的选择

固定液选择根据相似相溶原则,一般选用非极性的固定相分析非极性化合物;如果化合物可以用不同极性的固定相分析,选用极性最小的固定相,因为非极性固定相的使用寿命长于极性固定相。应用范围较广的五种固定相,Rtx-1、Rtx-5、Rtx-50、Rtx-1701 和 Rtx-wax 可以满足 90% 以上的分析需求。表 6-2 列出了毛细管气液色谱柱固定液选择的一般原则,可供参考。

表 6-2 常见毛细管色谱柱

| 固定相 | 组成 | 极性 | 类似品牌 | 应用 |
| --- | --- | --- | --- | --- |
| SE-30、OV-1、OV-101 | 100%二甲基硅氧烷 | 非极性 | DB-1、HP-1、CP-Sil5CB、SPB-1、007-1、Rtx-1、BP-1 | 烃类、胺类、酚类、农药、PCBs、挥发油、硫化物等 |
| SE-54、SE-52 | 5%苯基,1%乙烯基甲基硅氧烷 | 非极性 | DB-5、HP-5、CPSil 8CB、SPB-5、Rtx-5、Bp-5 | 药物、芳烃类、酚、酯、生物碱、卤代烃 |
| OV-1701 | 7%氰甲基,7%苯基甲基硅氧烷 | 中等极性 | DB-170、BP-10、HP-1701、CPSil 19CB、Rtx-1701、SPB-1701 | 药物、农药、除草剂、TMS糖 |
| OV-17 | 50%苯基甲基硅氧烷 | 中等极性 | DB-17、HP-50、SP2250、CP-Sil 19、Rtx-50、SPB-50 | 药物、农药、甾类等 |
| PEG-20M | 聚乙二醇 20M | 极性 | DB-WAX、HP-Wax、Carbowax、SUPELCOWAX10、CPWAX52CB | 醇类、酯、醛类、溶剂、单芳、精油等 |
| FFAP | 聚乙二醇 20M 对苯二甲酸的反应产物 | 极性 | DB-FFAP、HP-FFAP、Nukol、SP-1000 | 醇、酸、酯、醛、腈 |
| XE-60 | 25%氰乙基甲基硅氧烷 | 中极性 | | 酯、硝基化合物 |
| OV-225 | 25%氰乙基,25%苯基甲基硅氧烷 | 中极性 | DB-225、HP-225、SP-2330、SPB-225、CP-SIL43CB…… | 脂肪酸酯、PUFA、Alditol |
| OV-210 | 50%三氟丙基硅氧烷 | 极性 | DB210、Rtx200…… | 极性化合物、有机氯化合物 |
| OV-275 | 氰乙基-氰丙基硅氧烷 | 强极性 | DB210、SP2401、Rtx200 | 极性化合物 |

(2) 固定液膜厚的选择

气液色谱柱固定液膜厚也影响分离效果和保留时间,增加膜厚可以提高分离度和加强保留,厚些的液膜可以有效降低过载拖尾峰和其他化合物的共流出。如果样品的浓度范围很宽,就需要更厚的液膜,反之,如果目标组分的分离足够,并且没有共流出的问题,就可以使用比较薄的液膜,对于挥发性有机物来说,厚液膜更为合适。液膜厚度的改变将直接影响化合物的流出温度。膜越厚,保留越强,流出温度相应也越高。标准膜厚($0.25\sim0.5\ \mu m$)应用范围最广,对于流出温度达到 300 ℃的大多数样品分析效果良好。薄液膜($0.1\sim0.2\ \mu m$):适合石化分析及甘油三酯等高沸点的物质。厚液膜($1\sim5\ \mu m$):适合于流出温度在 100~200 ℃之间的低沸点化合物。

(3) 色谱柱内径的选择

增加色谱柱的内径,可以增加样品量,但由于纵向扩散路径的增加,会使柱效降低,较小的内径可以获得更好的分离度,或者在更短的时间内获得同样的分离度。综合考虑柱效和样品量,毛细管内径选择的基本原则:

0.10 mm 内径柱适用于快速气相色谱分析。

0.25 mm 内径柱具有较高的柱效,适用于标准的 GC - MS 应用和分流/不分流分析。

0.32 mm 内径柱中等柱效,多用于不分流进样。

0.53 mm 内径柱,可以替代填充柱,适用于痕量分析。

(4) 色谱柱长度选择原则

分离度和柱长的平方根成正比,色谱柱越长,柱效越高,但两倍的柱长只能增加 40%的分离度。同样的载气流速情况下,对于恒温分析,柱长加倍,保留时间会加倍,因此选择可以满足分离度要求的最短的柱子。一般的选择原则如下:

标准柱(25~30 m):标准柱长,满足大部分应用。

短柱(5~15 m):通常用于 10 个组分以下简单样品的快速分析。

长柱(50 m 以上):复杂样品分析。

(5) 柱温的选择

柱温是一个气相色谱重要的操作参数,它直接影响分离效能和分析速度。柱温不能高于固定液的最高使用温度,否则会造成固定液大量挥发流失。某些固定液有最低操作温度。一般地说,操作温度至少必须高于固定液的熔点,以使其有效地发挥作用。降低柱温可使色谱柱的选择性增大,但升高柱温可以缩短分析时间,并且可以改善气相和液相的传质速率,有利于提高效能。所以,这两方面的情况均需考虑。

柱温分为恒温和程序升温两种。对于沸程不太宽的简单样品,可采用恒温模式。对于沸程较宽的复杂样品,如果在一恒温下很难达到好的分离效果,一般采用程序升温模式。

(6) 汽化室温度的选择

汽化室的温度在保证试样和进样隔垫不分解的情况下,适当提高汽化温度对分离与定量有利,尤其是进样量大时更是如此。一般选择汽化温度比柱温高 30~70 ℃。

(7) 检测器的选择

根据待测物质的性质和在样品中的含量选择合适的检测器,可参考表 6-1。

## 五、参考文献

[1] 袁存光,祝优珍,田晶,唐意红.现代仪器分析.北京:化学工业出版社,2012.
[2] 刘志广.仪器分析.高等教育出版社.北京:高等教育出版社,2007.
[3] 武杰,庞增仪等编著.气相色谱仪器系统.北京:化学工业出版社,2007.

# 实验6.1 气相色谱法测定饲料中氯霉素

## 一、实验目的

1. 了解检测饲料中氯霉素含量的意义；
2. 了解固相萃取法的基本原理；
3. 掌握氯霉素的提取和净化方法；
4. 掌握利用直接比较法进行定量的方法。

## 二、实验原理

氯霉素又名左旋霉素，是一类广谱抗生素，常用于家禽疾病治疗和预防。氯霉素对人的造血、消化系统具有严重的毒性反应，有可能引发人的再生障碍性贫血。近年来，在畜禽产品中发现氯霉素的残留量很大，国际组织和世界上较多的国家和地区注意到氯霉素在动物体内残留的问题，并禁止在动物饲料中添加此类药品。目前测定饲料中氯霉素的方法有气相色谱法[1]、液相色谱法[2]、流动注射-化学发光法[3]。我国现行标准中测定饲料中的氯霉素的方法有气相色谱法[4]和液相色谱串联质谱法[2]。本实验参考国家标准GB/T 8381.9—2005利用气相色谱法测定饲料中的氯霉素。饲料试样中的氯霉素用乙酸乙酯提取，取部分提取液用氮气吹去乙酸乙酯后，残渣用甲醇/氯化钠溶液溶解，用正己烷液-液分配萃取除去油脂及脂溶物，再用乙酸乙酯提取氯霉素，吹干，$C_{18}$小柱净化，经衍生剂衍生后用配有电子捕获检测器的气相色谱仪检测。本方法的最低检出限为0.005 mg/kg。

## 三、仪器与试剂

1. 仪器

气相色谱仪:配备电子捕获检测器;色谱柱:长30 m,内径0.25 mm,膜厚0.17 μm的聚甲基硅酮毛细管柱;气相色谱进样针;氮吹仪;离心机:4 000 r/min以上;超声波提取器;涡流混合器;密封盖塑料离心管:50 mL。$C_{18}$固相萃取小柱:200 mg/mL。

2. 色谱条件

载气:氮气,1.5 mL/min;补充气:氮气,25 mL/min;分流比:1/10;温度:汽化室280 ℃;检测器300 ℃;柱温,230 ℃。

3. 试剂

水,符合GB/T 6682中二级水的规定。甲醇、乙酸乙酯、正己烷、环己烷、三氯甲烷、乙腈、吡啶、氯化钠、六甲基二硅烷、氯化三甲基硅烷皆为分析纯。氯霉素标准品:纯度大于98%。

## 四、实验步骤

1. 溶液的配制

1.1 乙腈溶液

1.1.1 乙腈溶液(5:95):吸取 5.0 mL 乙腈加水 95 mL。

1.1.2 乙腈溶液(50:50):吸取乙腈溶液 50 mL 加水 50 mL。

1.2 4% 氯化钠溶液:称取 40.0 g 氯化钠加水溶解定容到 1 000 mL。

1.3 氯化钠甲醇溶液:取 200 mL 甲醇加 4%氯化钠溶液 800 mL。

1.4 衍生剂:取六甲基二硅烷 3 份,加氯化三甲基硅烷 1 份,加吡啶 9 份。

1.5 氯霉素标准溶液

1.5.1 标准贮备液:准确称取 20.0 mg 氯霉素用甲醇溶解,定容到 100 mL,该溶液氯霉素浓度为 200 mg/mL,密封贮于冰箱内,有效期为 1 年。

1.5.2 标准中间液 Ⅰ:吸取标准贮备液 5.00 mL 于 100 mL 容量瓶内,用乙酸乙酯定容至 100 mL,该溶液氯霉素浓度为 10 $\mu$g/mL,密封贮于冰箱内,有效期为 3 个月。

1.5.3 标准中间液 Ⅱ:吸取标准中间液 Ⅰ 10.0 mL 于 50 mL 容量瓶内,用乙酸乙酯定容至 50 mL,该溶液氯霉素浓度为 2 $\mu$g/mL,密封贮于冰箱内,有效期为 3 个月。

1.5.4 标准工作溶液:吸取标准中间液 Ⅱ 0.25、0.50、1.00、1.50、2.00 mL,分别用乙酸乙酯定容至 10 mL,该溶液氯霉素浓度依次为 0.05、0.10、0.20、0.30、0.40 $\mu$g/mL。

2. 试样的制备

按 GB/T 14699.1 选取有代表性的实验室样品,用四分法缩分至约 200 g,粉碎过 0.45 mm孔径筛,混合均匀,装入磨口瓶中备用。

3. 提取

称取一定量的试样(配合饲料 5.00 g,预混合饲料 1.00 g),置于 50 mL 塑料离心管内,加 40.0 mL 乙酸乙酯,盖好密封盖于涡旋混合器上混合 2 min,超声波提取器提取 20 min,其间用手摇动两次,离心机上 4 000 r/min 离心分离 4 min,取上清液 20.0 mL,于 50 ℃加热器上用氮气吹至近干,得残渣,待净化。

4. 净化

4.1 液-液分配净化

用氯化钠甲醇溶液 2 mL,1 mL,1 mL 三次溶解残渣,均转移到同一个 10 mL 具塞试管内,加 4 mL 正己烷,混合器混合 2 min,4000 r/min 离心 4 min,吸出上层正己烷弃去,重复上述操作一次。水相加乙酸乙酯 3 min,混合器上混合 2 min,4 000 r/min 离心 4 min,吸取上层乙酸乙酯,置另一个 5 mL 具塞试管内,加乙酸乙酯 2 mL 重复上述操作一次,吸取上层乙酸乙酯,置于同一个 5 mL 工具塞试管内,在 50 ℃加热器上用氮气吹干,用 3 mL 乙腈-水(5:95)溶解,待柱净化。

4.2 固相萃取柱净化

每一试样各准备一支 $C_{18}$ 小柱,顺序用 5 mL 甲醇,5 mL 三氯甲烷,5 mL 甲醇和

10 mL水预清洗$C_{18}$柱,将样液转移到柱上,用 5 mL 乙腈-水(5∶95)淋洗,弃去,用 3 mL 乙腈-水(50∶50)洗脱,收集在 10 mL 具塞试管内,洗脱物加 5 mL 乙酸乙酯涡旋混合 1 min,2 000 r/min 离心,重复提取一次,合并乙酸乙酯提取液于 5 mL 具塞试管内,在加热器上(50 ℃)用氮气吹干,待衍生化。

5. 衍生化

向具塞试管加 200 mL 衍生剂,塞紧塞子,涡旋混合 10 s,于 70 ℃ 烘箱内反应 30 min,取出,在 50 ℃ 加热器上用氮气吹干,加 200 mL 正己烷-环己烷溶液,涡旋混合 10 s,氯霉素标准溶液同时进行衍生化处理,供气相色谱测定。

6. 测定

在上述仪器条件下,分别注入标准工作液和试样溶液 1 mL,调整试样定容体积,进样,记录色谱图,以保留时间定性,并使试样溶液中氯霉素的峰高值与标准工作液中氯霉素峰值相近,利用峰值的比较对氯霉素进行定量计算。

## 五、数据记录与处理

1. 根据标准氯霉素溶液的色谱图和样品溶液的色谱图,记录保留时间和峰高

表 6-3 标准溶液和样品溶液色谱图中氯霉素的保留时间及峰高

|  | 保留时间/min | 峰　高 |
| --- | --- | --- |
| 标准溶液 |  |  |
| 样品溶液 |  |  |

利用公式(6-1)计算试样中氯霉素的含量。

$$x = \frac{hcV}{m\,h_s} \qquad (6-1)$$

式中:

$x$——试样中氯霉素的含量,单位为 mg/kg;

$h$——试样溶液中氯霉素的峰面积或峰高;

$c$——注入氯霉素标准工作液的浓度,单位为 μg/mL;

$V$——试样的定容体积,单位为 mL;

$h_s$——氯霉素标准工作液的峰面积或峰高;

$m$——试样的质量,单位为 g。

计算结果表示到 0.005,最多不得超过三位有效数字。

2. 重复性实验

平行测定两份样品溶液,计算氯霉素峰高的相对偏差,并与 20% 比较。大于 20%,给出可能的原因。

## 六、思考题

1. 测定饲料中氯霉素液-液分配净化这一实验步骤的目的是什么?

2. 本实验中为何要对氯霉素进行衍生化?

## 七、参考文献

[1] GB/T 8381.9—2005 饲料中氯霉素的测定 气相色谱法[S].
[2] GB/T 21108—2007 饲料中氯霉素的测定 高效液相色谱串联质谱法标准[S].
[3] 卢利军,于徊萍,周晓等.固相萃取-流动注射-化学发光法 测定鸡饲料和鸡肉中的氯霉素[J].化学试剂,2007,29(8):477-480.

## 实验 6.2 气相色谱法测定饲料中多氯联苯与六氯苯

### 一、实验目的

1. 掌握气相色谱法测定多氯联苯与六氯苯中的样品前处理方法;
2. 掌握多氯联苯与六氯苯中的净化方法;
3. 掌握多氯联苯与六氯苯中的定量方法。

### 二、实验原理

多氯联苯属于致癌物质,容易累积在脂肪组织,造成脑部、皮肤及内脏的疾病,并影响神经、生殖及免疫系统。我国 2018 年 5 月 1 日开始实施的新版《饲料卫生标准》首次规定了饲料中 6 种指示性 PCBs(PCB28、PCB52、PCB101、PCB138、PCB153 和 PCB180)的限量。PCBs 在环境、食品、动物和人体中广泛存在,但通常情况下含量水平极低,检测方法主要有气相色谱-电子捕获检测器法(GC-ECD)[2]、气相色谱-质谱法(GC-MS)[3,4]等。本实验采用国标 GB/T 34270—2017[2]气相色谱法测定饲料中多氯联苯与六氯苯方法,将饲料中指示性多氯联苯与六氯苯经正己烷丙酮溶液提取,浓硫酸磺化后,用气相色谱-电子捕获检测器(ECD)测定,外标法定量。本实验指示性多氯联率和六氯苯的检出限均为 0.5 μg/kg,定量限均为 2 μg/kg。

### 三、仪器与试剂

1. 仪器

气相色谱仪,配有电子捕获检测器(ECD);分析天平:感量为 0.1 mg 和 0.01 mg;索式提取器;快速溶剂萃取仪(ASE):配备 34 mL 萃取池;研钵;离心机:转速≥10 000 r/min;氮气吹干仪;涡旋仪;超声波清洗器;旋转蒸发仪。

2. 气相色谱条件

色谱柱:50%苯基 50%甲基聚硅氧烷毛细管气相色谱柱(DB-17MS),规格 30 m × 0.25 mm × 0.25 μm,或相当者。

柱温:60 ℃保持 1 min,以 10 ℃/min 的速率升温到 180 ℃,再以 4 ℃/min 的速率升温到 280 ℃保持 10 min。

进样口温度:300 ℃;不分流进样,1 min 后分流。
检测器(ECD)温度:300 ℃;载气柱流速:1.0 mL/min。

**3. 试剂与材料**

正己烷:农残级。丙酮:农残级。无水硫酸钠:在 660 ℃下烘烤至少 6 h,于干燥器中密封保存,1 个月内使用。饱和硫酸钠溶液。浓硫酸:优级纯。硅藻土。微孔滤膜:0.22 μm,有机相。2,4,2′,4′-多氯联苯(PCB28),2,2′,5,5′-四氯联苯(PCB52),2,2′,4,5,5′-五氯联苯(PCB101),2,3,4,4′,5-五氯联苯(PCB118),2,2′,3,4,4′,5′-六氯联苯(PCB138),2,2′,3,4,4′,5′-(PCB153),2,2′,3,4,4′,5,5′-六氯联苯(PCB180)和六氯苯(HCB)标准品,纯度≥98.0%。所有试剂均为分析纯和符合 GB/T 6682 中规定的二级水。实验中所有制剂按 GB/T 603 的规定制备。在分析中均使用农残级(pesticide residue)高纯试剂,并进行空白试验。有机试剂浓缩 10 000 倍不得检出多氯联苯和六氯苯。

## 四、实验步骤

**1. 溶液的配制**

1.1 正己烷丙酮溶液:1+1。取 500 mL 正己烷与 500 mL 丙酮混合均匀。

1.2 标准贮备溶液:称取六氯苯标准品,用正己烷配制成 100 μg/mL 的标准贮备溶液。多氯联苯为液态标准品,用正己烷稀释成 100 μg/mL 的标准贮备溶液。-20 ℃保存,有效期 6 个月。

1.3 混合标准贮备溶液:分别吸取适量六氯苯与指示性多氯联苯标准贮备溶液,用正己烷稀释至浓度均为 1 μg/mL 的混合标准贮备溶液,-20 ℃保存,有效期 3 个月。

**2. 采样与试样制备**

按照 GB/T 14699.1 抽取有代表的样品,四分法缩减取样。按 GB/T 20195 制备试样,磨碎,通过 0.45 mm 孔筛,混匀,装入密闭容器中,避光低温保存备用。

**3. 提取**

3.1 索式提取

称取约 5 g(精确至 0.001 g)试样,加入无水硫酸钠 10 g,用滤纸包好置于索式提取器中,加入正己烷 100 mL,提取 10 h(回流速度每小时 10~12 次),冷却后,提取液转入 100 mL 鸡心瓶中,在 35 ℃减压旋转蒸发至近干,以 5 mL 正己烷溶解待净化。

3.2 快速溶剂萃取仪提取

称取约 10 g(精确至 0.001 g)试样于研钵中,加入 1 g 硅藻土,研磨均匀后转至 34 mL ASE 萃取池中。以正己烷丙酮溶液为提取剂,温度 100 ℃,压力 10.3 MPa,预热 5 min,静态提取 10 min,以 60%萃取池体积的提取剂快速冲洗样品,氮气吹扫 90 s 的条件下进行快速溶剂萃取。收集全部萃取液转入 100 mL 鸡心瓶中,在 35 ℃减压旋转蒸发至近干,以 5 mL 正己烷溶解。

**4. 净化**

加入 1 mL 浓硫酸磺化,涡旋 30 s,离心 5 min,弃掉下部硫酸层,重复上述操作直至有机相无色,加入 15 mL 饱和硫酸钠水溶液,振荡,静置,弃掉水相,重复洗涤直至水相 pH 为 7。取有机相于 35 ℃氮气吹干,正己烷定容 1 mL,涡旋 30 s,滤膜过滤后上气相色谱测定。

5. 测定

5.1 定性分析

分别取适量的指示性多氯联苯和六氯苯混合标准工作溶液净化后的试样溶液进行测定,获取色谱图,确定各组分的保留时间,保留时间定性,样品与标准品保留时间的相对偏差不大于0.5%。

5.2 标准曲线的绘制

准确量取指示性多氯联苯或六氯苯混合标准贮备溶液适量,用正己烷稀释成浓度0.01、0.02、0.10、0.50、1.00 μg/mL的混合标准工作溶液,供气相色谱测定。以上述溶液中各目标物的浓度为横坐标,相应的峰面积为纵坐标,绘制标准曲线。

5.3 样品测定

分别取净化后的试样溶液测定,要求多氯联苯(PCBs)色谱峰信噪比(S/N)大于3,以色谱峰面积响应值作单点或多点校准定量。

6. 重复性

在重复性条件下获得的两次独立测定结果的绝对差值不大于这两个测定值的算术平均值的20%。

## 五、数据记录与处理

1. 定性分析

记录标准溶液的色谱图,确定各多氯联苯和六氯苯的保留时间。

表6-4 PCBs保留时间

| 物质名称 | HCB | PCB28 | PCB52 | PCB101 | PCB118 | PCB138 | PCB153 | PCB180 |
|---|---|---|---|---|---|---|---|---|
| $t_R$/min | | | | | | | | |

2. 标准曲线的绘制

表6-5 标准曲线的绘制

| 浓度/(μg/mL) | 0.01 | 0.02 | 0.10 | 0.50 | 1.00 |
|---|---|---|---|---|---|
| HCB | | | | | |
| PCB28 | | | | | |
| PCB52 | | | | | |
| PCB101 | | | | | |
| PCB118 | | | | | |
| PCB138 | | | | | |
| PCB153 | | | | | |
| PCB180 | | | | | |

3. 样品分析

利用保留时间对样品中的色谱峰进行定性,并记录相应的峰面积,利用单点或多点法,计算样品中各多氯联苯的含量。

表 6-6  样品中各组分峰面积

| 物质名称 | HCB | PCB28 | PCB52 | PCB101 | PCB118 | PCB138 | PCB153 | PCB180 |
|---|---|---|---|---|---|---|---|---|
| 峰面积 | | | | | | | | |

4. 结果计算

试样中指示性多氯联苯和六氯苯的含量 X。以质量分数计,单位为 mg/kg,单点校正法按式(6-2),多点校正法按式(6-3)计算:

单点校正法:

$$X_i = \frac{A_i \times c \times V \times 1\,000}{A_n \times m \times 1\,000} \tag{6-2}$$

式中:

$m$——试样质量,单位为克(g);
$A_i$——试样中待测指示性多氯联苯或六氯苯的峰面积;
$A_n$——标准工作液中指示性多氯联苯或六氯苯的峰面积;
$c$——标准工作液中指示性多氯联苯或六氯苯的浓度,单位为 μg/mL;
$V$——上机前定容体积,单位为 mL。

测定结果用平行测定的算术平均值表示,结果保留三位有效数字。

多点校正法:

$$x = \frac{cV}{m} \tag{6-3}$$

式中:$m$——用标准曲线计算样液中指示性多氯联苯或六氯苯的峰面积对应的浓度,单位为 μg/mL;

$V$——上机前定容体积,单位为 mL。

测定结果用平行测定的算术平均值表示,结果保留三位有效数字。

## 六、注意事项

警示——多氯联苯为致癌物,需在有安全防护的设备的条件下操作。

## 七、思考题

1. 本实验对饲料样品中的多氯联苯采取了两种萃取方式,你认为这两种方法各有何特点?

2. 加入浓硫酸磺化的目的是什么?

## 八、参考文献

[1] GB 13078—2017.饲料卫生标准.

[2] GB/T 34270—2017.饲料中多氯联苯与六氯苯的测定 气相色谱法.

[3] 王瑞国,张苏,董姝君,魏书林,张天姝,杨浩森,程劼,王培龙,苏晓鸥.同位素稀释-气相色谱串联质谱法测定饲料中指示性多氯联苯[J].分析化学,2018,46(12):2019-2024.

[4] 宋梓亮,李福儿,汪勇,William Riley,唐书泽.气相色谱-质谱联用法测定饲料中的多氯联苯[J].广东农业科学,2012,39(21):122-125.

# 实验6.3 顶空气相色谱法测定牙膏中三氯甲烷

## 一、实验目的

1. 了解顶空气相色谱法的特点和应用范围;
2. 掌握顶空气相色谱测定的一般步骤;
3. 掌握牙膏中三氯甲烷的测定方法。

## 二、实验原理

以甲醇为溶剂,超声提取、离心,溶液以顶空进样器注入配有电子捕获检测器(ECD)的气相色谱仪检测,外标法定量。本方法三氯甲烷的测定低限:0.50 mg/kg。必要时,气相色谱质谱确证。

## 三、仪器与试剂

1. 仪器

气相色谱仪:配备电子捕获检测器(ECD)和质量选择检测器(MSD);分析天平:感量0.000 1 g;超声波清洗仪;顶空进样器;顶空瓶:20 mL。

2. 仪器条件

2.1 顶空进样器条件

汽化室温度:50 ℃;定量管温度:70 ℃;传输线温:110 ℃;气液平衡时间:10 min;进样时间:1 min;振荡情况:振荡 5 min。

2.2 气相色谱-质谱(GC/MSD)条件

色谱柱:HP-5 毛细管柱(30 m×0.25 mm(内径)×0.25 μm)或与之相当者;色谱柱温度:起始温度 35 ℃保持 4 min 后以 50 ℃/min 的速度升温到 200 ℃保持 1 min;进样口温度:200 ℃;色谱质谱接口温度 280 ℃;载气:氦气,纯度≥99.999%,流量 1.0 mL/min;电离方式:EI;电离能量:70 eV;测定方式:选择离子监测方式(SIM);进样方式:分流进样,分流比为 5:1;进样量:1.0 mL;选择监测离子如表 6-7。

表 6-7 监测离子

| 监测离子/(m/z) | 离子比/% | 允许相对偏差/% |
|---|---|---|
| 83 | 100 | |
| 85 | 65 | ±20 |
| 47 | 20 | ±25 |
| 87 | 11 | ±30 |

2.3 气相色谱(GC/ECD)条件

HP-5 毛细管柱(30 m × 0.32 mm(内径)×0.25 μm,5% phenyl methyl-siloxane)或与之相当者;升温程序:起始温度 35 ℃,保持 4 min 后以 50 ℃/min 的速度升温到 200 ℃保持 1 min;进样口温度:200 ℃;检测器温度:250 ℃;载气:$N_2$(纯度为 99.999%),流量1.0 mL/min;尾吹气:$N_2$,流量 30 mL/min;进样方式:分流进样,分流比 5:1;进样量:1.0 mL。

3. 试剂与材料

甲醇:色谱纯;三氯甲烷:色谱纯。市售牙膏。其他试剂均为分析纯。

## 四、实验步骤

1. 三氯甲烷标准储备液

准确称取 0.1 g(精确到 0.000 1 g)三氯甲烷于 100 mL 容量瓶中,用甲醇定容至刻度,即得三氯甲烷浓度为 1 mg/mL 的标准储备液。储备液贮存在 4 ℃冰箱中,可使用 2 个月。

2. 三氯甲烷标准工作溶液

用甲醇将上述储备液分别配成三氯甲烷浓度为 0.01、0.05、0.1、0.5、1 μg/mL 的标准工作溶液,在 4 ℃保存,可使用 1 周。

3. 样品处理

称取待测牙膏 1.0 g(精确到 0.001 g),置于顶空瓶中,准确加入甲醇 9.0 mL,密封后轻轻摇匀,置于顶空进样器中,在 50 ℃下平衡 10 min。取气液平衡后的上部气体 1.0 mL,进入气相色谱和气相色谱-质谱测定。

4. 定性测定

用气相色谱质谱仪对样品进行定性测定。进行样品测定时,若检出三氯甲烷的色谱峰的保留时间与标准品相一致,并且在扣除背景后的样品质谱图中,所选择的离子均出现,并且所选择的离子比与标准品的离子比相一致,则可确认样品中存在三氯甲烷。

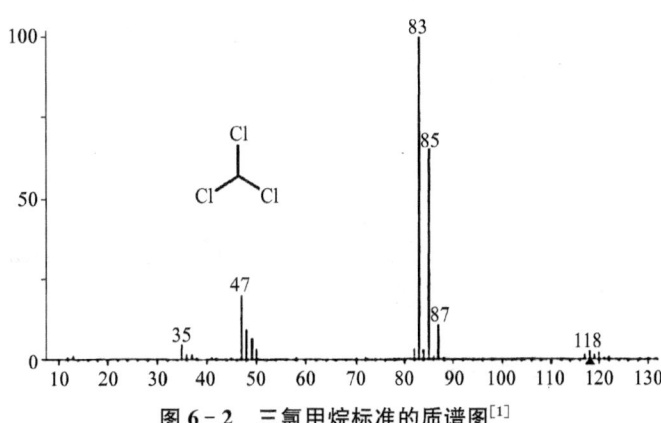

图 6-2 三氯甲烷标准的质谱图[1]

### 5. 定量测定

用气相色谱电子捕获检测器对样品进行定量测定。用配制的标准工作溶液按浓度由稀至浓依次进样分析,绘制峰面积对标准溶液浓度的五点标准工作曲线。用标准曲线对样品进行定量,样品溶液中三氯甲烷的响应值均应在标准工作曲线范围内。在上述色谱条件下,三氯甲烷的参考保留时间为 3.0 min。

按以上步骤,对同一试样进行平行试验测定。除不称取试样外,按上述步骤进行空白试验。

## 五、数据记录与处理

### 1. 定性分析

记录气相色谱质谱图,扣除背景后,利用质谱数据库对色谱图中的各个峰进行匹配度比对,确定三氯甲烷的出峰位置。

### 2. 标准曲线的绘制

用配制的标准工作溶液按浓度由稀至浓依次进样 1 mL,得到色谱图,记录色谱峰面积,以峰面积对标准溶液浓度绘制标准工作曲线,获得线性回归方程。

表 6-8　不同浓度三氯甲烷的峰面积

| 浓度 | | | | | |
|---|---|---|---|---|---|
| 峰面积 | | | | | |

### 3. 样品中三氯甲烷的计算

按照实验方法获得样品溶液的峰面积,代入标准曲线方程,计算获得样品中三氯甲烷的质量分数,结果按式(6-4)计算(计算结果应扣除空白值):

$$w = \frac{c_i \times V}{m} \tag{6-4}$$

式中:

$w$——样品中三氯甲烷的质量分数,单位为 mg/kg;

$c_i$——标准曲线查得的三氯甲烷的浓度,单位为 μg/mL;

$V$——样品稀释后的总体积,单位为 mL;

$m$——样品质量,单位为 g。

## 六、思考题

1. 顶空气相色谱法优点有哪些?适合测定哪一类物质?
2. 顶空条件如何选择?

## 七、参考文献

[1] GB/T 22730—2008 牙膏中三氯甲烷的测定 气相色谱法.

# 实验 6.4 气相色谱-质谱法测定化妆品中 10 种禁用二元醇醚及其酯类化合物

## 一、实验目的

1. 了解化妆品中常用禁用二元醇醚及其酯类化合物；
2. 掌握化妆品中常用禁用二元醇醚及其酯类化合物的气相色谱-质谱法。

## 二、实验原理

根据 GB/T 35894—2018[1]，将样品经乙酸乙酯、甲醇混合溶剂超声提取，采用气相色谱质谱联用仪测定，外标法定量。

## 三、仪器与试剂

1. 仪器

气相色谱质谱联用仪(GC-MS)：带电子轰击电离源(EI 源)；漩涡振荡器；超声波清洗仪；离心机：转速不低于 10 000 r/min；分析天平：感量 0.1 mg。

2. 色谱-质谱条件

a) 色谱条件：VF-WAX 柱，60 m×0.25 mm(i.d)×0.25 μm，或相当者；进样口温度：220 ℃；传输线温度：280 ℃；进样方式：分流进样，分流比 5∶1；载气：氦气，纯度≥99.999%；控制方式：恒流；流速：1.0 mL/min；柱温：初始温度 50 ℃，保持 7 min，以 5 ℃/min 升至 140 ℃，保持 1 min，再以 20 ℃/min 升至 240 ℃，保持 2 min；后处理温度 245 ℃，保持 3 min；进样量：1 μL。

b) 质谱条件：离子源 EI 源；电能量：70 eV；四极杆温度：150 ℃；离子源温度 230 ℃；溶剂延迟时间：7.8 min；监测方式：选择离子扫描模式(SIM)，监测离子见表 6-9。

表 6-9 10 种禁用二元醇醚及酯类化合物定性和定量选择离子参数[1]

| 序 号 | 中文名字 | 保留时间/min | 定性离子及其丰度比 | 定量离子 |
| --- | --- | --- | --- | --- |
| 1 | 乙二醇二甲醚 | 8.56 | 45,60,58,90<br>(100∶18∶10∶10) | 45 |
| 2 | 乙二醇单甲醚 | 16.21 | 45,31,43,58<br>(100∶13∶9∶5) | 45 |
| 3 | 2-甲氧基-1-丙醇 | 17.10 | 59,31,43,45<br>(100∶20∶11∶5) | 59 |
| 4 | 乙二醇单乙醚 | 17.68 | 59,31,45,72<br>(100∶83∶37∶30) | 59 |
| 5 | 2-甲氧基丙醇乙酸酯 | 18.67 | 59,43,31,72<br>(100∶38∶8∶6) | 59 |

续　表

| 序　号 | 中文名字 | 保留时间/min | 定性离子及其丰度比 | 定量离子 |
|---|---|---|---|---|
| 6 | 乙二醇甲醚乙酸酯 | 18.77 | 43,58,45,73<br>(100∶46∶46∶12) | 43 |
| 7 | 乙二醇单甲醚乙酸酯 | 20.03 | 43,59,72,87<br>(100∶46∶46∶12) | 43 |
| 8 | 二乙二醇二甲醚 | 21.18 | 59,58,45,89<br>(100∶45∶28∶23) | 59 |
| 9 | 二乙二醇单甲醚 | 28.03 | 45,59,31,89<br>(100∶53∶18∶17) | 45 |
| 10 | 三乙二醇二甲醚 | 30.07 | 59,45,103,89<br>(100∶23∶13∶9) | 59 |

3. 试剂

乙酸乙酯：色谱纯；甲醇：色谱纯；无水硫酸钠；乙二醇二甲醚、乙二醇单甲醚、2-甲氧基-1-丙醇、乙二醇单乙醚、2-甲氧基丙醇乙酸酯、乙二醇甲醚乙酸酯、乙二醇单甲醚乙酸酯、二乙二醇二甲醚、二乙二醇单甲醚和三乙二醇二甲醚的纯度不小于98%。

## 四、实验步骤

1. 溶液配制

1.1 20%乙酸乙酯、甲醇溶液(V/V)：量取200 mL乙酸乙酯与800 mL甲醇混合。

1.2 标准储备溶液(各为2 000 mg/L)：准确称取各种标准品20 mg(精确至0.1 mg)，分别置于10 mL棕色容量瓶中，用甲醇溶解、定容，摇匀。

1.3 混合标准储备溶液(100 mg/L)：分别准确移取标准储备溶液各0.5 mL，于10 mL棕色容量瓶中，用甲醇定容，摇匀。

1.4 混合标准工作溶液：准确移取适量的混合标准储备溶液，用20%乙酸乙酯甲醇溶液逐级稀释至0.1~10.0 mg/L的系列混合标准工作溶液，备用。

2. 样品处理

准确称取0.5 g非蜡基类试样(精确至0.001 g)于15 mL具塞塑料离心管中，加入2 mL乙酸乙酯，漩涡分散后加入7 mL甲醇，混匀，超声提取15 min，冷却至室温，用甲醇定容至10 mL。取3 mL上清液于离心管中，加入1 g无水硫酸钠，漩涡分散，清液以10 000 r/min离心2 min，经0.22 μm滤膜过滤后测定。蜡基类试样取样量为0.25 g，其他步骤同非蜡基类样品处理步骤。

不称取试样，按样品处理步骤获得空白试样。

3. 测定

3.1 定性确证

在仪器条件下，试样待测液和标准溶液的选择离子色谱峰在相同保留时间处出现，并且对应质谱碎片离子的质荷比与标准物质一致，其丰度比与标准溶液相比应符合表6-10规定的范围，可定性确证目标分析物。10种禁用二元醇醚及其酯类化合物的保留时间、定性离子和定量离子参见表6-9。10种禁用二元醇醚及其酯类化合物标准物质的气相色谱-质谱选择离子色谱图参见图6-3。

表6-10 定性确证时相对离子丰度的最大允许偏差

| 相对离子丰度% | >20 | >20~50 | >10~20 | ≤10 |
| --- | --- | --- | --- | --- |
| 允许的最大偏差% | ±20 | ±25 | ±30 | ±50 |

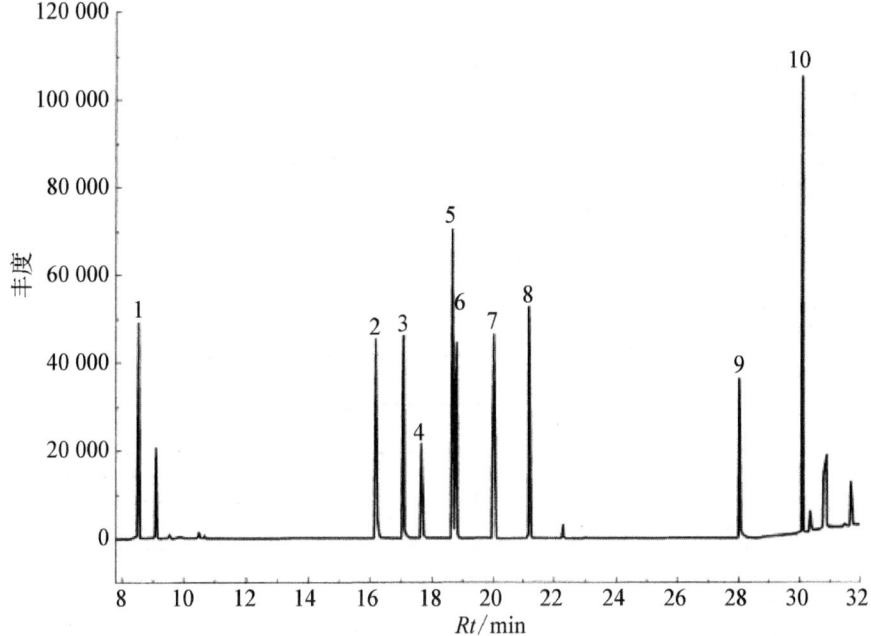

图6-3 10种禁用二元醇醚及酯类化合物标准物质的气相色谱-质谱选择离子色谱图[1]
1—乙二醇二甲醚；2—乙二醇单甲醚；3—2-甲氧基-1-丙醇；4—乙二醇单乙醚；5—2-甲氧基丙醇乙酸酯；6—乙二醇甲醚乙酸酯；7—乙二醇单甲醚乙酸酯；8—二乙二醇二甲醚；9—二乙二醇单甲醚；10—三乙二醇二甲醚。

3.2 定量分析

采用外标校准曲线法定量测定。以混合标准工作溶液浓度为横坐标，定量离子峰面积为纵坐标，作标准曲线回归方程，以试样的峰面积与标准曲线比较定量。

平行测定两份样品，获得的两次独立测定结果的绝对差值不得超过算术平均值的10%。

3.3 回收率实验

非蜡基试样在添加浓度2.0~30 mg/kg范围内，回收率在80%~110%之间，相对标准偏差小于10%。

蜡基试样在添加浓度3.0~60 mg/kg范围内，回收率在80%~110%之间，相对标准偏差小于10%。

## 五、数据记录及处理

1. 定性分析

在仪器条件下,获得标准溶液的色谱图,确定各待测物质的保留时间。

2. 标准曲线的绘制

分别将标准溶液进样,记录相应色谱图中各组分的峰面积。以各组分浓度为横坐标,各组分峰面积为纵坐标,进行标准曲线的绘制。

表6-11 标准曲线的绘制

| 浓度(mg/L)下的峰面积 | 0.1 | 0.2 | 1.0 | 5.0 | 10.0 |
|---|---|---|---|---|---|
| 乙二醇二甲醚 | | | | | |
| 乙二醇单甲醚 | | | | | |
| 2-甲氧基-1-丙醇 | | | | | |
| 乙二醇单乙醚 | | | | | |
| 2-甲氧基丙醇乙酸酯 | | | | | |
| 乙二醇单甲醚乙酸酯 | | | | | |
| 二乙二醇二甲醚 | | | | | |
| 二乙二醇单甲醚 | | | | | |
| 三乙二醇二甲醚 | | | | | |

3. 样品分析

利用保留时间对样品中的色谱峰进行定性,并记录相应的峰面积,利用标准曲线法定量测定其含量。

表6-12 样品中各组分及其峰面积

| 物质名称 | | | | | | | | | |
|---|---|---|---|---|---|---|---|---|---|
| 峰面积 | | | | | | | | | |

4. 结果计算

二元醇醚及其酯类化合物的含量按式(6-5)进行计算:

$$X = \frac{(c_i - c_0)V}{m} \tag{6-5}$$

式中:

$X$——试样中某种二元醇醚或其酯含量,单位为 mg/kg;

$c_i$——试样中某种二元醇醚或其酯峰面积对应的浓度,单位为 mg/L;

$c_0$——空白试样某种二元醇醚或其酯的浓度,单位为 mg/L;

$V$——试样定容体积,单位为 mL;

$m$——最终样液所代表的试样质量,单位为 g。

计算结果保留三位有效数字。

5. 回收率实验结果

## 六、思考题

1. 在样品处理过程中,加入无水硫酸钠的作用是什么?
2. 气相色谱中固定液的选择基本原则是什么?该实验中所使用的固定液是何种?

## 七、参考文献

[1] GB/T 35894—2018 化妆品中 10 种禁用二元醇醚及酯类化合物的测定 气相色谱-质谱法.

# 第7章 液相色谱(含液质联用)技术

液相色谱法是以液体为流动相的色谱技术。高效液相色谱法(high performance liquid chromatography,HPLC)是在传统色谱柱基础上于 20 世纪 70 年代快速发展起来的高效分离分析技术,是目前产品质量检测中非常重要的分析方法之一。液相色谱只要求试样能制成溶液,不需要汽化,因此不受试样挥发性的限制。高沸点、热稳定性差、相对分子质量大的有机物分(几乎占有机物的 75%~80%)原则上都可以用液相色谱法进行分离分析。高效液相色谱中的流动相为液体,分离过程中被分析组分与固定相和流动相均有一定的作用力。因此,流动相性质和组成的变化,增加了控制分离选择性的因素,分离条件的选择更加灵活多变。该方法对于高沸点、热不稳定性的有机化合物、天然产物以及生化试样的分析有着其他分析方法无可取代的地位。

## 一、液相色谱分类

液相色谱根据分离机理不同,可分为液液分配色谱、液固吸附色谱、离子交换色谱、离子对色谱、空间排阻色谱、离子色谱。对于不同类型的化合物可选择不同的分离模式。

液液分配色谱中流动相和固定相都是液体。由于试样组分在固定相和流动相之间的相对溶解度存在差异,因而在两相之间的分配系数不同。液液分配色谱中出峰的顺序决定于分配系数的大小,分配系数大的组分保留值大。根据固定相和流动相极性的差异又可分为正相色谱和反相色谱。正相色谱中采用的流动相为非极性或极性小的溶剂如烃类,加入适量极性溶剂(如氯仿、醇、乙腈)等,以极性的有机基团如—CN,—NH$_2$,—OH 等键合到硅胶表面作为固定相,主要用于分离中等极性化合物、异构体等,如脂溶性维生素、甾体等。反相色谱中,采用水和极性溶剂作为流动相,将 C$_4$,C$_8$,C$_{18}$ 等非极性基团键合到硅胶作为固定相。某种特定组分在正相色谱模式和反相模式中的出峰顺序相反。由于键合相色谱性能稳定,可以用于梯度洗脱,目前分配色谱中几乎全部使用的是化学键合相固定相。而在质量检测中又以反相键合色谱最多。分配色谱中固定相的性质和应用见表7-1。

表7-1 液液分配色谱及离子对色谱固定相的选择

| 类 型 | 分离方式 | 应用特点 |
| --- | --- | --- |
| C-18 | 反相、离子对 | 普适性好,保留值大。溶于水的高极性化合物、中等极性化合物 |
| C-8 | 反相、离子对 | 与 C-18 类似,保留值略小 |
| C-3,C-4 | 反相 | 保留值小,适合肽类和蛋白质 |

续　表

| 类　型 | 分离方式 | 应用特点 |
|---|---|---|
| 苯基 | 反相 | 保留适中,选择性不同。非极性、中等极性化合物 |
| —CN | 反相、正相 | 选择性与硅胶类似,保留小,用途广 |
| —$NH_2$ | 反相、正相、离子交换 | 分离糖类、核苷酸、固醇等 |
| 二醇基 | 正相 | 分离有机酸、排阻分蛋白质等 |
| 醚基 | 反相、正相 | 分离酚类、芳硝基化合物,保留比 C-18 强 |
| 聚苯乙烯基 | 反相 | pH 使用范围广,对部分分离峰形好,寿命长 |

　　液固吸附色谱流动相为液体,固定相为固体吸附剂,如硅胶、氧化铝、分子筛、聚酰胺等等。液固色谱是基于不同组分吸附作用的不同实现分离的,这种分离模式早期应用较多,目前很多应用已经被化学键合相色谱取代。目前液固色谱主要用于结构异构体分离和族分离,比如农药异构体、石油中烷、烯、芳烃等的分离。

　　离子交换色谱采用离子交换树脂为固定相,流动相为水溶液,基于离子交换树脂上可电离的离子与流动相中具有相同电荷的溶质离子进行可逆交换,根据这些离子对交换剂具有不同的亲和能力实现组分分离,主要用于无机离子或可离子化的有机物。

　　离子对色谱采用分配色谱中化学键合固定相,将一种或多种与溶质电荷相反的离子(对离子或反离子)使其与溶质离子结合成疏水型离子对化合物,从而控制溶质离子的保留行为。用于阴离子分离的对离子是烷基胺类,如氢氧化四丁基胺、氢氧化十六烷基三甲胺等;用于阳离子的对离子是烷基磺酸类,如己烷磺酸钠。离子对色谱同分配色谱一样,根据流动相和固定相的极性的相对大小分为正相离子对色谱和反相离子对色谱。离子对色谱对有机酸、碱等强极性化合物具有良好的分离效果。

　　空间排阻色谱也称凝胶色谱,以具有一定大小孔径分布的凝胶为固定相,流动相为能溶解被分离组分的水或溶剂为流动相,利用凝胶的筛分作用实现化合物按照分子大小分离。空间排阻色谱的基本原理是利用凝胶中孔径大小不同,当溶质通过时,小分子可以通过所有孔径而形成全渗透,色谱保留时间最长;大分子由于不能进入孔径而被全部排斥,色谱保留时间最短;体积在小分子和大分子之间的分子仅能进入部分合适的孔径,在两者之间流出。空间排阻色谱的分离过程类似分子筛的筛分作用,但凝胶的孔径要比分子筛大得多,一般为几纳米及数百纳米。空间排阻色谱只能分离相对摩尔质量差别在 10% 以上的分子。对于一些高聚物,可以用凝胶色谱测定其摩尔质量的分布。

　　离子色谱是以离子交换树脂作为固定相,电解质溶液作为流动相,电导检测器为检测器,是溶液中无机阴离子分析的最佳方法。这部分内容已在本书前面章节进行讲述,本章内容不再涉及。

## 二、液相色谱仪

　　液相色谱仪一般由高压输液系统、梯度洗脱系统、进样系统、分离系统和检测系统组成。其工作流程为贮液器中贮存的流动相经过过滤和脱气后由高压泵来输送和控制流量。样品由进样器注入色谱系统,流动相携带进入到色谱柱进行分离。分离后的组分由检测器检测、输入信号到记录仪或数据处理装置,得到液相色谱图。最后流出液收集在废液瓶中。如需要收集馏分作进一步分析,则在色谱柱出口将样品馏分收集起来。

高压输液泵是高效液相色谱仪的主要部件之一,由于液相色谱中的大多数检测器对流量敏感,因此要求泵的输出压力流量稳定,重现性高。在高效液相色谱分析中,为了获得高柱效而使用粒度很小的固定相(常用颗粒为5~10 $\mu m$)。这就需要很高的柱前压力,高压输液泵的工作压强范围为150~250大气压。

梯度洗脱装置就是使流动相组成按照设定程序实现连续变化的装置。所谓梯度洗脱就是将流动相中不同溶剂在分离过程中按照一定的程序连续改变溶剂的配比和极性,达到改善分离效果和调节分析时间的目的。高效液相色谱法中的梯度洗脱又称梯度淋洗,它是和气相色谱法中的程序升温一样,适用于分配系数分布宽的复杂样品的分离。

液相色谱法的进样装置有微量进样器、高压定量进样阀、自动进样器。目前使用较多的为后两种。高压定量阀进样方式,通过六通阀直接向压力系统进样。进样时,用平头微量注射器(体积要比定量管体积稍大)注入样品溶液,样品停留在定量管中,多余的样品溶液从定量环溢出。进样结束后,将流动相与定量管接通,样品被流动相带到色谱柱中进行分离分析。自动进样器由计算机自动控制定量阀,按预先编制的注射样品操作程序进行工作。取样、进样、复位、样品管路清洗和样品盘的转动,全部按照预定程序自动进行,一次可进行几十个或上百个样品的分析。

色谱柱是分离的核心部件。液相色谱中都是采用不锈钢填充柱。目前液相色谱柱法常用的标准柱型是内径为4.6 mm或3.9 mm,长度为15~30 cm的不锈钢柱,根据不同分离类型及待测物质的特点,选择不同的柱填料,填料粒度为5~10 $\mu m$,柱效以理论塔板数计大约7 000~10 000。

液相色谱仪中的检测器与气相色谱中的检测器有很大不同。液相色谱中用于检测有机物的检测器主要有紫外检测器(UVD)、示差折光检测器(RID)、荧光检测器(FLD)、蒸发光散射检测器(ELSD)、质谱检测器(MS)等。液相色谱法用于有机物检测中检测器性能见表7-2。

表7-2 液相色谱法中有机物检测中检测器性能

| 检测器 | UVD | RID | FLD | ELSD | MS |
|---|---|---|---|---|---|
| 类型 | 选择性 | 通用性 | 选择性 | 通用性 | 通用性 |
| 灵敏度 | ng | mg | pg | ng | pg |
| 线性范围 | $10^5$ | $10^4$ | $10^3$ | 否 | $10^3$ |
| 流速敏感 | 否 | 是 | 否 | 是 | 是 |
| 温度敏感 | 否 | 是 | 否 | 否 | 否 |
| 破坏性 | 否 | 否 | 否 | 是 | 是 |

紫外检测器是液相色谱应用最广的检测器,具有灵敏度高、线性范围宽、死体积小、波长可选、易于操作、可用于梯度洗脱等优点。紫外检测器是基于被测组分对特定波长的紫

外光的选择性吸收,组分浓度与吸光度的关系符合朗伯比尔定律。紫外检测器的最小检测浓度可达 $10^{-9}$ g/mL。使用紫外检测器时要注意溶剂的选择,尽量选择在检测波长下,吸收小的溶剂。紫外检测器分为一般的紫外检测器和光电二极管阵列检测器(DAD)。DAD 检测器可以获得三维色谱-光谱图,所得信息为吸收随保留时间和波长变化的三维图或轮廓图,可以获得色谱流出物各个瞬间的动态光谱吸收图。

示差折光检测器是一种通用性检测器。连续检测参比池和样品池中流动相之间的折光指数的差值,此差值与样品池中流动相中的待测组分成正比。该检测器灵敏度可达 $10^{-7}$ g/mL。主要缺点是受温度影响大,也不能用于梯度洗脱。

荧光检测器是一种具有高灵敏度和高选择性的检测器,特别适合多环芳烃、维生素 B、黄曲霉素、卟啉类化合物等物质的测定。荧光检测器可用于梯度洗脱,检出限可达 $10^{-12}$ g/mL。荧光检测器的灵敏度高,但是线性范围仅 $10^3$,仅对有荧光信号的物质有响应。

蒸发光散射检测器(ELSD)是一种通用性检测器,主要适用于无紫外吸收的组分,如糖类、脂肪酸、甘油三酯及甾体等。其工作原理为:被分析组分经色谱柱分离后流出,在通向检测器途中,被高速载气($N_2$)喷成雾状颗粒,在受温度控制的蒸发漂移管中,流动相不断蒸发,溶质形成不挥发的微小颗粒,被载气携带通过检测系统。检测系统由激光光源和光二极管检测器组成。在散射室中,光被散射的程度取决于散射室中溶质颗粒的大小和数量。在特定条件下,散射光的强度与流动相中的待测组分的浓度成正比。这种检测器消除了溶剂的干扰和因温度变化引起的基线漂移,利于梯度洗脱,死体积小,灵敏度高,但只适合流动相能完全挥发的色谱条件。

### 三、液相色谱-质谱联用仪

液相色谱中的检测器如为质谱检测器,一般称为液相色谱-质谱联用技术(LC-MS),简称液质联用,主要用于氨基酸、肽、核苷酸及药物、天然产物的分离分析。由于其出色的定性能力,近年来液相色谱-质谱联用在质量检测中的应用也越来越广。

LC-MS 中接口技术是关键。由于液相色谱分离过程中要使用大量的流动相,有效地除去流动相中大量的溶剂而不损失样品是接口需要解决的主要问题。几乎所有的 LC-MS 联用仪都是采用大气压电离源(API)作为接口装置和离子源。大气压电离源包括电喷雾电离源(ESI)和大气压化学电离源(APCI),其中以电喷雾源应用最为广泛。LC-MS 的接口同时就是离子源,因此质谱仪只包括质量分析器。LC-MS 的质量分析器种类很多,最常用的为四极杆分析器(简写 Q),其次是离子阱分析器(T)和飞行时间分析器(TOF)。因为 LC-MS 主要提供相对质量信息,为了增加结构信息,LC-MS 大多采用具有串联质谱功能的质量分析器,串联方式多种,如 Q-Q-Q,Q-TOF。

LC-MS 分析条件的选择要综合考虑色谱分离条件和质谱的电离条件。液相色谱可选择的条件主要有流动相的组成和流速。在 LC 和 MS 联用的情况下,由于要考虑喷雾物化和电离,尽量要选择与质谱系统相匹配的色谱条件,有些溶剂不适合作流动相,如无机酸、不挥发盐和表面活性剂等。不挥发性盐会在离子源析出晶体,表面活性剂会抑制其他化合物的电离。在 LC-MS 分析常用的溶剂有水、甲醇、甲酸、乙酸、乙酸铵等。需要注意的是,由于对于 LC 的最佳流量往往超过电喷雾允许的最佳流量,此时需要采取柱后分流,以达到好的雾化效果。

LC-MS 与 GC-MS 类似,可以把采集到的每个组分质谱的所有离子相加得到总离子流色谱图。电喷雾是一种软电离源,通常很少或没有碎片,谱图中只有准分子离子,因而只能提供未知物的相对分子量信息,定性能力不是太强。为了得到未知化合物的结构信息,必须使用串联质谱仪,将准分子离子通过碰撞活化得到子离子谱,进而推断结构。

### 四、液相色谱分析条件的选择

1. 分离类型的选择

液相色谱适合分离化合物的相对分子量范围为 200~2 000。液相色谱方法分离类型多,相互差别较大,需要根据分析目的、试样性质、化合物结构来选择合适的分离类型。分离类型选择的重要依据之一是待测组分的分子量,相对分子量大的通常采用空间排阻色谱。试样的溶解度也是选择分离类型需要考虑的因素。分离类型的选择如图 7-1 所示。

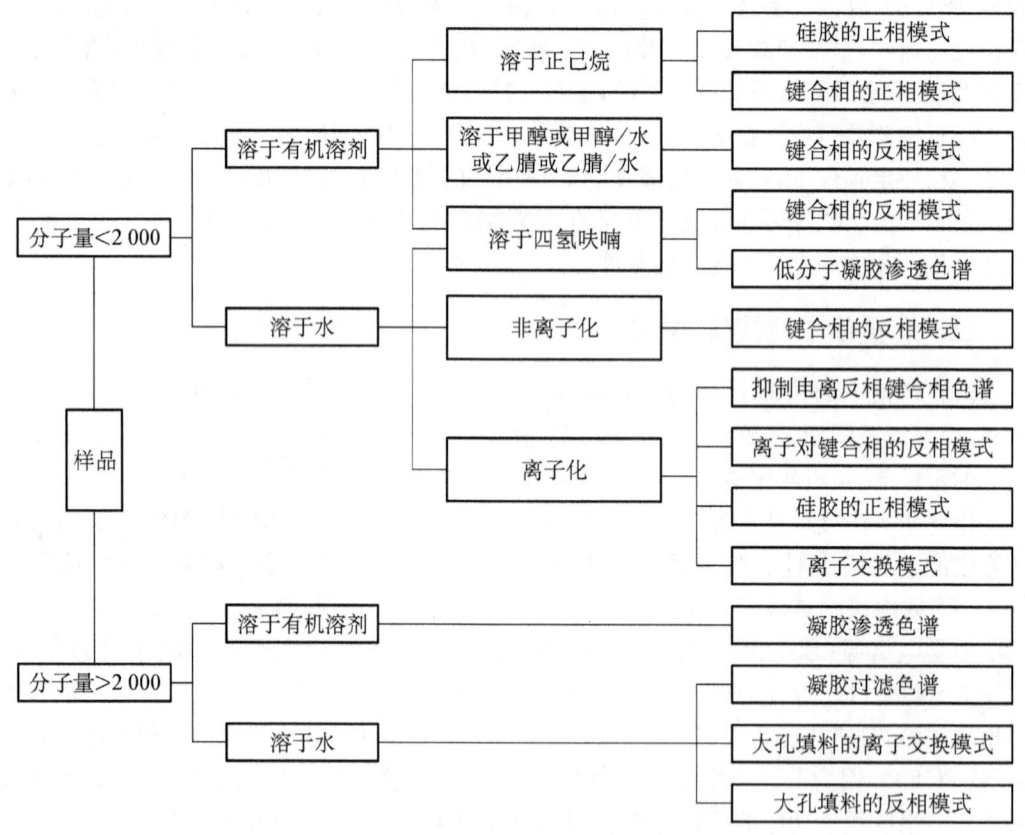

图 7-1 液相色谱分离模式的选择

2. 色谱柱的选择

固定相的选择根据分离模式来定,目前液相色谱最重要的模式是键合相分配色谱及离子对色谱的选择参考表 7-1。

色谱柱尺寸对色谱分离的影响:短柱(15~100 mm)运行时间短,柱压低;长柱(150~

250 mm)分辨率高,运行时间长。窄径柱(2.1 mm)检测器灵敏度高,宽径柱(3~21.2 mm)载样量高。

固定相填料粒径对色谱分离的影响:较小的颗粒柱效较高,但会引起柱压过高,3.5 $\mu$m 粒径的常用于分离复杂的多组分样品,而组分单一的样品多采用 5 $\mu$m 的粒径。

3. 流动相的选择

液相色谱中的流动相对分离作用重大,选择流动相应注意以下问题:化学性质稳定,不损坏柱子;样品组分在流动相中有适宜的溶解度;流动相要满足检测器的要求,如选用紫外检测器,在测定波长处流动相无吸收;黏度低,流动性好;无毒或低毒,易于操作;易于从其中回收样品;易于制成高纯度,即色谱纯;废液易处理,不污染环境。

选择流动相时,溶剂的极性是选择的重要依据。常用的溶剂极性由大到小依次为:水、甲酰胺、乙腈、甲醇、乙醇、丙醇、丙酮、二氧六环、四氢呋喃、甲乙酮、正丁醇、乙酸乙酯、乙醚、异丙醚、二氯甲烷、氯仿、溴乙烷、苯、四氯化碳、二硫化碳、环己烷、己烷、煤油。

液相色谱中多采用混合溶剂或梯度洗脱。反相色谱最常用的流动相组成甲醇-水和乙腈-水体系。

反相色谱梯度洗脱溶剂中有机相一般为乙腈、甲醇等;水相可以为 $H_2O$、磷酸缓冲盐(pH 为 2、7、12)、醋酸缓冲盐(pH 为 4.5)、硼酸缓冲盐(pH 为 9、13)、三羟甲基氨基甲烷(Tris,pH 为 8)等,有时候可以适当添加改性剂,如三氟乙酸(TFA)或三乙胺(TEA)减少拖尾。缓冲溶液盐浓度对于弱极性化合物分离一般在 0~10 mmol/L 中,对于高极性化合物分离,缓冲溶液盐类浓度在 20~50 mmol/L。

采用反相色谱法分离弱酸(3≤$pK_a$≤7)或弱碱(7≤$pK_a$≤8)样品时,通过调节流动相的 pH 值,以抑制样品组分的解离,增加组分在固定相上的保留,并改善峰形的技术称为反相离子抑制技术。对于弱酸,流动相的 pH 值越小,组分的 $k$ 值越大,当 pH 值小于弱酸的 $pK_a$ 两个 pH 单位时,弱酸主要以分子形式存在;对弱碱,情况相反,溶液 pH 要大于其 $pK_a$ 两个 pH 单位时,弱碱主要以分子形式存在。分析弱酸样品时,通常在流动相中加入少量弱酸,常用 50 mmol/L 磷酸盐缓冲液和 1% 醋酸溶液;分析弱碱样品时,通常在流动相中加入少量弱碱,常用 50 mmol/L 磷酸盐缓冲液和 30 mmol/L 三乙胺溶液。

正相色谱图体系多使用正己烷、二氯甲烷、四氢呋喃、乙酸乙酯等极性小的溶剂添加适量极性大的溶剂如乙醇或异丙醇等。正相色谱最常用的流动相及其洗脱强度:正己烷<乙醚<乙酸乙酯<异丙醇。

4. 其他操作条件的选择

液相色谱中一般不会通过改变柱温来改善传质,分析一般在室温下进行,但是适当提高柱温可以减小流动相黏度,降低传质阻力。液相色谱中的流速对柱效的影响较大,一般采用的流速为 1 mL/min,流速的增加也使分离柱压力迅速增加,实际操作中,流量还可以调节分离度和出峰时间的重要参数。

## 五、参考文献

[1] 袁存光,祝优珍,田晶,唐意红.现代仪器分析.北京:化学工业出版社,2012.
[2] 刘志广.仪器分析.高等教育出版社.北京:高等教育出版社,2007.

## 实验7.1　液相色谱法测定牛和猪肌肉中安乃近代谢物残留量

### 一、实验目的

1. 了解检测肉制品中安乃近代谢物残留量的意义；
2. 掌握液相色谱法测定牛和猪肌肉中安乃近代谢物残留的方法。

### 二、实验原理

安乃近是一种吡唑酮类非甾体抗炎药，在体内可几乎全部迅速水解成活性产物4-甲基氨基安替比林（MAA），其药理作用主要由MAA产生。MAA在体内代谢为4-甲酰氨基安替比林（FAA）和4-氨基安替比林（AA），AA可以继续代谢为4-乙酰氨基安替比林（AAA）。因安乃近解热镇痛效果显著，对多种炎症具有很好的疗效，广泛应用于动物和人类多种炎症的治疗。但是，安乃近的毒副作用极大，会导致肾毒性、皮疹、粒细胞减少等多种不良反应，甚至还可能导致自身免疫性溶血、血小板减少性紫癜、再生障碍性贫血等[1]。在我国，安乃近在食源性动物组织中的限量为200 μg/kg[2]。

本实验采用GB/T 20747—2006[3]中利用液相色谱-紫外法测定牛和猪肌肉中安乃近代谢物残留量。肌肉中安乃近代谢物残留用硫酸钠溶液（pH=7）提取，过滤后经Bond elut $C_{18}$固相萃取柱或相当者净化，用甲醇洗脱，氮气吹干。残渣用甲醇+水溶解，供液相色谱仪测定。4-甲酰氨基安替比林用外标法定量、4-甲基氨基安替比林和4-氨基安替比林用内标法定量。本部分的方法检出限：4-甲酰氨基安替比林为12.5 μg/kg，4-氨基安替比林为15.0 μg/kg，4-甲基氨基安替比林为20.0 μg/kg。

### 三、仪器与试剂

1. 仪器

液相色谱仪：配有紫外检测器；固相萃取装置；氮气浓缩仪；液体混匀器；分析天平：感量0.1 mg和0.01 g；真空泵；均质器；移液器：10 μL～100 μL和100 μL～1 000 μL；聚丙烯离心管：50 mL，具塞；pH计：测量精度±0.02 pH单位；低温离心机：可制冷到−40 ℃；玻璃离心管：15 mL。

2. 液相色谱条件

色谱柱：Inertsil ODS-3色谱柱（5 μm，250 mm×4.6 mm或相当者）；柱温：30 ℃；进样量：50 μL；检测波长：265 nm。流动相、流速及梯度洗脱条件见表7-3。

表7-3　梯度洗脱条件

| 时间/min | 流速/(mL/min) | 水/% | 甲醇/% |
| --- | --- | --- | --- |
| 0 | 1.0 | 90 | 10 |

续表

| 时间/min | 流速/(mL/min) | 水/% | 甲醇/% |
|---|---|---|---|
| 15 | 1.0 | 30 | 70 |
| 17 | 1.0 | 5 | 95 |
| 18 | 1.0 | 90 | 10 |
| 23 | 1.0 | 90 | 10 |

3. 试剂与材料

除另有说明外,所用试剂均为优级纯;水为 GB/T 6682 规定的一级水。

甲醇、乙腈、乙酸铵:色谱纯;硫酸钠;亚硫酸钠;4-甲基氨基安替比林、4-甲酰氨基安替比林、4-氨基安替比林标准物质:纯度≥99%;内标标准物质:4-异丙基氨基安替比林,纯度≥99%;滤膜:0.45 $\mu$m;玻璃滤纸;Bond glut $C_{18}$ 固相萃取柱或相当者:500 mg,3 mL。

## 四、实验步骤

1. 溶液配制

1.1 硫酸钠+亚硫酸钠提取溶液:准确称取 14.20 g 无水硫酸钠和 2.52 g 亚硫酸钠,用水溶解,并使其体积达到约 950 mL,然后用 0.5 mol/L 的稀硫酸调节溶液的 pH 值至 7.0,用水定容至 1 000 mL。

1.2 淋洗液:甲醇+水(5+95)。取 50 mL 甲醇加入 950 mL 水。

1.3 样品定容液:甲醇+水(1+9)。取 100 mL 甲醇加入 900 mL 水。

1.4 标准储备溶液:100 mg/L。准确称取适量的各种安乃近代谢物标准物质。用甲醇配制成浓度为 100 mg/L 的标准储备溶液,避光-18 ℃保存,可使用 3 个月。

1.5 混合标准储备溶液:10.0 mg/L。吸取每种适量标准储备溶液,用甲醇稀释成 10.0 mg/L 的混合标准工作溶液,避光-18 ℃保存,可使用 1 个月。

1.6 内标储备溶液:100 mg/L。准确称取适量的内标标准物质用甲醇配制成浓度为 100 mg/L 内标储备溶液,避光-18 ℃保存,可使用 1 个月。

1.7 内标工作溶液:2.0 mg/L。吸取适量的内标储备溶液,用甲醇稀释成 2.0 mg/L 的内标工作溶液,避光-18 ℃保存,可使用 1 个月。

1.8 混合标准工作溶液:分别移取不同量混合标准储备溶液于进样瓶中,再分别加入适量内标工作溶液,用样品定容液定容至 1 mL,使各被测组分的浓度均为 0.010、0.050、0.10、0.50、1.0、2.0 $\mu$g/mL,内标物质浓度均为 0.25 $\mu$g/mL。

2. 固相萃取柱预处理

用前分别用 5 mL 甲醇和 5 mL 水处理,保持柱体湿润。

3. 试样的制备与保存

3.1 试样的制备

取有代表性的牛或猪肌肉,制成实验室样品。试样分为两份,置于样品瓶中,密封并做上标记。

3.2 试样保存

制备好的试样置于-18 ℃冰柜中避光保存。

4. 提取

称取 5 g 试样,精确至 0.01 g。将上述样品置于 50 mL 聚丙烯离心管中,加入 0.25 mL 浓度为 2.0 mg/L 的内标工作溶液,然后加入 15 mL 硫酸钠+亚硫酸钠提取溶液,均质 1 min。在 10 ℃以 4 000 r/min 离心 5 min。将上清液转移到另一干净的 50 mL 容量瓶中,残渣再分别加入 15 mL、10 mL 硫酸钠+亚硫酸钠提取溶液提取两次,离心后,合并上清液,并用硫酸钠+亚硫酸钠提取溶液定容至 50 mL,混合均匀,然后用玻璃滤纸过滤,待净化。

5. 净化

取 25 mL 提取液放入 $C_{18}$ 固相萃取柱中,以约 1 mL/min 的流速使样液通过固相萃取柱,待样液全部通过后,依次用 5 mL 水和 5 mL 甲醇+水淋洗液淋洗固相萃取柱,弃去全部流出液,减压抽干固相萃取柱 10 min。最后用 5 mL 甲醇洗脱,洗脱液收集于 15 mL 玻璃离心管中,置于氮气浓缩仪上在 55 ℃吹至近干,用样品定容液定容至 1.0 mL。定容液混匀后,过 0.45 μm 滤膜,供液相色谱测定。

6. 测定

将混合标准工作溶液分别进样,记录色谱图,确定各待测组分保留时间,记录各组分的色谱峰面积。以浓度为横坐标,峰面积为纵坐标,绘制标准工作曲线,用标准工作曲线对样品进行定量,样品溶液中 4-甲酰氨基安替比林、4-甲基氨基安替比林和 4-氨基安替比林的响应值均应在仪器测定的线性范围内。每一个试样平行测定两次。

7. 回收率试验

吸取适量混合标准工作溶液和内标标准工作溶液,用样品定容液稀释成所需浓度的标准工作溶液。阴性样品中添加标准溶液按实验步骤 5 操作,测定后计算样品添加的回收率。

## 五、数据记录与处理

1. 色谱峰的定性分析

分别记录各待测组分及内标的保留时间,并确定混合物标准溶液中各峰的归属。

2. 标准曲线的绘制

根据标准样品溶液色谱图,得到各组分的峰面积,并以面积和各组分浓度作图,进行线性拟合。

3. 样品中安乃近代谢物残留量的测定

记录样品溶液的色谱图,获得相应组分的峰面积,根据线性回归方程计算各残留物在测试液中的浓度,再根据下列式子计算肉类样品中安乃近的残留量。

4-甲酰氨基安替比林结果按式(7-1)计算:

$$X = c \times \frac{V}{m} \times 1\,000 \tag{7-1}$$

式中：
    $X$——试样中被测组分残留量，单位为 μg/kg；
    $c$——从标准工作曲线得到的被测组分溶液浓度，单位为 μg/mL；
    $V$——样品溶液最终定容体积，单位为 mL；
    $m$——样品溶液所代表最终试样的质量，单位为 g。

4-甲基氨基安替比林和 4-氨基安替比林结果按式(7-2)计算：

$$X = c_s \times \frac{A}{A_s} \times \frac{c_i}{c_{si}} \times \frac{A_{si}}{A_i} \times \frac{V}{m} \times 1\,000 \tag{7-2}$$

式中：
    $X$——试样中被测物残留量，单位为 μg/kg；
    $c_s$——基质标准工作溶液中被测物的浓度，单位为 μg/mL；
    $A$——试样溶液中被测物的色谱峰面积；
    $A_s$——基质标准工作溶液中被测物的色谱峰面积；
    $c_i$——试样溶液中内标物的浓度，单位为 μg/mL；
    $c_{si}$——基质标准工作溶液中内标物的浓度，单位为 μg/mL；
    $A_{si}$——基质标准工作溶液中内标物的色谱峰面积；
    $A_i$——试样溶液中内标物的色谱峰面积；
    $V$——样液最终定容体积，单位为 mL；
    $m$——试样溶液所代表试样的质量，单位为 g。

注：计算结果应扣除空白值。

## 六、思考题

1. 固相萃取一般有哪些步骤？

2. 固相萃取所使用的固定相类型有哪些？

3. 液相色谱法定量分析一般采用外标法，为何本次实验 4-甲基氨基安替比林和 4-氨基安替比林用内标法定量？

## 七、参考文献

[1] 张婧雯,张海超,范斌,艾连峰,王敬,李玮,康维钧.通过式固相萃取/超高效液相色谱-串联质谱法快速测定动物源性食品中安乃近代谢物残留量[J].分析测试学报,2019,38(9):1114-1119.

[2] 农业部. 中华人民共和国农业部公告第 235 号[Z]. Ministry of Agriculture. Notice of the Ministry of Agriculture of the peopleundefineds Republic of China No.235 [Z].

[3] GB/T20747—2006 牛和猪肌肉中安乃近代谢物残留量的测定 液相色谱紫外检测法和液相色谱-串联质谱法.

## 实验7.2　液相色谱-质谱/质谱法与高效液相色谱法测定动物源性食品中四环素类兽药残留量

### 一、实验目的

1. 了解动物源性食品中四环素残留量检测的意义；
2. 掌握动物源性食品中四环素类物质的提取及净化方法；
3. 掌握液相色谱-质谱/质谱法测定动物源性食品中四环素类兽药残留量的方法。

### 二、实验原理

四环素类药物为广谱抗生素，对多种α-溶血性链球菌、非溶血性链球菌、革兰阴性杆菌、立克次体、螺旋体、支原体属和衣原体属均有效。在畜禽、水产生物领域应用四环素可预防和治疗动物疾病，提高饲料转化率，主要用于防治肠道感染和促生长，但是此类药物易产生耐药菌株和导致食品残留。农业部235号公告[1]规定，四环素、金霉素、土霉素、强力霉素在禽肉类食品中，肌肉中每种最大残留均为100 μg/kg，肝脏中每种残留量均为300 μg/kg，肾脏中每种最大残留均为600 μg/kg。本实验采用GB/T 21317—2007[2]中的方法，将试样中四环素族抗生素残留用0.1 mol/L $Na_2$EDTA-McIlvaine缓冲液(pH 4.0±0.05)提取，经过滤和离心后，上清液用HLB固相萃取柱净化，高效液相色谱仪或液相色谱电喷雾质谱仪测定，外标峰面积法定量。液相色谱电喷雾质谱仪测定二甲胺四环素、差向土霉素、土霉素、差向四环素、四环素、去甲基金霉素、差向金霉素、金霉素、甲烯土霉素和强力霉素的测定低限均为50.0 μg/kg。高效液相色谱法测定甲胺四环素、土霉素、四环素、去甲基金霉素、金霉素、甲烯土霉素和强力霉素的测定低限均为50.0 μg/kg。

### 三、仪器与试剂

1. 仪器

液相色谱串联四极杆质谱仪或相当者，配电喷雾离子源、二极管阵列检测器或紫外检测器；分析天平：感量0.1 mg, 0.01 g；旋涡混合器；低温离心机：最高转速5 000/min，控温范围为-40 ℃至室温；氮吹浓缩仪；固相萃取真空装置；pH计：测量精度±0.02；组织捣碎机；超声提取仪。

2. 液相色谱条件

2.1 液相色谱质谱/质谱法

2.1.1 液相色谱条件

色谱柱：Inertsil C8 - 3.5 μm, 150 mm×2.1 mm(内径)或相当者；流动相：甲醇+10 mmol/L三氟乙酸，梯度洗脱(梯度见表7-4)；流速：300 μL/min；柱温：30 ℃；进样量：30 μL。

表7-4 分离10种四环素类药物的液相色谱梯度洗脱

| 时间/min | 甲醇/% | 10 mmol/L 三氟乙酸/% |
| --- | --- | --- |
| 0 | 5.0 | 95.0 |
| 5.0 | 30.0 | 70.0 |
| 10.0 | 33.5 | 66.5 |
| 12.0 | 65.0 | 35.0 |
| 17.5 | 65.0 | 35.0 |
| 18.0 | 5.0 | 95.0 |
| 25.0 | 5.0 | 95.0 |

2.1.2 质谱条件

离子化模式:电喷雾电离正离子模式(ESI+);质谱扫描方式:多反应监测(MRM);分辨率:单位分辨率;雾化气(NEB):6.00 L/min(氮气);气帘气(CUR):10.00 L/min(氮气);喷雾电压(IS):4 500 V;去溶剂温度(TEM):500 ℃;去溶剂气流:7.00 L/min(氮气);碰撞气(CAD):6.00 mL/min(氮气)。

表7-5 四环素类药物主要质谱参数

| 化合物 | 母离子(m/z) | 子离子(m/z) | 驻留时间/ms | 碰撞电压/eV |
| --- | --- | --- | --- | --- |
| 二甲胺四环素 | 458 | 352 | 150 | 45 |
|  |  | 441 | 50 | 27 |
| 差向土霉素 | 461 | 426 | 50 | 31 |
|  |  | 441 | 50 | 28 |
| 土霉素 | 461 | 426 | 50 | 27 |
|  |  | 443 | 50 | 21 |
| 差向四环素 | 445 | 410 | 50 | 19 |
|  |  | 427 | 50 | 29 |
| 四环素 | 445 | 410 | 50 | 29 |
|  |  | 427 | 50 | 19 |
| 去甲基金霉素 | 465 | 430 | 50 | 29 |
|  |  | 448 | 50 | 19 |
| 差向金霉素 | 479 | 444 | 50 | 31 |
|  |  | 462 | 50 | 27 |
| 金霉素 | 479 | 444 | 50 | 27 |
|  |  | 462 | 50 | 33 |

续　表

| 化合物 | 母离子(m/z) | 子离子(m/z) | 驻留时间/ms | 碰撞电压/eV |
|---|---|---|---|---|
| 甲烯土霉素 | 443 | 381 | 50 | 27 |
|  |  | 426[a] | 50 | 33 |
| 强力霉素 | 445 | 154 | 150 | 37 |
|  |  | 428[a] | 50 | 29 |

2.2 液相色谱法

色谱柱：Ncrtsil C8-3.5 μm,250 mm×4.6 mm(内径)，或相当者；流动相：甲醇+乙腈+10 mmol/L 三氟乙酸，洗脱梯度见表 7-6(柱平衡时间 5 min)；流速：1.5 mL/min；柱温：30 ℃；进样量：100 μL；检测波长：350 nm。

表 7-6　分离 7 种四环素类药物的液相色谱流动相洗脱梯度

| 时间/min | 甲醇/% | 乙腈/% | 10 mmol/L 三氟乙酸/% |
|---|---|---|---|
| 0 | 1 | 4 | 95 |
| 5 | 6 | 24 | 70 |
| 9 | 7 | 28 | 65 |
| 12 | 0 | 35 | 65 |
| 15 | 0 | 35 | 65 |

3. 试剂与材料

甲醇、乙腈：高效液相色谱纯；乙酸乙酯；乙二胺四乙酸二钠($Na_2$EDTA·$2H_2O$)；三氟乙酸；柠檬酸($C_5H_3O_7$·$H_2O$)；磷酸氢二钠($Na_2HPO_4$·$12H_2O$)；标准物质：二甲胺四环素(minocycline,CAS:10118-90-8)，土霉素(oxytetracycline,CAS:6153-64-6)，四环素(tetracycline,CAS:60-54-8)，去甲基金霉素(demeclocycline,CAS:127-33-3)，金霉素(chlortetracyclinc,CAS:57-62-5),甲烯土霉素(methacycline,CAS:91400-1)，强力霉素(doxycyclin,CAS:564-25-0),差向四环素(4-epitetracyclinc)CAS:64-75-5),差向土霉素(-pioxytetracyclinc,CAS:35259-39-3)，差向金霉素(4-epichlortetracy)cline,CAS:14297-93-9)。纯度均大于等于 95%。

Oasis HLB 固相萃取柱：60 mg,3 mL,或相当者。

除另有说明外，所用试剂均为分析纯，水为 GB/T 6682 规定的一级水。

## 四、实验步骤

1. 溶液的配制

1.1 柠檬酸溶液：0.1 mol/L。称取 21.01 g 柠檬酸，用水溶解，定容至 1 000 mL。

1.2 磷酸氢二钠溶液：0.2 mol/L。称取 28.41 g 磷酸氢二钠，用水溶解，定容至 1 000 mL。

1.3 Mcllvaine 缓冲溶液：将 1 000 mL 0.1 mol/L 柠檬酸溶液与 625 mL 0.2 mol/L 磷酸氢二钠溶液混合，必要时用氢氧化钠或盐酸调节 pH=4.0±0.05。

1.4 Na$_2$EDTA-McIlvaine 缓冲溶液:0.1 mol/L。称取 60.5 g 乙二胺四乙酸二钠放入 1 625 mL McIlvaine 缓冲溶液中,使其溶解,摇匀。

1.5 甲醇+水(1+19):移取 5 mL 甲醇与 95 mL 水混合。

1.6 甲醇+乙酸乙酯(1+9):量取 10 mL 甲醇与 90 mL 乙酸乙酯混合。

1.7 三氟乙酸水溶液(10 mmol/L):准确吸取 0.765 mL 三氟乙酸于 1 000 mL 容量瓶中,用水溶解并定容至刻度。

1.8 甲醇+三氟乙酸水溶液(1+19):量取 50 mL 甲醇与 950 mL 三氟乙酸水溶液(10 mmol/L)混合。

1.9 标准储备溶液:准确称取按其纯度折算为 100% 质量的二甲胺四环素、土霉素、四环素、去甲基金霉素、金霉素、甲烯土霉素、强力霉素、差向土霉素、差向四环素和差向金霉素各 10.0 mg,分别用甲醇溶解并定容至 100 mL,浓度相当于 100 mg/L,储备液在 −18 ℃以下贮存于棕色瓶中,可稳定 12 个月以上。

1.10 混合标准工作溶液:根据需要,用甲醇+三氟乙酸水溶液将标准储备溶液配制为适当浓度的混合标准工作溶液。混合标准工作溶液应使用前配制。

2. 固相色谱柱的活化

使用前 SPE 柱分别用 5 mL 甲醇和 5 mL 水预处理,保持柱体湿润。

3. 样品制备与保存

3.1 动物肌肉、肝脏、肾脏和水产品

从所取全部样品中取出约 500 g 用组织捣碎机充分捣碎均匀,装入干净容器中,密封,并标明标记,于 −18 ℃以下冷冻存放。

3.2 牛奶样品

从所取全部样品中取出约 500 g,充分混匀,装入洁净容器中,密封,并标明标记,于 −18 ℃以下冷冻存放。

4. 提取

4.1 动物肝脏、肾脏、肌肉组织、水产品

称取均质试样 5 g(精确到 0.01 g),置于 50 mL 聚丙烯离心管中,分别用约 20 mL、20 mL、10 mL 0.1 mol/L EDTA-McIlvaine 缓冲溶液冰水浴超声提取三次,每次旋涡混合 1 min,超声提取 10 min,3 000 r/min 离心 5 min(温度低于 15 ℃),合并上清液(注意控制总提取液的体积不超过 50 mL),并定容至 50 mL,混匀,5 000 r/min 离心 10 min(温度低于 15 ℃),用快速滤纸过滤,待净化。

4.2 牛奶

称取混匀试样 5 g(精确到 0.01 g),置于 50 mL 比色管中,用 0.1 mol/L EDTA-McIlvaine 缓冲溶液溶解并定容至 50 mL,旋涡混合 1 min,冰水浴超声 10 min,转移至 50 mL 聚丙烯离心管中,冷却至 0~4 ℃,5 000 r/min 离心 10 min(温度低于 15 ℃),用快速滤纸过滤,待净化。

5. 净化

准确吸取 10 mL 提取液(相当于 1 g 样品)以 1 滴/s 的速度过 HLB 固相萃取柱,待样液完全流出后,依次用 5 mL 水和 5 mL 甲醇+水淋洗,弃去全部流出液。2.0 kPa 以下

减压抽干 5 min,最后用 10 mL 甲醇＋乙酸乙酯洗脱。将洗脱液吹氮浓缩至干(温度低于 40 ℃),用 1.0 mL(液相色谱质谱/质谱法)或 0.5 mL(高效液相色谱法)甲醇＋三氟乙酸水溶液溶解残渣,过 0.45 $\mu$m 滤膜,待测定。

6. 测定

6.1 定性测定

在色谱条件下测定利用保留时间定性,待测样品中化合物色谱峰的保留时间与标准溶液相比变化范围应在±2.5%之内。

待测化合物的定性离子的重构离子色谱峰的信噪比大于等于 3,定量离子的重构离子色谱峰的信噪比应大于等于 10。

每种化合物的质谱定性离子必须出现,至少应包括一个母离子和两个子离子,而且同一检测批次,对同一化合物,样品中目标化合物的两个子离子的相对丰度比与浓度相当的标准溶液相比,其允许偏差不超过表 7-7 规定的范围。

表 7-7 定性时相对离子丰度的最大允许偏差

| 相对离子丰度 | >50% | >20%~50% | 10%~20% | ≥10% |
|---|---|---|---|---|
| 允许的相对偏差 | ±20% | ±25% | ±30% | ±50% |

6.2 定量分析

6.2.1 液相色谱质谱法

根据样液中被测四环素类兽药残留的含量情况,选定峰高相近的标准工作溶液。标准工作溶液和样液中四环素类兽药残留的响应值均应在仪器检测的线性范围内。对标准工作溶液和样液等体积参插进样测定。各种四环素类药物的参考保留时间如下:二甲胺四环素 9.6 min、差向土霉素 11.6 min、土霉素 11.8 min、差向四环素 10.9 min、四环素 11.9 min、去甲基金霉素 14.6 min、差向金霉素 13.8 min、金霉素 15.7 min、甲烯土霉素 16.6 min、强力霉素 16.7 min。

6.2.2 高效液相色谱测定

根据样液中被测四环素类兽药残留的含量情况,选定峰高相近的标准工作溶液。标准工作溶液和样液中四环素类兽药残留的响应值均应在仪器的检测线性范围内。对标准工作溶液和样液等体积参插进样测定。在上述色谱条件下,二甲胺四环素、土霉素、四环素、去甲基金霉素、金霉素、甲烯土霉素、强力霉素的参考保留时间分别约为 6.3 min、7.5 min、7.9 min、8.7 min、9.8 min、10.4 min、10.8 min。

7. 空白试验

除不加试样外,均按上述测定步骤进行。

## 五、数据记录与处理

1. 定性鉴定

根据标准溶液的色谱图确定待测物的保留时间。

2. 绘制标准曲线

根据标准溶液的色谱图读取相应待测物的峰面积,以峰面积对各物质浓度作图,绘制标准曲线。

3. 样品中组分的测定

采用外标法定量,按式(7-3)计算四环素类兽药残留量:

$$X = \frac{A_x \times c_s \times V}{A_s \times m} \quad (7-3)$$

式中:

$X$——样品中待测组分的含量,单位为 μg/kg;

$A_x$——测定液中待测组分的峰面积;

$c_s$——标准液中待测组分的含量,单位为 μg/L;

$V$——定容体积,单位为 mL;

$A_s$——标准液中待测组分的峰面积;

$m$——最终样液所代表的样品质量,单位为 g。

## 六、思考题

1. 液相色谱法中质谱检测器的离子化方式有哪几种?
2. 利用质谱作为液相色谱的检测器,流动相的选择有何注意事项?
3. 流动相中添加三氟乙酸的作用是什么?

## 七、参考文献

[1] 农业部. 中华人民共和国农业部公告第 235 号[Z]. Ministry of Agriculture. Notice of the Ministry of Agriculture of the peopleundefineds Republic of China No.235 [Z].

[2] GB/T 21317—2007 动物源性食品中四环素类兽药残留量检测方法 液相色谱-质谱质谱法与高效液相色谱法.

# 实验 7.3　化妆品中维生素 $B_3$(烟酸、烟酰胺)的测定

## 一、实验目的

1. 掌握化妆品中维生素 $B_3$(烟酸、烟酰胺)的提取与净化方法;
2. 掌握液相色谱法测定化妆品中维生素 $B_3$(烟酸、烟酰胺)的方法。

## 二、实验原理

烟酸和烟酰胺统称为维生素 $B_3$,因具有美白、去皱、消炎、促进头发生长等特点,在美白、抗皱、除痘类化妆品以及洗发和护发产品中得到广泛应用,推荐用量一般为 0.5%~2%。化妆品中烟酸和烟酰胺含量的检测,高效液相色谱法[1-3]等和毛细管电泳法[4]。液相色谱法可采用离子对色谱法或反相液相色谱法,离子对色谱的保留时间和峰面积的重

复性与一般的反相液相色谱比较起来要差。

烟酸和烟酰胺为极性化合物,易溶于水相,化妆品中的油溶性成分易溶于有机相,而化妆品中的表面活性剂则富集于有机相与水相界面处。本实验采用国标方法[1],利用水和二氯甲烷(或异辛烷)双液相体系将目标物与化妆品中油溶性成分及表面活性剂初步分离。酸性条件下用反相及强阳离子交换混合型固相萃取材料吸附富集目标物,除去干扰物质后,洗脱,定容,用反相高效液相色谱分离,二极管阵列检测器检测(高效液相色谱法)或串联四级杆质谱检测(高效液相色谱串联质谱法),标准曲线外标法定量。其中高效液相色谱法对烟酸、烟酰胺的检出限均为 2 $\mu g/g$,定量限均为 6 $\mu g/g$。高效液相色谱串联质谱法对烟酸、烟酰胺的检出限均为 100 $\mu g/kg$,定量限均为 300 $\mu g/kg$。

## 三、仪器与试剂

### 1. 仪器

高效液相色谱仪-二极管阵列检测器;高效液相色谱串联四级杆质谱联用仪(ESI源);分析天平:感量 0.1 mg,0.01 mg;氮吹仪;旋涡混合器;超声波清洗器;离心机:转速不少于 5 000 r/min,离心试管容量 15 mL;移液枪或移液器。

### 2. 仪器条件

#### 2.1 液相色谱方法

高效液相色谱仪-二极管阵列检测器。色谱柱:SB - Aq(或相当者),1.8 $\mu m$ × 3 mm × 100 mm;柱温:30 ℃。

色谱条件:流动相:A 为 100%水(含 0.1%甲酸),B 为 100%甲醇(含 0.1%甲酸);流速:0.3 mL/min;检测波长:260 nm;进样量:2 $\mu L$。

表 7-8 液相色谱分离条件

| 时间/min | 流速/(mL/min) | 流动相 A/% | 流动相 B/% |
|---|---|---|---|
| 0 | 0.3 | 100 | 0 |
| 6.0 | 0.3 | 100 | 0 |
| 6.1 | 0.3 | 40 | 60 |
| 9.0 | 0.3 | 40 | 60 |
| 9.1 | 0.3 | 100 | 0 |
| 13.0 | 0.3 | 100 | 0 |

注 1:0~6 min 为色谱分离过程,6 min~9 min 为洗脱强保留杂质过程,9 min~13 min 为色谱柱重新平衡过程。

注 2:若上述液相色谱条件遇到干扰,可改用 100%水(含 0.1%乙酸)为 A 相重新进行测试,B 相相应改为 60%甲醇水溶液(含 0.1%乙酸),相应流动相切换时间也许根据情况进行调整。

#### 2.2 液相色谱串联质谱法

高效液相色谱串联四级杆质谱联用仪(ESI 源);色谱柱:SB - Aq(或相当者),

1.8 μm, 3 mm×100 mm;柱温:30 ℃;流动相:5%甲醇水溶液(含 0.05%甲酸),流速:0.2(mL/min);进样量:2 μL。

注:柱的内径和长度及色谱填料粒径可根据色谱情况自由选择。

质谱测定的参考条件如下:电离方式:电喷雾电离,正离子模式,ESI(+);雾化气:氮气,241.325 kPa(约合 35 psi);干燥气:氮气,流速 10 L/min,温度:350 ℃;碰撞气:氮气;毛细管电压:3 500 V;检测方式:多反应监测(MRM);其他质谱条件见表 7-9。

表 7-9 烟酸和烟酰胺质谱分析参考参数

| | 烟 酸 | 烟酰胺 |
| --- | --- | --- |
| 母离子 | 124.1 | 123.1 |
| 碎裂电压 | 110 | 110 |
| 定量子离子(碰撞电压) | 79.9(22) | 80.0(22) |
| 定性子离子 1(碰撞电压) | 78.0(24) | 78.0(24) |
| 定性子离子 2(碰撞电压) | 52.9(32) | 53.1(32) |

3. 试剂与材料

甲醇:色谱纯,分析纯;氨水:分析纯;甲酸:色谱纯,分析纯;二氯甲烷、异辛烷:分析纯;2%甲酸水溶液;2%氨水氨化甲醇;1%甲酸水溶液;Strara.X-C 固相萃取小柱或相当者:60 mg,3 mL。0.2 μm 微孔尼龙滤膜。

除非另有规定,所用试剂均为分析纯。水为 GB/T 6682 规定的一级水。

## 四、实验步骤

1. 溶液的配制

1.1 标准储备液:准确称取烟酸和烟酰胺标准物质各 250 mg 分别置于两个 25 mL 的棕色容量瓶中,用蒸馏水溶解定容,配制成浓度为 10 mg/mL 的标准储备溶液,于 4~6 ℃ 条件下保存。保存期一般不应超过 2 周。

1.2 系列标准溶液

1.2.1 系列标准溶液 A:首先将两种标准储备液等体积混合,配制成 5 mg/mL 的混合标准溶液,然后用 2%甲酸水溶液稀释配制成烟酸和烟酰胺的浓度均分别为 1、5、10、50、100、500、1 000 μg/mL 的系列标准混合溶液用于液相色谱测试。以上系列标准溶液,需现用现配。

1.2.2 系列标准溶液 B:首先将两种标准储备液等体积混合,配制成 5 mg/mL 的混合标准溶液,然后用 2%甲酸水溶液稀释配制成烟酸和烟酰胺的浓度均分别为 5、10、50、100、500、1 000 μg/L 的系列标准混合溶液用于液质联用测试。以上系列标准溶液,需现用现配。

1.3 Strara-X-C 固相萃取小柱或相当者(60 mg,3 mL):使用前用 2 mL 甲醇和 2 mL 水活化。

2. 试样制备

2.1 膏霜、乳液、化妆水、洗发水等化妆品样品的制备

称取 0.2 g 样品(精确至 0.01 g)于 15 mL 具塞塑料离心管中,60 ℃ 条件下氮吹,尽量

除去样品中的水分。向离心管中准确加入 4 mL 2%甲酸水溶液,涡旋混合使样品均匀分散后超声 15~30 min,向离心管中加入 3 mL 二氯甲烷,涡旋混合 2 min,然后于 5 000 r/min 离心 5~20 min。

准确移取 1 mL 上层溶液过 Strara.X-C 固相萃取小柱,待自然流干后,依次加入 1 mL 1%甲酸水溶液和 1 mL 甲醇淋洗柱床,最后加入 4 mL 2%氨水氨化甲醇进行洗脱,待自然流干后,吹出柱床内溶液并收集所有流出溶液,氮吹挥干溶剂,准确添加 1 mL 水溶解,涡旋混合 1 min,确保瓶内残留物全部溶解后,用 0.2 μm 微孔尼龙滤膜过滤,待测。

### 2.2 美容皂等固态基类化妆品样品的制备

用刮铲或小刀将皂基样品刨成碎屑或丝状薄片,刨碎后迅速密封在容器中,并尽快进行称量。称取 0.2 g(精确至 0.01 g),于 15 mL 具塞塑料离心管中,先向离心管中准确加入 4 mL 2%甲酸水溶液并置于沸水浴中 5~10 min 使皂基融化,涡旋混合使样品溶解并均匀分散,待冷却,继续向离心管中加入 3 mL 二氯甲烷,涡旋混合 2 min 后,于 5 000 r/min 离心 5~20 min。

余下步骤与 2.1 净化步骤相同。

注:由于皂基变成碎屑或薄片时,样品表面积显著增大,皂中的水分会迅速挥发,带来称量误差。因此尽量缩短皂、碎皂及称量的时间,且实验室湿度高于 50%,温度低于 25 ℃。

### 2.3 唇膏等蜡基化妆样品的制备

称取 0.2 g 样品(精确至 0.01 g)于 15 mL 具塞塑料离心管中,向离心管中加入 2 mL 异辛烷,涡旋。若样品不能够完全分散,需将离心管置于 80 ℃水浴中 3~5 min,待样品完全融化后,向离心管中准确加入 4 mL 2%甲酸水溶液(80 ℃水浴预热),涡旋 1 min 后,将离心管重新置于 80 ℃水浴平衡 5 min,取出再涡旋 1 min。若样品能够完全分散,则无须水浴加热,直接向离心管中准确加入 4 mL 2%甲酸溶液(80 ℃水浴加热),涡旋 2 min。必要时于 5 000 r/min 离心 5~20 min。

取 1 mL 下层水相,0.2 μm 微孔尼龙滤膜过滤,待测。如遇干扰,可参照步骤 2.1 对样品进行净化处理.

注:对烟酸和烟酰胺含量超过 1%化妆品样品建议将提取溶液 2%甲酸水溶液的体积增加为 8 mL,其他条件不变,以避免超出固相萃取小柱的柱负载量,导致目标回收率的降低。

### 3. 测定

#### 3.1 液相色谱法

在将相同的液相色谱条件下获得的样品溶液的液相色谱分离谱图与标准物质的液相色谱分离谱图进行比较,若样品谱图中存在保留时间与某标准物质的保留时间一致的色谱峰,并且扣除背景后的紫外吸收谱图与该标准物质的紫外吸收图谱一致,则可确认样品中存在该物质。

各取 1 mL 系列标准溶液 A。过 Strara-X-C 固相萃取小柱,待自然流干后,依次加入 1 mL 1%甲酸水溶液,用 1 mL 甲醇淋洗柱床,最后添加 4 mL 2%氨水氨化甲醇进行洗脱,待自然流干后,吹出柱床内溶液,收集所有流出溶液,氮吹挥干溶剂,准确加入 1 mL 水(80 ℃水浴中预热)定容溶解,涡旋混合 1 min,确保瓶内残留物全部溶解后,用 0.2 μm 微孔尼龙滤膜过滤,待测。移取上述系列溶液,注入高效液相色谱仪中进行测定,以色谱峰的峰面积对目标化合物的原始浓度制作标准曲线。

样品溶液中烟酸、烟酰胺含量,用标准曲线外标法确定。化妆品样品中烟酸和烟酰胺的含量可根据式(7-4)进行计算。样品中维生素 $B_3$ 的含量则等于样品中烟酸和烟酰胺之和。对样品溶液中目标物的含量高于 $1\,000\,\mu g/mL$ 的样品,为提高定量的准确性,建议减少进样量或稀释后进样。

$$样品中目标物的含量(mg/g) = \frac{c \times V}{m} \times 10^{-3} \tag{7-4}$$

式中:

$c$——从标准曲线中计算出的样品溶液中目标物的质量浓度,单位为 $\mu g/mL$;

$V$——按稀释倍数折算的被测样液总体积,单位为 mL;

$m$——称取样品的质量,单位为 g。

计算结果至少保留两位有效数字。

在添加浓度 $0.01\sim10\,mg/g$ 的范围内,回收率在 $80\%\sim100\%$ 之间,相对标准偏差为 $0.2\%\sim6.2\%$。

3.2 液相色谱质谱法

在同一色谱/质谱条件下进行标准溶液和样品溶液的测定,如果样品溶液中检出的色谱峰的保留时间与某标准物质色谱峰的保留时间一致,所选择的 3 对离子的质荷比也一致,而且样品定性离子的相对丰度与浓度相当标准工作溶液的定性离子的相对丰度相比较,相对偏差不超过表 7-10 规定的范围,则可判定样品中存在该物质。

表 7-10 定性确定时相对离子丰度的最大允许偏差

| 相对离子丰度/% | >50 | >20~50 | >10~20 | ≤10 |
|---|---|---|---|---|
| 允许的相对偏差/% | ±20 | ±25 | ±30 | ±50 |

各取 1 mL 系列标准溶液 B(过 Strara-X-C 固相萃取小柱,待自然流干后,依次加入 1 mL 1%甲酸水溶液和 1 mL 甲醇淋洗柱床,最后添加 3 mL 2%氨水氨化甲醇进行洗脱,待自然流干后,吹出柱床内溶液并收集所有流出溶液,氮吹挥干溶剂,准确添加 1 mL 水(80 ℃水浴中预热)定容溶解,涡旋混合 1 min,确保瓶内残留物全部溶解后,用 0.2 μm 微孔尼龙滤膜过滤,待测。移取上述系列溶液,以色谱峰的峰面积对目标化合物的原始浓度制作标准曲线。

样品溶液中烟酸和烟酰胺的含量,用标准曲线外标法确定。化妆品样品中烟酸和烟酰胺的含量则按公式(7-5)进行计算。样品中维生素 $B_3$ 的含量则等于样品中烟酸和烟酰胺的含量之和。对样品溶液中目标物的含量高于 $1\,000\,\mu g/mL$ 的样品,为提高定量的准确性,建议减少进样量或稀释后进样。

$$样品中目标物的含量(\mu g/g) = \frac{c \times V}{m} \times 10^{-3} \tag{7-5}$$

式中:

$c$——从标准曲线中计算出的样品溶液中目标物的质量浓度,单位为 μg/L;
$V$——按稀释倍数折算的被测样液的体积,单位为 mL;
$m$——称取样品的质量,单位为 g。
计算结果至少保留两位有效数字。
在添加浓度 0.1~10 μg/g 的范围内,回收率在 80%~110%之间,相对标准偏差在 0.5%~7%。

### 五、数据记录与处理

1. 维生素 $B_3$ 标准溶液的色谱图,记录保留时间,用于样品溶液中的定性分析。
2. 记录不同浓度维生素 $B_3$ 标准溶液的色谱图,以维生素 $B_3$ 的峰面积对浓度作图,并拟合线性回归方程。
3. 按色谱条件进样,获得样品溶液的色谱图,得到样品中维生素 $B_3$ 的峰面积,代入相应公式计算待测物质的含量。

### 六、思考题

1. 该实验中,使用固相萃取小柱的作用有哪些?萃取小柱中的固定相填料有哪些?
2. 在液质色谱中,采用离子模式为正离子模式还是负离子模式?为什么?

### 三、参考文献

[1] GB/T 29664—2013 化妆品中的维生素 $B_3$ 的测定 高效液相色谱法和高效液相色谱质谱法.

[2] 毛希琴.高效液相色谱法测定化妆品中的烟酸和烟酰胺[J].日用化学工业,2012, 42(06):469-472.

[3] 姚春燕,李彩均.高效液相色谱法测定化妆品中烟酸、烟酰胺含量[J].科技资讯, 2014,12(04):138-139.

[4] 亓慧,王丽娟,栾锋,刘惠涛.毛细管电泳法测定化妆品中的烟酸和烟酰胺[J].烟台大学学报(自然科学与工程版),2015,28(02):146-150.

## 实验 7.4  高效液相色谱法测定染发类化妆品中 20 种禁限用染料成分

### 一、实验目的

1. 了解染发类化妆品中 20 种禁限用染料成分;
2. 掌握高效液相色谱法测定染发类化妆品中 20 种禁限用染料成分的方法。

### 二、实验原理

染发剂作为一类特殊用途的化妆品,被人们越来越多地使用,但其本身所含的化学染料成分具有致敏性或致癌性,使用后有可能会对人体健康造成多种急性或慢性伤害。为加强对染发剂使用安全和质量的管理,国家食品药品监督管理总局颁布的《化妆品安全技术规范》(2015 年版)对暂时允许使用的 75 种染发剂明确规定了使用条件和最大使用量[1]。目前检测染发剂中禁限用染料成分的主要方法为液相色谱法[2-5]。本实验按照 GB/T 35824—2018[2]中的方法,试样经溶剂提取后,采用高效液相色谱分离,二极管阵列检测器检测,外标法定量。

### 三、仪器与试剂

**1. 仪器**

高效液相色谱-二极管阵列检测器;分析天平感量 0.1 mg;旋涡混合器;超声波清洗器;离心机,转速不小于 5 000 r/min。

**2. 液相色谱条件**

色谱柱:Poroshell HPH $C_{18}$,2.7 μm,3.0 mm×100 mm(或相当者);柱温:30 ℃;检测器:二极管阵列检测器;流动相:A:50 mmol/L 磷酸盐缓冲液溶液(含3‰甲醇);B:乙醇;流速:0.5 mL/min。进样量:2 μL。

表 7-11 液相色谱分离梯度洗脱程序

| 时间/min | 流速/(mL/min) | 流动相 A/% | 流动相 B/% |
| --- | --- | --- | --- |
| 0 | 0.5 | 94 | 6 |
| 10 | 0.5 | 94 | 6 |
| 20 | 0.5 | 70 | 30 |
| 25 | 0.5 | 50 | 50 |
| 30 | 0.5 | 50 | 50 |
| 33 | 0.5 | 94 | 6 |
| 35 | 0.5 | 94 | 6 |

注:色谱柱的型号、内径和长度及色谱填料粒径可根据色谱分离情况自由选择。流动相比例、流速等色谱条件随仪器而异,应通过试验选最佳操作条件。

**3. 试剂与材料**

除非另有说明,所用水为 GB/T 6682 中规定的一级水

标准物质:20 种禁限用染料成分;甲醇:色谱纯;乙醇、磷酸二氢钾、磷酸氢二钠、亚硫酸氢钠:分析纯;标准物质:p-苯二胺、o-苯二胺、m-苯二胺、p-氨基苯酚、m-氨基苯酚、间苯二酚、4-氨基-2-羟基甲苯、2-甲基-5-羟乙氨基苯酚、5-氨基-6-氯-o-甲酚、6-羟基吲哚、4-氯间苯二酚、羟苯并吗啉、邻氨基苯酚、6-氨基间甲酚、1-萘酚、1,5 二羟基萘、2,7-二羟基萘,共 17 种。

### 四、实验步骤

**1. 溶液配制**

1.1 亚硫酸氢钠水溶液(1 g/L):称取亚硫酸氢钠 1.00 g(精确至 0.01 g)于容量瓶中,

加水定容至 1 000 mL。

1.2 乙醇水溶液：乙醇+亚硫酸氢钠水溶液（体积比:1+1）。

1.3 0.05 mol/L 磷酸盐缓冲液溶液：准确称取磷酸二氢钾 6.804 5 g（精确至 0.000 1 g）和磷酸氢二钠 17.907 g（精确至 0.000 1 g）至容量瓶中，加水定容至 1 000 mL。

1.4 乙醇+0.05 mol/L 磷酸盐缓冲液=1+49（体积比）。

1.5 乙醇+0.05 mol/L 磷酸盐缓冲液=1+1（体积比）。

1.6 乙醇+0.05 mol/L 磷酸盐缓冲液=5+95（体积比）。

1.7 标准储备溶液 A：分别准确称取各标准物质（17 种）50 mg（精确至 0.1 mg）于棕色容量瓶中，用乙醇水溶液溶解后定容至 10 mL，配置成浓度为 5 mg/mL 的标准储备液，于 4～6 ℃条件下避光保存，保存期为 3 天。

标准储备溶液 B：分别准确称取各标准物质（甲苯-2,5-二胺硫酸盐、N,N-双（2-羟乙基）-p-苯二胺硫酸盐，共 2 种）50 mg（精确至 0.1 mg）于棕色容量瓶中，用亚硫酸氢钠水溶液溶解后定容至 10 mL，配置成浓度为 5 mg/mL 的标准储备液，于 4～6 ℃条件下避光保存，保存期为 3 天。

标准储备溶液 C：准确称取标准物质（4-硝基-o-苯二胺，1 种）25 mg（精确至 0.1 mg）于棕色容量瓶中，用乙醇水溶液溶解后定容至 10 mL，配置成浓度为 2.5 mg/mL 的标准储备液，于 4～6 ℃条件下避光保存，保存期为 3 天。

1.8 混合标准中间液：准确移取 A、B 标准储备液各 200 μL，C 标准储备液 400 μL 于 10 mL 容量瓶中，用磷酸盐缓冲液溶液稀释至刻度，配置各标准物质浓度均为 100 μg/mL 的混合标准溶液，需现用现配。

1.9 混合标准工作溶液：准确移取混合标准中间液，用磷酸盐缓冲液溶液稀释定容，配制成 1、5、10、20、40、80、100 μg/mL 的系列标准混合溶液，需现用现配。

2. 试样制备

本标准提供三个前处理方法，可根据需要自行选择合适的方法。

方法一：准确称取 1.0 g 样品（精确至 0.001 g）于 25 mL 具塞刻度塑料离心管中，首先加入 10 mL 甲醇涡旋并超声 10 min，使样品分散并提取目标物，用甲醇定容到 25 mL，涡旋混合均匀，超声提取 10 min，然后于 5 000 r/min 离心 10 min。准确移取上层提取液 5 mL 于 5 mL 刻度塑料试管中，氮吹浓缩至约 0.5 mL，然后乙醇+0.05 mo/L 磷酸盐缓冲液=5+95（体积比）稀释并定容至 5 mL，涡旋 1 min 后，取上清液经 0.45 μm 滤膜过滤作为测定液，用高效液相色谱测定。

方法二：准确称取 1.0 g 样品（精确至 0.001 g）于 25 mL 具塞刻度塑料离心管中，加入乙醇 0.05 mol/L 磷酸盐缓冲液=1+49（体积比）的混合溶液定容至 25 mL，剧烈振荡使样品分散，涡旋 1 min，超声 15 min，5 000 r/min 离心 10 min，取上清液经 0.45 μm 滤膜过滤作为测定液，用高效液相色谱测定。

注：适合分离 p-苯二胺、o-苯二胺、m-苯二胺、p-氨基苯酚、m-氨基苯酚、间苯二酚、4-氨基-2-羟基甲苯、羟苯并吗啉、邻氨基苯酚、6-氨基间甲酚、甲苯-2,5-二胺硫酸盐、N,N-双（2-羟乙基）-p-苯二胺硫酸盐、4-硝基-o-苯二胺，这 13 种染料。

方法三：准确称取 1.0 g 样品（精确至 0.001 g）于 25 mL 具塞刻度塑料离心管中，加入乙醇 0.05 mol/L 磷酸盐缓冲液＝1＋1(体积比)的混合溶液定容至 25 mL,剧烈振荡使样品分散,涡旋 1 min,超声 15 min,5 000 r/min 离心 10 min,取上清液经 0.45 μm 滤膜过滤作为测定液,用高效液相色谱测定。

注:适合分离 2-甲基-5 羟乙氨基苯酚、5-氨基-6-氯-o-甲酚、6-羟基吲哚、4-氯间苯二酚、1-萘酚、1,5-二羟基萘、2,7 二羟基萘,这 7 种染料。

3. 试样测定

移取系列标准溶液,按照色谱条件进行高效液相色谱分析,以系列标准溶液浓度为横坐标,峰面积为纵坐标,制作标准曲线。p-苯二胺、o-苯二胺、m-苯二胺、p-氨基苯酚、m-氨基苯酚、间苯二酚、4-氨基-2-羟基甲苯、甲苯-2,5-二胺硫酸盐、N,N-双(2-羟乙基)-p-苯二胺硫酸盐、2-甲基-5-羟乙氨基苯酚、5-氨基-6-氯-o-甲酚、6-羟基吲哚、4-氯间苯二酚、羟苯并吗啉、邻氨基苯酚、6-氨基间甲酚,共 17 种,根据 280 nm 下的紫外吸收进行定量计算。1-萘酚、1,5-二羟基萘、2,7 二羟基萘(3 种),根据 225 nm 下的紫外吸收进行定量计算。样品溶液中的被测物的响应值均应在仪器测定的线性范围之内。如果检出的目标染料的色谱峰的保留时间与标准品一致,并且在扣除背景后的样品色谱图中,该物质的紫外吸收光谱图与标准品一致,那么可初步认定样品中存在目标染料,用外标法定量。20 种禁限用染料的标准物质液相色谱图见图 7-2。待测样液中目标染料含量应在标准曲线之内,超出线性范围则应稀释后再进行分析。

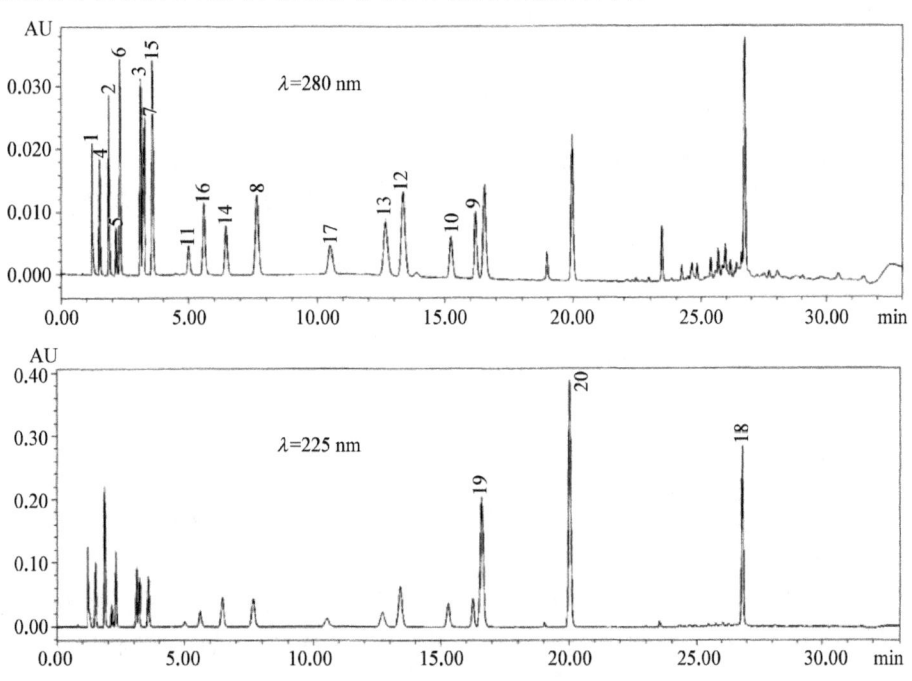

**图 7-2　20 种禁限用染料成分液相色谱图[2]**

1—p-苯二胺;2—o-苯二胺;3—m-苯二胺;4—p-氨基苯酚;5—甲苯-2,5-二胺硫酸盐;6—m-氨基苯酚;7—间苯二酚;8—4-氨基-2-羟基甲苯;9—2-甲基-5-羟乙氨基苯酚;10—5-氨基-6-氯-o-甲酚;11—N,N-双(2-羟乙基)-p-苯二胺硫酸盐;12—6-羟基吲哚;13—4-氯间苯二酚;14—羟苯并吗啉;15—邻氨基苯酚;16—6-氨基间甲酚;17—4-硝基-o-苯二胺;18—1-萘酚;19—1,5-二羟基萘;20—2,7 二羟基萘。

4. 空白试验

除不称取样品外,均按上述测定条件和步骤进行。

## 五、数据记录与处理

1. 定性分析

按色谱条件得到标准物质的色谱图,记录各待测物质的保留时间。

2. 标准曲线的绘制

移取系列标准溶液,按照色谱条件进行高效液相色谱分析,以系列标准溶液浓度为横坐标,峰面积为纵坐标,制作标准曲线,得到各物质与峰面积的线性回归方程。

3. 样品测定

按色谱条件进行分析得到样品溶液的色谱图,并根据相应峰的面积获得样品溶液中各待测物质的浓度。再根据下式计算样品中待测物质的含量。

试样中 20 种目标染料的含量按式(7-6)计算:

$$X = \frac{c \times V}{m \times 1\,000 \times 1\,000} \times 100 \qquad (7-6)$$

式中:

$X$——试样中目标染料的含量,%;

$c$——试样溶液中目标染料的浓度,单位为 μg/mL;

$V$——试样溶液体积,单位为 mL;

$m$——试样质量,单位为 g。

计算结果保留至小数点后两位。

注:对于混合使用的试样,取含有目标染料的试样进行检测,计算结果按实际使用时的比例进行折算。

## 六、思考题

1. 该实验中样品前处理步骤中包括哪些常用的样品前处理方法?
2. 空白实验的目的是什么?

## 七、参考文献

[1] 国家食品药品监督管理总局.化妆品安全技术规范 [S].2015 年版.北京:人民卫生出版社,2018.

[2] GB/T 35824—2018 染发类化妆品中 20 种禁限用染料成分的测定高效液相色谱法.

[3] 张国翠,卢熠川,李春玲.高效液相色谱法同时测定染发剂中 26 种染料[J].香料香精化妆品,2019(05):43-47.

[4] 李红英,黄程,丁晓萍,黄伟,李丽霞.高效液相色谱法测定染发剂中 21 种禁限用成分[J].香料香精化妆品,2019(04):28-32+46.

[5] 左雪,邸铮,张蓉,邬国庆.高效液相色谱法同时测定氧化型染发产品中 33 种染发剂[J].色谱,2019,37(07):759-765.

# 附　录

**附表 1　原子吸收光谱法测定各合金首饰时使用元素的推荐波长**

| 元素 | 99.9% 铂合金 | | 99.9% 金合金 | | 99.9% 钯合金 | |
|---|---|---|---|---|---|---|
| | 波长/nm | 其他可用波长/nm | 波长/nm | 其他可用波长/nm | 波长/nm | 其他可用波长/nm |
| 银 | 328.068 | | 328.068 | | 328.068 | |
| 金 | 242.795 | | 389.789 | 302.920 | 242.795 | |
| 铋 | 223.061 | | 223.061 | | 223.061 | |
| 镉 | 226.502 | | 228.802 | 226.502 | 228.802 | 226.502 |
| 钴 | 228.616 | 238.892 | 228.616 | 238.892 | 228.616 | 238.892 |
| 铜 | 324.754 | | 324.754 | | 324.754 | |
| 铁 | 259.94 | | 259.94 | | 259.94 | |
| 铱 | 213.278 | | 215.278 | | 215.278 | |
| 锰 | 257.610 | | 257.610 | | 257.610 | |
| 镍 | 352.454 | 231.604 | 352.454 | 231.604 | 352.454 | 231.604 |
| 铅 | 168.220 | 220.353 | 168.220 | 220.353 | 220.353 | |
| 铂 | 224.552 | 273.353 | 306.458 | 203.646 | 306.471 | 203.646 |
| 钯 | 340.458 | 355.308 | 340.458 | 355.308 | 248.892 | 229.651 |
| 铑 | 343.489 | | 343.489 | | 343.489 | |
| 钌 | 240.272 | | 240.272 | | 240.272 | |
| 锡 | 189.989 | | 189.989 | 189.927 | 189.989 | 189.927 |
| 钛 | 334.941 | | 334.941 | | 334.941 | |
| 锌 | 213.856 | | 213.856 | | 213.856 | |

附表2 火花放电原子发射光谱法各种金属推荐的内标线和分析线

| 元素 | 波长/nm | 可能干扰的元素 |
| --- | --- | --- |
| Fe | 187.7(内标线)<br>271.4(内标线)<br>273.0(内标线)<br>287.2(内标线) | |
| C | 165.81<br>193.09 | <br>Al、Mo、Co、Cr、W、Mn、Ni |
| Si | 181.69<br>212.41<br>251.61<br>288.16 | Ti、V、Mo<br>C、Nb<br>Ti、V、Mo、Mn<br>Mo、Cr、W、Al |
| Mn | 192.12<br>263.80<br>293.30 | <br><br>Cr、Si、Mo |
| P | 177.49<br>178.28 | Cu、Mn、Ni<br>Ni、Cr、Al |
| S | 180.73 | Si、Ni、Mn、Cr |
| Cr | 206.54<br>267.71<br>286.25<br>298.91 | <br>Mo、V<br>Si、Ni<br>V、Mo、Ni |
| Ni | 218.49<br>227.70<br>231.60 | Cr、Mn<br><br>Cr、Mn、Si、Mo |
| W | 202.99<br>209.86<br>220.44<br>400.87 | <br>Ti<br>Al、Ni、V、Cr<br>Ti、Mn |
| Mo | 202.03<br>203.84<br>277.53<br>281.61<br>386.41 | <br>Mn<br>Mn、Ni<br>Mn、V、Si<br>Mn、V |
| V | 214.09<br>290.88<br>310.22<br>311.07<br>311.67 | <br><br><br>Al、Mn、Cr、Ti<br>Cr、Mn、Nb |
| Al | 186.27<br>199.05<br>308.21<br>394.40<br>396.15 | <br><br>Si、Cr、V、Mo、Ni<br>Ni、V、Mo、Cr、Mn<br>Si、Cr、V、Mo、Ni |

续 表

| 元素 | 波长/nm | 可能干扰的元素 |
|---|---|---|
| Ti | 190.86<br>324.19<br>334.90<br>337.28 | <br><br><br>W |
| Cu | 211.20<br>212.30<br>224.26<br>327.39<br>337.20 | <br>Si、Mn<br>Cr、Ni、W<br>Nb、Si、W<br>Ni、Mo |
| Nb | 210.94<br>224.20<br>313.10<br>319.50 | <br>Cu、Ni、V<br>Ti、Cr、V、Ni、Si<br>Ti、V、Ni、Cr |
| Co | 228.61<br>258.03<br>345.35 | Mo、Ni<br>Mo、Ni、V、W、Ti、Si |
| B | 182.59<br>182.64 | S<br>Mo、Mn、Ni |
| Zr | 179.00<br>339.19<br>343.82<br>349.62 | <br>Cr、Cu、Mo、Ti、Ni<br><br>Ni |
| As | 197.26<br>189.04<br>228.81<br>234.98 | Cr、W |
| Sn | 189.99<br>317.51<br>326.23 | Cr、Al、Mn |